Fanny Wibmer Pedit

Der heilige Berg

Fanny Wibmer Pedit

Der heilige Berg

Roman um das
Kloster Säben in Südtirol

Amalthea

Gesamtherstellung: Wiener Verlag, Himberg bei Wien
Printed in Austria 1984
ISBN 3-85002-189-0

WAS IN DEN ZEITEN VORHER GESCHAH

Über dem rechten Ufer des Eisack, auf dem steil aufragenden Gipfel des Sonnenberges, erhob sich einst die mächtige Burg des rhätischen Königs Arostages. Zu Füßen des Königssitzes, wo sich der Bergweg von der Heerstraße gelöst und der Wellenschlag des nach dem Süden eilenden Flusses noch vernehmbar war, verhinderten Wälle, Wehren und feste Tore das Vordringen jedes Ungebetenen. Auf diese Art und mit einer nicht mehr allzugroßen Schar Getreuer, trotzte Arostages noch immer der Herrschaft der Römer, die schon die halbe Welt und alles Land im Gebirge erobert hatten. Über den Talengen und auf den Paßhöhen standen ihre Kastelle, auf den sonnigen Hochebenen erhoben sich die Säulenhallen ihrer Tempel. So war auch das Land am Eisack und an der Etsch ihnen untertan geworden. Droben auf dem Sonnenberg aber trotzte noch unbezwungen König Arostages mit seiner einzigen Tochter Larthia. Die Söhne waren im Kampf gegen die vordringenden Römer gefallen, ehe er sich auf seine uneinnehmbare Burg auf dem Sonnenberg zurückgezogen hatte.

Nur mehr wenige Blutsverwandte und Freunde blieben mit ihren Mannen noch immer um König Arostages geschart. Sie verehrten Tinia, den Gott des Lichtes, Tages, seinen Enkel, und die Verhüllten und die im Dunkel wirkenden Geheimmächte. Heilig war ihnen der Tag, der Vollmond und der Blitz. Heilig aber war dem König Arostages auch die Stunde, als in den Tagen seines noch ungetrübten Glückes ihm die Gemahlin in seinen Armen aus dem Leben schied. Nie verwand er den Tod der Söhne, wenngleich sie auch als Helden starben, den Tag verfluchte er, der sie ihm nahm. Als Letztes traf ihn noch ein herber Schlag, der Abfall seiner beiden Brudersöhne, die sich den Römern unterwarfen.

Verborgen blieb ihm, daß die beiden auch auf Verrat sannen.

So war es wieder einmal Frühling geworden im Lande und das Blühen erhellte nicht nur die Höhen und Hügel, sondern auch die Tiefen der Täler an den Ufern der rauschenden Flüsse. König Arostages stand inner der Brustwehr seines höchsten Wachturms und sah in das weite Land hinaus. Ihm zur Seite verharrte schweigend die Tochter Larthia und ihre Augen folgten des Vaters schweifendem Blick. Sie erriet auch diesmal seine Gedanken, wußte längst, was er sann und heimlich begehrte. Sie legte ihre Hände auf des Vaters Brust und bat ihn beschwörend: „Sag den Römern noch einmal den Kampf an, gib mir Männerkleidung und laß mich ausziehen an deiner Seite!"

König Arostages aber schüttelte sein graues Haupt, hielt seine Augen wieder im Zaum und gab der Tochter zur Antwort:

„Nein, Larthia, du bist das Ebenbild deiner teuren Mutter und meine letzte Wonne, wir wollen beharren und auf diesem Berge unbezwungen sterben."

Larthia schwieg, ihr Mund wurde schmal und dunkel das Auge hinter halbgeschlossenen Lidern. Des Vaters Tage waren gezählt, doch war sein Leben bis auf diesen bitteren Rest, von Glück, Liebe und großen Taten erfüllt. Ihr Leben aber blieb einsam, wenn auch er dahinging, und war noch ungezählter, unerfüllter Tage voll.

Da kam einer von des Königs Getreuen atemlos die Turmstaffel heraufgerannt und berichtete: „Ephasus und Sovistonis stehen mit ihren Mannen vor dem Tor des ersten Sperrwerks und begehren Einlaß!"

Es waren die abtrünnig gewordenen Brudersöhne des Königs Arostages.

Auf seine Frage, was sie von ihm wollten, wurde berichtet, sie seien zurückgekehrt, um sich ihrem königlichen Oheim reuevoll zu Füßen zu werfen.

„Wie sehen sie aus?" frug Arostages. Er konnte ein

freudiges Aufleuchten seiner Augen nicht mehr verbergen.

„Sie tragen unsres Stammes Waffen und Gewand, sie sehen nicht wie Römer aus!"

„Dann gewährt ihnen Einlaß."

Nach des Königs Gebot durften Ephasus und Sovistonis allein waffentragend vor ihm erscheinen, ihre Mannen, an der Zahl eine Vierhundertschaft aber mußte ihre Waffen in der Rüstkammer des ersten Turms ablegen. Daraufhin verließ Arostages den Turm und Larthia folgte ihm. Ihr war das Herz schwer und dunkler Ahnungen voll.

Schön und hochgewachsen, Arm und Bein, wo sie unbewehrt, von Jugendkraft geschwellt, standen die beiden Brudersöhne vor König Arostages, der sie wohlwollend betrachtete, dann seine Arme breitete, als wären ihm die eigenen Söhne heimgekommen.

Larthia stand im Hintergrund, unbewegten Blickes maß sie die Reuevollen. Es wurde ein Freuden-, ein Liebesmahl gerichtet, wie auf König Arostages Trutzburg noch keines bereitet worden war. Es wurde gegessen und getrunken und von großen Vorhaben hin- und hergeredet. Mit vereinter Kraft wollte man die Römer aus dem Tal des Eisack jagen, Verbündete gewinnen und mit der Götter Gunst und Hilfe das ganze Alpenland befreien von der Römer Herrschaft. Was König Arostages in unbezwungener Einsamkeit ersehnte, noch einmal Kampf und Sieg und Freiheit, es sollte in Erfüllung gehn.

Nur Larthia blieb stumm im Trubel der lauten Zuversicht, wenn ihr die beiden Vettern auch Artigkeiten sagten, sie zauberten damit kein Lächeln auf ihr schönes Angesicht, und zuweilen schien es, als verstände sie nicht einmal ihre Sprache.

Nichts aber entging ihren spähenden Blicken, ihren geschärften Sinnen. Ephasus und Sovistonis ergaben sich nur scheinbar dem Trunk, und der gleichen Mäßigkeit waren auch ihre Mannen heimlich beflissen.

Die Getreuen des Königs aber ließen sich hinreißen vom Jubel kommender Siegesfreude und feierten Verbrüderung mit den künftigen Waffengenossen. Endlich, als Sattheit und Trunkenheit alle müde gemacht hatte, geleiteten die beiden Brudersöhne ihren Oheim in die Kammer und dienten ihm wie treu und demütig ergebene Leibknechte. So erfuhren sie von dem Vertrauensseligen auch noch, wo der Königsschatz gehortet lag, mit dem man sich im Notfall ganze Heere erkaufen könne.

Als die beiden auch dies letzte noch erfahren hatten, lagen sie schlaflos, von den Fiebern kommenden Triumphes wie geschüttelt, starrten mit weit offenen Augen in das Dunkel der Nacht und harrten der Schicksalsstunde.

Larthia lag nicht weniger wach in ihrer Kammer, flehte zu Tinia, dem Gott des Lichtes, daß er den Vater erleuchten und warnen möge vor Trug und Gefahr. Den Geist der toten Brüder beschwor sie und vergoß Tränen der Verzweiflung. Ihr Leben endlich bot sie den Göttern dar, daß sie das Unheil abwenden sollten, von dem sie alle fürchterlich bedroht waren. Dennoch entgingen ihrem lauschenden Ohr die Schritte jener, die bergabwärts schlichen, den Waffenturm erbrachen und ihre Wehren wieder an sich nahmen. Zu spät vernahm Larthia den leisen Rumor der Zurückkehrenden. Sie eilte nach der Kammer ihres Vaters, rüttelte den von Freude und Wein noch Trunkenen mühselig wach. Hart und verzweifelt wurde der Zugriff ihrer Hände, bis sie hinweggeschleudert wurde vom Lager des Königs.

Ephasus und Sovistonis waren eingedrungen, die blanken Schwerter in der Faust. Noch immer schlafbefangen, voll ungläubigen Staunens sah Arostages seine Mörder an, als er nach Atem rang und mit letzter Kraft sich ihrer wehren wollte. In den Armen Larthias ließen sie den Sterbenden zurück.

Ein kurzer, blutiger Kampf entbrannte.

Der Morgen graute und über der Walstatt kreisten die hungrigen Geier. In der verlassenen Burg lag König Arostages ohne Fackellicht und Totenwache. Larthia stand auf dem Gipfel des Berges, vor dem Tempel Tinias an eine Säule gebunden, von zwei Männern bewacht. Ephasus und Sovistonis hatten beschlossen, die Tochter des Königs und seine Burg den Römern auszuliefern. Den größeren Teil ihrer Mannen beorderten sie auf die untersten Wälle hinunter, denn sie wollten sich von der Ankunft der Römer nicht überraschen lassen. Was aber die von den Römern bestochenen Verräter nicht übergeben wollten, war der Königsschatz. Einer der Hauptleute mußte auf Befehl der Brüder Larthia nach dem Turm bringen und sie dort verwahren, bis Berg und Burg und die Gefangene den Römern übergeben werden sollten. Da erbat sich Larthia die einzige und letzte Gunst, noch einmal den Tempel betreten zu dürfen, um Tinia, den Gott des Lichtes anzuflehen, dem toten Vater die Seelenruhe zu gewähren.

Man brachte Ephasus und Sovistonis die Bitte vor und diese befahlen, der Königstochter die Fesseln zu lösen und sie wohlbewacht in den Tempel zu geleiten. Larthia, als sie der Fessel ledig war, entwand sich den Männern, und vor ihren Augen, den Blick auf den Tempel gerichtet, stürzte sie sich von dem höchsten, steil abfallenden Gipfel des Sonnenberges, lautlos, mit erhobenen Armen in die Tiefe.

Als dies Ephasus und Sovistonis berichtet wurde, erschraken sie sehr, aber selbst die Erschütterung über Larthias Tod, vermochte die Verräter nicht mehr zu wandeln.

Von einem Vollmond zum andern ließen sie in Fels und Erdreich Stollen sprengen und Gräben ausschöpfen, schickten jene, die dies vollbracht hatten, zu den Wällen hinunter und ließen sie von den andern unter falscher Anklage erschlagen.

Während die letzten ihrer Getreuen an den Wällen die Wache hielten, horteten die beiden Brüder vom nächsten Vollmond zum andern den Königsschatz in den neuen Verließen und verwischten die Spuren.

Als dies alles geschehen war, kamen die Römer mit großer Macht und nahmen den Sonnenberg und die Burg des Arostages in Besitz. Sie bezahlten den Bestochenen den Verräterlohn in Gold, ächteten darauf die Königsmörder und jagten sie außer Landes.

Dem noch unbestatteten Leichnam des Arostages errichteten sie nach der Sitte seines Stammes eine Grabkammer und ehrten so den erst durch Verrat bezwungenen Feind. Larthias Gebein bleichte und moderte verborgen im Geschluchte des Sonnenberges.

Über den geheimnisvoll vergrabenen Schätzen des Königs Arostages erbauten die Römer ihren Gottheiten mehrere Tempel. Auf der höchsten Erhebung aber errichteten sie der Isis Myrionyma, der Tausendnamigen, einen Haupttempel und stifteten ein Kollegium der Isispriester. Von dieser Zeit an wurde der Sonnenberg von den Römern Sabiona, das Heiligtum, genannt. Dies ist die älteste, schon zur Sage gewordene Geschichte des heiligen Berges.

Von nun an, so ist uns überliefert durch Schriften und Funde, saßen die römischen Eroberer auf dem heiligen Berg, schirmten und beherrschten das Land am Eisack. Drunten im Tal, in der „clusa sub Sabiona", dem späteren Klausen unterhalb Säben, hoben die römischen Beamten den Weg- und Warenzoll ein. Soldaten und Zöllner, Bergleute und Kauffahrer, aber auch der landeingesessene Bauersmann, sie alle wallten hinauf nach Sabiona, verehrten ihre Götter und brachten ihnen Opfer dar.

Dann kam die Zeit, in der die Macht der Römer gebrochen wurde und Sabiona in die Gewalt des Ostgotenkönigs Theoderich fiel. Dieser war ein großer und gerechter Herrscher, den das Volk an der Etsch den Herrn Dietrich von Bern nannte. Es war wohl möglich, daß zu jener Zeit der heilige Chassian den heiligen Berg der Römer erstieg, um dort dem Christengott den ersten Altar zu errichten. Und möglich war es, daß sich noch zu Theoderichs Lebzeiten über den Tempelresten des Isis-Heiligtums die erste, christliche Basilika erhob. Nichts aber bezeugen die Schriften, ob jener heilige Bischof Chassian noch den Sturz der Ostgoten erlebte.

Theoderichs Reich war zu Ende. Langobarden und Bajuwaren stritten sich um den Besitz des heiligen Berges, gefährdeten das Heiligtum, das ein jeder, wenn es erobert, zu seiner Wehrburg und Landesfeste verwandelt wissen wollte. Kampf umtobte den Säbener Berg, wie ihn die Bajuvaren, ihrer Sprache gemäß verdeutschten. Blut trank der Boden, der noch immer den Königsschatz des Arostages barg. Um Wall und Wehr, um Mauer und Turm wurde gerungen und mancher Krieger fiel, vom Speer seines Gegners getroffen, mit einem Wut- und Wehschrei in die Tiefe hinunter, dort, wo einst Larthia, den Göttern sich opfernd, hinabgestürzt war.

Aber der Wandel der Zeiten ließ nicht ab, Säben, den heiligen Berg, auch durch die kommenden Jahrhunderte herauf, immer wieder schicksalhaft zu zeichnen.

Zu Ende des sechsten Jahrhunderts urkundete der heilige Ingenium als Bischof von Säben. Mit Axt und Feuer vernichtete er die Reste heidnischer Götterverehrung, setzte dem Glaubenszweifel und Länderstreit ein Ende. Seine Priesterschaft diente nicht nur opfernd und betend dem ewigen Gott, sie diente dem Volk am Eisack, es unterweisend auch nach dem Wort des Herrn: „Was ihr dem geringsten meiner Brüder tut, das habt ihr mir getan."

Dem Kampf zwischen Langobarden und Bajuvaren aber setzte Karl der Große endlich ein Ende, als er im Jahre 722 alles Land am Eisack und an der Etsch seinem Reich einverleibte. Die Bischöfe von Säben setzte er als Herrn über die Ländereien der nächsten Umgebung. Am Rande der sanft abfallenden Hochebene, Süden zugekehrt, erstand ein herrliches Marienmünster, das die Mütter des Eissacktales zu ihrer Liebfrauenwallfahrt erkoren hatten. Ob den Schafen die Bergweide, oder den Hirten das Hüteramt von Berg zu Tal und von Tal zu Berg allzu mühsam geworden, weiß niemand mehr zu sagen, aber um die Jahrtausendwende verlegte der heilige Bischof Altwin seinen Sitz in die fruchtreiche Gegend von Brichsna, dem späteren Brixen.

In der verlassenen Bischofsburg residierte ein vom Bistum eingesetzter Burggraf. Gar bald, es war noch kein Menschenalter gelebt, bewährten sich die Burggrafen von Säben als die getreuesten Vasallen des Bischofs. Zwischen Papst Gregor VII. und dem deutschen Kaiser Heinrich IV. war der unselige Investiturstreit ausgebrochen. Auf dem Tag zu Brixen, am 25. Juni 1080 versammelten sich im Beisein Kaiser Heinrichs dreißig Bischöfe aus Italien und Deutschland, unter ihnen auch der kaisertreue Bischof Altwin von Brixen. Nebst vielen weltlichen Fürsten erklärten sie Papst Gregor für abgesetzt und erwählten den Patriarchen Wibert von Ravenna, der als Klemens III. zum Gegenpapst inthronisiert wurde.

Um die dem großen Gregor angetane Schmach zu rächen, überfiel der bayrische Herzog Welf, des Papstes getreuester Anhänger, das Bistum Brixen. Nicht nur die neue Bischofsstadt wurde heimgesucht, es sollte auch die Stammburg auf Säben, die Hartwig, der Sohn des Burggrafen Merboto, tapfer verteidigte, gebrochen werden. Der alte Merboto aber schmachtete an Bischof Altwins Seite in der Johanneskirche zu Brixen, wo der Welf die beiden in Ketten gelegt hatte. Um die Burg auf Säben endlich in seine Gewalt zu bekommen, ersann der Bayernherzog eine grausame List. In Ketten geschlagen, ließ er den greisen Merboto nach Säben hinaufbringen und den durch harte Gefangenschaft völlig Erschöpften vor die Burg hinschleppen. Dem Verteidiger Hartwig wurde verkündet, so er sich nicht bereit finde, die Burg kampflos zu übergeben, sollte seinem alten Vater Glied um Glied gebrochen werden. Nie im Leben brauchte Merboto über seinen Sohn Hartwig Klage zu führen. Jetzt aber wünschte er sich, er wäre nie von ihm geliebt worden und seinem gnädigen Herrn Altwin könnte die Treue gehalten werden.

Die Kindesliebe allein vermochte den Helden zu beugen und gegen die Versicherung eines ehrenvollen Abzugs seiner Burghut, übergab Hartwig dem Welf die Vogtei Säben.

Nach weiterer monatelanger Kerkerhaft erhielten Bischof Altwin und sein getreuer Kastellan Merboto, durch Loskauf die Freiheit und später auch wieder ihre Burg auf Säben zurück. Über die Edlen von Säben wurde durch die Jahrhunderte herauf noch viel Rühmliches berichtet.

Merboto war der Stammvater des Geschlechtes und der tirolische Minnesänger Oswald von Wolkenstein lebte und starb als der letzte Sproß derer von Säben. Zehn Jahre vor des fahrenden Minnesängers Tod fuhr ein Blitzstrahl in die verwaiste Burg auf Säben und legte sie mit allen Zubauten in Schutt und Asche. Nur der alte Bischofsdom blieb unversehrt und ragte als bleibendes Wahrzeichen des ganzen Eisacktales, auf dem Scheitel des heiligen Berges zum Himmel empor.

Über zwei Jahrhunderte lang weideten zwischen den Ruinen der Brandstatt die Rinder und Schafe der umliegenden Bauerngehöfte.

Als um die Mitte des siebzehnten Jahrhunderts in den Alpenländern die Pest vielerorts Angst und Schrecken verbreitete, fühlten sich auch die Eisacktaler bedroht und gelobten, über den Mauerresten des verfallenen Marienmünsters auf Säben ein neues Liebfrauenheiligtum zu erbauen. Der Bau war nach Jahren vieler Mühen und frommen Eifers beendet, und die Eisacktaler zogen auf alten Pfaden wieder singend und betend nach Säben hinauf. Die Heiligkreuz-Basilika aber ragte, von den Trümmerresten der alten Bischofsburg umgeben, noch immer einsam empor. Sollte das Kernstück Säbens endgültig dem Verfall, der Vergessenheit preisgegeben werden? Da stand ein Mann auf, Dr. Mathias Jenner, Domherr zu Brixen und Stadtpfarrer in Klausen, der mit wagemutiger Tatkraft dem Säbener Berg zu endlicher Urständ und neuem Glanz verhalf.

Nach fünf Jahren rastloser Tätigkeit und Überwindung zahlloser Hindernisse, wurde der Bau des geplanten Frauenklosters, einer stattlichen Burg gleichend, beendet. Am 27. Februar 1686 wanderten die ersten fünf Benediktinerinnen aus dem Stifte Nonnberg in Salzburg, den Säbener Berg hinan. Zwischen der alten Bischofsbasilika und dem Klosterbau erhob sich die Stiftskirche, hochbetürmt, als neues Kronjuwel des heiligen Berges. Der Gründer, Dr. Mathias Jenner, war schon tot, als das Frauenkloster am 29. Juni 1699 zur Abtei „zum heiligen Kreuz" erhoben wurde. Sein Werk lebt heute noch.

Von den Stürmen, die es im ersten Viertel des zweiten Jahrhunderts seines Bestandes bedrohten, erschütterten, beinahe vernichteten, von den Schicksalen der Menschen inner und außer den Mauern der Abtei, von ihrer Verbundenheit mit Säben, soll dieses Buch weiter erzählen.

MÄRZ ANNO 1797

Weit schlimmer als in früheren Jahren und den Eisacktalern ungewohnt, wüteten diesmal die kalten Frühlingsstürme, bedrohten die Baumblüte, den Weinstock und die Saaten. Mißmutig stapften die Leute zu den Essenszeiten von der Feldarbeit heimzu und wärmten am eingekenteten Winterofen die vom Frostwind erstarrten Hände. Dennoch war das seit Wochen währende Unwetter die kleinere Sorge, die alle Menschen in Stadt und Land bedrückte.

Zum zweitenmal inerhalb eines Jahres drang Bonapartes Armee, von Italien herauf siegreich vorrückend, über die Gemarken des friedlichen Alpenlandes herein. Beim Martin Rautter, im Hochdorf Latzfons, war Hans Eder, ein Botengänger aus Brixen, eingekehrt. In wichtiger Sache, hatte er noch zwischen Tür und Angel stehend betont und dabei seine Schrift hergezeigt. Der Bauer las beflissen Zeile für Zeile, nickte zustimmend und meinte dann: „Ist gut, recht so, der General Laudon versteht schon seine Sach." Und dann nach einer Weile bedächtigen Überlegens: „Wenn wir's zulassen, daß sich der Franzos da in den Bergdörfern herum einnistet, dann ist er und wir mit ihm verspielt." „Habt ihr genug Waffen, wie stehts damit?" frug Eder besorgt. Darüber konnte Rautter beruhigende Auskunft geben. Zwei, drei Stutzen wären in jedem Haus zur Hand, Blei sei auch genug da und die Kugeln gießen sie sich selber, und wenn damit kein Auslangen wär, hätten sie noch Sensen, Dreschflegel und die Fäuste. Dann mußte der Martin Rautter noch erfahren, daß die Österreicher am Vortag bei Deutschmetz, Salurn und Lavis vom General Joubert geschlagen worden seien, daß der General Kerpen das Etschtal hat aufgeben müssen und sich von Bozen herauf auf dem Rückzug nach Brixen befinde, um in Sterzing draußen feste Stellung zu nehmen.

„So so", zischte der Rautter zwischen den Zähnen hervor, zauste mit der Rechten seinen dichten, spannlang geschnittenen Bart und ging zwei-, dreimal in der Stube auf und nieder. Dann aber schien er es eilig zu haben, besprach mit Eder das Notwendigste und verabschiedete ihn mit den Worten: „Helf Gott, an uns soll es nicht fehlen!"

Vier Buben hatte der Rautter, keiner noch ausgewachsen, aber im besten Saft, die ließ er von der Koppel. In einer halben Stunde hatten sie alle Latzfonser Bauern in ihres Vaters Stube zusammengetrommelt.

So hatten in diesen Tagen General Laudons Geheimboten die ganze Gegend am Eisack zu den Waffen gerufen. In Klausen stand je eine Kompanie Scharfschützen und Miliz bereit. In den umliegenden Dörfern Latzfons, Verdings, im Weiler Pardell, in Velthurns und Villanders dachte niemand mehr an die Arbeit auf Feld und Acker. Überall machte man sich bereit, den Feind zu empfangen, wie es ihm gebührte.

In der Benektinerinnenabtei zum heiligen Kreuz auf Säben zupften die Nonnen verschlissenes, frisch gewaschenes Linnen zu Charpie. Die Apothekerin, Chorfrau Caritas zerrieb in einem großen Tiegel vielerlei Heilsames zu einer Wundsalbe. Die Küchenmeisterin, Frau Magdalena Told, ließ schnell noch Brotkorn und Weizen auf die Mühle tragen und von den Klosterhöfen Schmalz, Rauchfleisch und etliche Käsleib herbeiholen. Die Pfarrherrn hielten in ihren Dorfkirchen Gebetsstunden, so weit sie nicht ihr Feuereifer und des Mannes angeborner Drang, sich wehrhaft zu erweisen, zu anderem Tun verleitete.

Am 24. März besetzte der Brigadier, General Veau, Kolmann und Klausen, das sich der Übermacht ergeben mußte. Zweihundert Mann Franzosen besetzten das Kloster Säben, Plünderer, die das harte Kriegsgesetz walten ließen. Die Küchenmeisterin opferte ihre Schätze, den Tisch- und Feldtrunk, der blasse Rötl war den Franzmännern viel zu sauer. Den Messwein verleugnete sie hartnäckig und mit Glück. Der Klosterkaplan, Pater Josef Schweigl nützte sein ausgezeichnetes Französisch so gut er nur vermochte. Klug vermittelnd konnten diese beiden das Kloster beim ersten Ansturm vor dem Schlimmsten bewahren.

„Laßt sie völlern, volle Mägen schläfern vielerlei Gier ein. Wenn sie nur nicht sengen und brennen", tröstete Frau Magdalena ihre verzagten Mitschwestern.

Die Bergbauern ringsum aber hatten sich zugeschworen, dem Feinde keinen fußbreit Boden abzutreten, ihre Berge, ihre Höfe, jeden Feldrain bis auf das letzte zu verteidigen. Überall stellten sie Wachen und Vorhuten aus, Tag und Nacht umschlichen sie Weg und Zugang. Noch schien der Feind es sich zu überlegen die Höhen anzugreifen. Die Spannung wurde unerträglich, jeder wußte, daß die Stunde der Bewährung da war, der nächste Augenblick entscheiden konnte, und dennoch, Tag um Tag verging und nichts geschah. In der Tiefe aber, auf breiten Straßen, allen Wegen, über Brücken, durch die Furten, wälzte sich der feindliche Heerwurm in das Land. General Joubert war schon bis Brixen vorgedrungen. Im Morgengrauen des 3. April zog eine größere, feindliche Abteilung unter Säben auf dem Latzfonser Fahrweg nach Pardell hinauf und griff die erste Bauernvorhut an.

Die ersten Schüsse fielen, und im nächsten Augenblick flammte über Pardell ein Kreidefeuer hoch. Von allen Kirchtürmen der Hochdörfer dröhnten die Sturmglocken. Auf Säben mußten die eheren Stimmen schweigen.

Im Halbkreis den Weiler Pardell umstellend, verteidigten die Bauern ihre Höfe und den Zugang zu den Höhen und schlugen nach kurzem Kampf den ersten Ansturm der Franzosen zurück. Den rechten und linken Flügel der Bauern vermochte der Feind nicht anzugreifen, so stürzte er sich immer wieder auf die schwächere

Mitte, doch auch dort leisteten die Bauern zähen Widerstand. Auf den Höhen von Viersch und Verdings standen Weiber und Mädchen in weiße Lodenmäntel gehüllt, denn ein eisiger Sturm fegte über die Berge. In ihren hausgewirkten Schürzen hielten sie mit klammen Fingern die Steinlast zusammen und erwarteten den Angriff des Feindes, den rechten Augenblick, sich seiner zu erwehren. Auf einem vorgelagerten Hügel stand ihre Anführerin, die Margreth Unterthiener aus Latzfons. Sie hielt ein großes, gebogenes Schwert in den Händen, mit dem wollte sie den andern das Zeichen geben, wenn es an der Zeit war, die Steine loszulassen. Das Schwert hatte ihr Vater vor Jahren im halbverfallenen Schloß Garnstein gefunden. Sie schwiegen und starrten hinunter auf das Mannsvolk, in das Getümmel des Kampfes.

Ihre Kinder und die Altmütter wußten sie auf den entlegenen Hochalmen geborgen, ihr eigenes Leben schien ihnen nichts mehr zu bedeuten, die Heimat war ihnen alles geworden.

Der Tag war hergegangen.

Neu anstürmende Feindtruppen bedrängten nun auch den rechten und linken Bauernflügel. Stundenlang währte der Kampf. Die Franzosen nahmen den Hohlweg im Sturm, drangen in den Weiler Pardell ein. Ein Steinregen empfing sie, viele stürzten verwundet, manche nur halb betäubt. Von den Dächern herab krachten die wohlgezielten Schüsse der Scharfschützen, aus jeder Fensterluke blitzte der Tod. Der Anführer der Franzosen, Capitaine Renard, stürzte, am Kopf verwundet, zusammen. In den Feindreihen entstand Verwirrung, die einen riefen vorwärts, die andern zurück.

Kein Schrei aber ertönte aus Bauernkehlen, kein Kommandowort, sie zielten, schossen und schwiegen verbissen. Der Sturmwind hatte endlich nachgelassen, als hielte er selber den Atem an. Endlich ergriffen die Franzosen die Flucht, den schützenden Hohlweg aber hatten die Bauern wieder besetzt. Da liefen sie durch die offenen Felder und Weingärten hinunter, liefen, gnadenlos gejagt, um ihr Leben, ein leichtes Ziel für die sie verfolgenden Schützen. Es waren nicht mehr allzuviele, die noch unverwundet, auf das äußerste erschöpft, das Kloster Säben erreichten. Die Bauern aber kannten kein Halten mehr, verfolgten den Schutz suchenden Feind in allen Winkeln der Klosterburg. Um das Gemäuer der alten Bischofskirche pfiffen die Stutzenkugeln. Jetzt erst, den Feind in der Schlinge, begannen sie zu jauchzen und verrieten laut rufend ihre Absicht, den Franzosen auszuräuchern, wenn er sich nicht willig ergebe. Im Hof vor dem Regelhaus, stellte sich ihnen die Küchenmeisterin, Frau Magdalena entgegen und schrie ihnen stimmgewaltig, gar nicht einer Klosterfrau angemessen, zu: „Leut! O Leut! Seid ihr um allen Verstand gekommen? Wenn ihr die Franzosen ausräuchern wollt, räuchert ihr auch uns, eure Säbener Frauen aus! Haben wir das verdient um euch? Und wenn das Kloster brennt, wer rettet die Kirchen? Wollt ihr Säben verderben, unseren heiligen Berg schänden?"

Jetzt stutzten die Bauern, und der Torgler, der Pächter auf dem Säben zunächst liegenden Klosterhof, gab den andern beschwichtigende Zeichen. Sie wurden ruhig, sahen sich an und stützten sich verschnaufend auf ihre Gewehre, die Läufe waren noch warm. Es machte ihnen aber sichtlich keine große Freude, sich von einer Klosterfrau eines besseren belehren zu lassen. Da kam Pater Josef mit dem Capitaine Renard, den die Nonnen schon verarztet und verbunden hatten, aus dem Gästehaus herüber. Einige Franzosen folgten ihnen. Pater Josef redete auf den Capitaine ein. Die Bauern verstanden nicht, was er sagte, der Klosterkaplan, den sie sonst nicht übel leiden konnten, kam ihnen auf einmal fast fremd vor. Viel zu höflich redete er mit dem Franzosen, viel zu geschmeidig waren ihnen seine Gesten, wie ein guter Theaterspieler kam er ihnen auf einmal vor. Wie anders doch, als er sich ihnen zuwandte und im recht verständlichen Eisacktaler Deutsch sie zum Stillehalten und Friedgeben mahnte. Es war ein schweres Stück Arbeit für den Pater, fast hatte er sich mit dem Franzosen leichter verständigt. Die Bauern grollten. Jetzt, wo die Gefahr vorüber war, hätten sie schon gerne mit dem Feind noch richtig abgerechnet.

Capitaine Renard gab durch den Pater zu verstehen, daß jeder weitere Aufruhr mit Repressalien vergolten werden würde. „Nichts da, Angst haben die Hasenfüß", murrten einige Burschen. Die kühnsten Draufgänger, Eisenstecken und Rautter, schienen als erste endlich einzulenken, denn was ihnen der Pater Josef vorschlug, ließ sie aufhorchen.

„Ihr könnt mir glauben, Leut, die Franzosen haben vor eurer Tapferkeit Respekt bekommen, aber wenn ihr hitzköpfig werdet und unversöhnlich bleibt, geraten sie in Wut. Ihr hab auf den Bergen heroben gesiegt, schaut hinab ins Tal, schaut, wie es in Klausen drunten von Franzosen wimmelt und überlegt, was ihr noch wollt!"

„Der General Laudon rückt an, kann morgen schon da sein!" schrie einer von den Pardellern.

Aber Pater Josef war auch gut bei Stimme. „Um so dümmer wär es, heut noch da auf Säben alles kurz und klein zu schlagen, um jeden Tropfen Blut ist schad, der noch verrinnt!"

„Auch um Franzosenblut?" versuchte ein anderer zu höhnen.

„Um jeden Tropfen Blut, hab ich gesagt, verstanden, du Narr?" schrie jetzt Pater Josef zornig und fluchte dabei heimlich in sich hinein, daß da einer doch die Geduld zum Teufel wünschen möcht. Dann wurde er wieder ruhig, redete aber umso eindringlicher: „Mander, kühlen Muts sollt ihr euren Sieg jetzt ausnützen. Ich hab dem Capitaine eure Bedingungen vorgeschlagen. Horcht auf: kein Franzose, unter was immer für einem Vorwand, darf sich auf Pardell, Verdings oder Latzfons mehr sehen lassen. Die Verwundeten bringen wir nach Säben herab, die Toten sollen ehrenvoll begraben werden. Seid ihr einverstanden?"

Martin Rautter sah seine Leute an und meinte dann: „Das könnt langen, Mander."

„Dann aber schriftlich!" begehrte Eisenstecken, und die andern nickten zustimmend.

„Das versteht sich ganz von selber", versicherte Pater Josef und wandte sich wieder an Capitaine Renard.

Es war gut, daß die Bauern nicht französisch verstanden, denn auch auf der andern Seite ging es so zäh her, daß dem vermittelnden Pater fast der Atem ausging. Der Capitaine gab keine Antwort mehr, machte ein finsteres Gesicht, ging eine Weile auf und ab. Er sah müde und verdrossen aus, war vom Blutsverlust, den eine beträchtliche Schramme über dem Scheitel verursacht hatte, auch etwas erschöpft. Ein stummes, aber zustimmendes Nicken seines verbundenen Kopfes machte der Sache endlich ein Ende.

Pater Josef Schweigl wählte als Bevollmächtigte des Landvolkes den Eisenstecken, Rautter und Torgler mit noch einigen Bauern aus Latzfons und Villanders aus. Mit ihnen und Renard begab er sich in das Sprechzimmer des Klosters, um das Friedensdokument aufzusetzen, das man gleich nach Klausen hinunterbringen wollte, damit es dort dem General Veau unterbreitet werden könne.

Indessen sprachen die Bauern dem Klosterwein recht tüchtig zu, Sieger und Besiegte stießen die vollen Gläser an und tranken einander zu. Die ungewohnte Herbe des erst verschmähten Weines verzog den Franzosen noch immer ein wenig den Mund, aber sie nannten die Bauern ‚braves camerades'. Diese lachten und taten ihnen Bescheid, Lobsprüche aber gingen ihnen nicht herauf.

Nach einer Stunde kam der Friedensvertrag, von General Veau in allen Punkten bestätigt, aus Klausen zurück und die Küchenmeisterin mußte auch mit dem Letzten, was sie hoffte, vor dem Zugriff der Räuber, wie sie die Franzosen nannte, herausrücken. So war der Säbener Separatfriede zustande gekommen und auch ordentlich gefeiert worden.

„Sie riechen wahrscheinlich schon den Braten", meinte Pater Schweigl, als er an der Seite Eisensteckens den heimkehrenden Bauern durch den Klosterhof das Geleit gab.

Eisenstecken lachte. „Du meinst wohl, Pater, weil dem General Laudon seine Feldkuchl immer näher rückt?"

Aus der Stimme des Klosterkaplans hörten sie eine gewisse Feierlichkeit heraus, ähnlich wie bei der Verlesung des Sonntagsevangeliums, als er sagte: „Ja, meine lieben Leut, ich hab eben Nachricht bekommen. Unser General Laudon ist zur Stunde drauf und dran, den Joubert aus Bozen zu verjagen. Gestern hat er die Franzosen zum zweitenmal vom Berg Jenesien hinabgeworfen."

„Gut so, am End wirds doch wieder richtig im Land Tirol", sagte Eisenstecken und drückte dem Pater, der stehen blieb und umkehren wollte, fest die Hand.

Nicht alle, die auf Pardell so rühmlichen Strauß erfochten hatten, waren, den fliehenden Feind verfolgend, nach Säben hinabgestürmt. Der Order des Martin Rautter gehorchend verharrte ein Teil der Bauern auf ihrem Standort, bis sie Gewißheit hatten, daß der Angriff des Feindes endgültig abgeschlagen war. Die Kriegerinnen aber sahen nach ihren Männern aus und manche unter ihnen nach dem Liebsten. Die Leichtblessierten hatten sich schon selber gegenseitig verpflastert und verbunden. Die ernstlicher Verwundeten wurden in die Häuser von Pardell getragen und den geübteren Händen des herbeigeholten Chirurgen überlassen. Jene, die keiner Hilfe mehr bedurften, feierten eine stille Heimkehr und wurden von ihren Kampfgenossen trauernd und rühmend zugleich als die „just Allerbesten" gewertet.

Nicht weniger aber galt die Fürsorge der Samariter auch dem geschlagenen Feind. Die ersten Stürmer waren von Säben zurückgekehrt und halfen willig, verwundete Franzosen ins Kloster hinabzubringen. Es konnte leicht möglich sein, daß manch einer unter den Schützen war, der jenen, den er nun trug, selber zur Strecke gebracht hatte. Nun aber war Friede, und einer half dem andern ohne Frage, so er in Not war.

Die Toten trugen sie zusammen und wollten sie dann bei der Pardeller Kapelle zur ewigen Ruh einbetten. Ein Pater von den Franziskanern in Klausen war nach Säben hinauf gestiegen. Er brachte den Sterbetrost und segnete auch die Dahingeschiedenen.

Die Bärbl aus Latzfons half ihrem Bräutigam, einem

jungen Bauer aus Pardell, die Walstatt abzusuchen. In ihrer Schürze trug sie nicht mehr Steine, sondern gehäuft voll Verbandzeug, wie es die Mädchen und Mägde auf jedem Hof für die Tage der Not vorbereitet hatten. In ihr zitterte noch all der Schrecken nach, die Angst um Vater und Bruder, um das Leben ihres Liebsten, um die bedrohte Heimat, wie sie vor Beginn der Schlacht der Ingrimm gegen die Franzosen, die Friedensbrecher, gleich einem wilden Schmerz durchwühlt hatte. Großgewachsen, kraftvoll die Gestalt, schämte sie sich fast der Schwäche, von der sie einmal befallen war und gestand es der Kathrin, der Freundin seit Kindertagen her.

„Du, in mir ist alles durcheinander, als ob mir Herz und Seele aus der Angel gehoben wär, ganz elend ist mir."

„Glaub es dir gern, Bärbl, hast dich gewehrt wie ein Mann, schau her, da, den Rock hast zerrissen, die Händ blutig vom vielen Steiner tragen." Bärbl nickte und wischte sich mit dem Schürzenzipfel über das Gesicht. Sie wußte selber nicht, war es Schweiß oder heimlich versickerte Zähren, die ihr die Wangen feuchteten. Vielleicht doch nur Schweiß, die Sonn schien auf einmal so warm wie zu anderen Jahren um diese Zeit. Da hörte sie ihren Namen rufen. Es war Valentins Stimme und sie ging ihr nach.

Im Kampfbereich unter Pardell, bei einem dichten Staudach stand Valentin mit einigen Stürmern vor einem toten Franzosen, den sie erst jetzt gefunden hatten. „Schauts her", sagte er und wies auf eine blutige Spur hin, die mannsbreit das junge Gras zerdrückt hatte.

„Grad aus der Schußlinie hat er noch kriechen können, dann ist es aus gewesen, — so jung."

„Ja mein Gott, Mandele, wärst daheim geblieben, wir haben's nicht gern getan", meinte ein anderer. Die Kathrin war auch herbeigekommen und schlug ein Kreuz. Wie von jedem Toten wollten sie auch von diesem den Namen wissen. Französisch geschriebene Briefe trug er bei sich und ein Bild, ein in Ovalform, kinderhandgroßes, handgemaltes Bild, das Bildnis einer schönen, jungen

Frau mit einem etwa zweijährigen Büblein. Laut aufschreien hätt die Bärbl am liebsten mögen, fast zerriß es ihr das Herz. Mit aller Kraft nahm sie sich zusammmen, nur nicht weich werden da, vor den Mannsleuten. Sie lachte hellauf, nein, gellend, grell, ihr selber fremd lachte sie, sah noch einmal das Bild an und rief triumphierend: „Der kriegt keinen zweiten Buben mehr!"

„Bärbl", sagte der Valentin halblaut und erschrocken. Die anderen aber stimmten, wenn auch gelassen, der Bärbl bei, gaben dem Toten das Bild zurück, schrieben seinen Namen auf und trugen ihn zu seinen stillen Kameraden hin. Bärbl, keinen Tropfen Blut mehr im Gesicht, sah ihnen nach, ließ die Arme wie abgeschlagen sinken und alles Leinenzeug aus ihrer Schürze lag am Boden herum verstreut.

Der Valentin war zurückgeblieben und sprang zu ihr hin.

„Bärbl, was ist mit dir?"

„Valt, — ich — ich weiß nicht, — ich bin ganz durcheinander, — ich muß heim." Valentin bat die Kathrin, daß sie die Bärbl heimbegleite. Die Bärbl aber machte mit der Hand eine müde, abweisende Gebärde und ging langsam, fast mühselig, dem eine gute Stunde höher gelegenem Latzfons zu.

Im Morgengrauen, zur gleichen Stunde wie dieser Tag unter Pardell begonnen, hatte sich draußen bei Sterzing, hoch droben im Dorf Spinges, in weit größerem Ausmaß ähnliches zugetragen. Auch dort war mitten unter den Kämpfenden eine Bauernmagd auf der Kirchhofmauer gestanden und hatte die anstürmenden Franzosen mit einer eisernen Gabel hinuntergestoßen. Und auf den Spingeser Wiesen hatte der Sensenschmied von Volders, durch einen Wald französischer Bajonette seinen Stürmern einen Weg gebahnt. Bei Sterzing war dem Feind der Weg durch das Inntal abgeschnitten worden und der Fluchtweg der Rienz und Drau entlang offen geblieben, der Fluchtweg, der Tirol befreite.

In der Nacht zum 4. April noch zogen die Franzosen von Säben und Klausen ab, gegen Brixen zu. Fast zur gleichen Stunde umjubelten die Bozener den in die Stadt einmarschierenden General Laudon, ihren Befreier. Joubert jagte seine Truppen über Bruneck und Lienz hinaus nach Kärnten hinunter, um sich mit Bonapartes Heer zu vereinen. Achttausend gefallene Franzosen hatte er in Tirol zurücklassen müssen.

Valentins Vater lag mit einer bösen Fußblessur auf der Ofenbank, war aber guter Dinge, denn die Nachrichten die ihm der Sohn heimbrachte, waren gar erfreulich. Seit dem 12. April befand sich kein Franzose mehr auf tirolischem Boden. Das Land war frei. Der Friede von Leoben hatte den Feldzug beendet.

„Schad ist nur, daß ihnen der Joubert auskommen ist", bedauert der Alte. „Weil die Pustertaler geschlafen haben", grollte Valentin, dann aber erhellte sich gleich wieder sein Gesicht. „Eins aber, Vater, muß wahr sein, der Joubert war uns ein achtbarer Feind und ein ehrlicher Kriegsmann. In Bruneck hat er unsre gefangenen Landstürmer heimgeschickt. Ich führ nur mit des Kaisers Soldaten Krieg, soll er gesagt haben."

„Und daß das Kriegführen in Tirol nicht so einfach ist wie anderswo, das haben wir ihm gezeigt."

Valentin war zum Stubenfenster hingetreten und sah auf das sanft abfallende Weingartengelände hinunter. Die Frühlingsstürme waren vorüber und die verspätete Baumblüte sprang aus den Knospen. Mit dem allerschönsten Prangfest feierte die Landschaft am Eisack und an der Etsch ihre Befreiung.

„Geb es Gott der Herr, daß uns der Friede erhalten bleibt", sagte Valentin. „Hast du auch schon genug vom Krieg?" wunderte sich sein Vater.

„Ich möcht meine Bärbl kein zweitesmal mehr im Feuer wissen, das hat nicht Platz in den Weibern, das versehrt sie." Der Alte nickte und schwieg.

DES LANDES FREIHEIT IST DAHIN

Man schrieb das Jahr 1808. Es war ein glutheißer Augusttag, ein Sommertag wie gewünscht, weil er der Traube die letzte Reife und rechte Süße brachte. Der Rößlwirt in Klausen saß vor dem Fenster seiner Leutstube und döste vor sich hin. Eigentlich hatte er sich vorgenommen, alle Vorübergehenden zu mustern, um, wenn endlich ein Gast käme, gleich zur Hand zu sein, ihn freundlich zu begrüßen. Es waren notige Zeiten und Gäste wurden von Tag zu Tag rarer.

Der Friede von 1797 hatte dem Land Tirol nicht die ersehnte Ruhe gebracht, nicht jene Sicherheit, in der allein Handel und Wandel gedeihen konnte. Am bittersten aber empfand das Volk die Enttäuschung, daß jener Friede dem Lande kaum für eine Handvoll Jahre die Freiheit zu erhalten vermochte. Seit Bonaparte Kaiser der Franzosen geworden, war sein Machthunger ins Unermeßliche gestiegen und die Welt kam nicht mehr zur Ruhe. 1805 war auch für Österreich das Unglücksjahr, als es bezwungen am Boden lag und Napoleon dem Kaiser Franz den Frieden diktierte, das Land Tirol an sich nahm und es seinem Verbündeten dem König von Bayern überließ. So war Tirol zur bayrischen Provinz geworden. Durchzugs- und Besatzungstruppen zehrten an Geld und Gut, Verarmung auf der einen Seite und auf der andern oft schwindelhaft ins Kraut geschoßner Reichtum hatten den goldnen Mittelweg überwuchert.

Der Teufel mußte wohl zum andernmal einen Ausersehenen auf den Berg der Versuchung hinaufgetragen haben, um ihm alle Herrlichkeit auf der Welt zu zeigen. Diesmal ist es gewiß der Napoleon gewesen und der hat nur zu gern den Teufelspakt gleich unterschrieben. Der Einfall riß den Rößlwirt jählings aus dem Dämmerschlaf, er sah erschrocken um sich. Hatte er dies vom Teufel und dem Napoleon nun laut gesagt, oder nur geträumt? Die Wirtsstube war noch immer leer. Wer sollte auch kommen an einem Werktag? Die Einheimischen mußten sich den Zehrpfennig auf den Sonntag sparen, wenn sie den alten Brauch nicht ganz verlaufen lassen wollten, und bei den Bayern war der Rößlwirt nicht sonderlich beliebt. Ja die Bayern, die waren die Herren im Land. Daß man immer wieder daran denken mußte!

Gottlobedank, jetzt kam ein Gast, der half einem hoffentlich die Grillen vertreiben. Wer es war, der von draußen herein kam, hatte der Wirt in seiner halbwachen Grübelei übersehen. Um so neugieriger war sein Blick auf die Türe gerichtet, die sich öffnete.

„Der Torgler! Schau dir das an, ja grüß dich! Wo muß man denn das hinschreiben, der Torgler mitten in der Woche in Klausen herunten und einkehrn auch noch!" Mit diesen Worten, so freudig als ehrlich ausgerufen, rückte der Rößlwirt den Tisch vor der Eckbank zurecht. Der Torgler ließ sich verschnaufend nieder und bot zum Gegengruß nur einen etwas übellaunigen Brummler. Der Wirt aber hatte für derlei Zustände eines Einkehrenden das richtige Gespür und brachte ungefragt den immer erwünschten Rötl herbei. Er wußte es längst, war nur der erste Schluck getan, besonders an solch heißen Tagen, zog jeder wieder den Stachel ein.

Als der Torgler mit dem ersten Mundvoll Wein den unguten Geschmack hinuntergespült hatte, sah er sich in der leeren Wirtsstube um, schien nicht recht zu begreifen und meinte: „Haben die Leut kein Durst mehr?"

„Ha, beim Durst hat sich nichts geändert, aber kein Geld haben die Leut, da fehlt's."

„Ja so", tat der Torgler und zog mit seinem Weinglas etliche Ringe auf die blankgescheuerte Tischplatte aus hellem Birnbaumholz. Er hatte gehofft, beim Rößlwirt allerlei Leute anzutreffen und auf ihre Meinungen hinhorchen zu können, aber es war eben in allen Stücken anders geworden.

„Sag, Rößlwirt, meinst auch, daß unser Säbenerkloster aufgehoben wird?"

Das war die Frage, die ihm so auf dem Herzen brannte.

„Wenn ich ehrlich bin, Torgler, bei uns in Klausen redet man von nichts anderm mehr." Beide schwiegen, es schien keiner mehr das rechte Wort zu finden. Der Torgler versuchte es mit einem Schluck Wein. aber er verzog den Mund, als hätte er Essig getrunken. Der Wirt stand auf und machte sich an der Schankbudl zu schaffen. Er sah sich nun in der Hoffnung, auf andere Gedanken zu kommen, arg betrogen. Der Torgler aber wollte es doch sagen, wo ihn der Schuh drückte.

„Die Säbener Frauen tun mir schon leid, aber es geht auch um uns Klosterbauern. Ist gewiß keiner von uns Pächtern feist geworden, aber man hat das Seine ohne Sorgen verzehrt und ist doch in fast allen Stücken sein eigener Herr gewesen. Jetzt aber, wenn der Milchsechter und das Butterfaß auch noch bayrisch wird, da tu ich nimmer mit."

„Glaub schon, Torgler, daß du deinen Kummer hast. Wir freilich denken noch mehr ans Kloster selber, an unsre Wallfahrten zum heiligen Kreuz und unsrer lieben Frau, kurzum, daß man das End von unserm Säbener Berg auch noch erleben muß."

„Herrschaft, sei still! Darüber will ich doch erst gar nicht einmal reden!" Der Torgler war zornig herumgefahren und sah nun starren Blicks zum Fenster hinaus. Der Wirt stand wieder neben ihm und tat desgleichen, und beide sahen nichts als eine Zukunft grau in grau. Nach langer Zeit wandte sich der Torgler wieder um und hieb zornig mit der Faust auf den Tisch.

„Warum hat 1805 alles schief gehn müssen? Wie ein Mann sind wir zum Kaiser gestanden, wie er den Landsturm aufgeboten hat. In Brixen, Sterzing, auf dem Brenner, wo sie hingezeigt haben mit dem Finger, sind wir schon dort gewesen. Dann hat der Erzherzog Johann seine Truppen zurückgezogen, hat Tirol verlassen, weil es ihm der kaiserliche Bruder so befohlen hat. Wir haben vom durchziehenden Feind die Schläg abfassen können, für nichts und wieder nichts. Warum das alles, sag mir, Rößlwirt, warum?"

„Mich fragst du? Ich versteh nichts vom Brettspiel der großen Herrn, die uns zwischen Daumen und Zeigefinger in der Klemme haben und hinstellen wo sie es für gut finden, wenns auch für uns schlecht ist. Mich sollst nicht fragen, Torgler, der Kaiser hat uns beim Preßburger Friedensschluß fallen lassen, aus ists."

„Es wird ihm nicht leicht angekommen sein", sagte jemand, es war eine junge, klare Stimme. Die beiden sahen sich um und erkannten den Michel Kammerlander, den Einnehmersohn aus Brixen, der in Innsbruck Jurisprudenz studierte. So war doch noch glücklich ein zweiter Gast gekommen. Der Wirt hieß ihn herzlich willkommen, nun endlich würde ein anderer Diskurs anfangen. Der Torgler aber ließ nicht locker und nahm den Studenten, noch ehe dieser sich zum Tisch gesetzt, gleich beim Wort.

„Du glaubst also wirklich, daß es den Kaiser schwer ankommen ist, auf das Tiroler Land zu verzichten?"

„Glauben heißt natürlich nicht auch wissen. Mein Vater hat sich einen Laufzettel vom damaligen kaiserlichen Manifest aufgehoben, hab ihn selber oft genug gelesen. Gebieterische Umstände haben es zur Notwendigkeit gemacht, der Beherrschung Tirols zu entsagen. Ich kann mir schon vorstellen, daß so etwas einen Kaiser nicht leicht ankommt." Der Rößlwirt brachte schon den Trunk, setzte sich zum jungen Kammerlander und fragte gleich recht angelegentlich, was der Vater mache, wie es ihm gehe und ob ihm die geruhsamen Tage seines Ruhestandes auch gut anschlagen. Da mußte er erfahren, daß es dem alten Herrn schon seit längerer Zeit an der Gesundheit fehle. Der Wirt meinte da genau Bescheid zu wissen. „Das Pensioniertsein taugt ihm nicht, ist doch allzeit ein regsamer Mann gewesen und ein loyaler Mann, den hätt die bayrische Regierung ruhig weiter im Amt belassen können. Ist doch grad so, als wenn ich einmal droben in meiner Kammer bleiben müßt, nicht mehr bei meinen Gästen sitzen dürft, wo mir das Wirtsein angewachsen ist wie eine zweite Haut."

„Und ganz besonders soll das Pensioniertsein ohne Pension den alten Leuten nicht zuträglich sein", sagte der Student und lachte bitter. Da wurde die Stubentür aufgestoßen und auf der Schwelle stand der dritte Gast.

„Ist das die Möglichkeit, der Torgler, der Klosterhofer sitzt am hellichten Werktag im Wirtshaus?" Es war der Iohann Niederhauser, der sich mit kreischender Stimme so ereiferte, ein in Klausen etwas übel beleumundeter Kleinhändler und Winkelschreiber. Des Torglers Antwort bestand nur aus einem schiefen Seitenblick. Kammerlander grüßte nach seiner Art freundlich, aber dennoch mit merklicher Zurückhaltung. Der Wirt bewillkommte den neuen Gast mit süßsaurer Miene und rückte ihm einen Stuhl zurecht. Niederhauser aber setzte sich breit und wichtigtuend auf die Eckbank neben den Klosterbauer hin. Er war ein guter Vierziger, halb städtisch herausstaffiert und hörte, wie die Leute spöttisch behaupteten, das Gras wachsen. Überdies war er ein beflissener, bayrischer Untertan, und darum blühte auch zur Zeit sein Weizen.

„Haben wir ein Geschäftl ghabt in Klausen?" Weil Niederhauser nicht gleich Antwort bekam, fragte er zum andernmal und diesmal anders: „Hat sich am End der weite Weg gar nicht ausgezahlt?"

„Bin zufrieden, der Metzger hat sein Kalbl und ich mein Geld", log der Torgler und er tats nicht gern.

Der Rößlwirt brachte dem Niederhauser sein Viertel Wein und dem Studenten einen Ranken Speck mit Roggenbrot. Er zwinkerte dem Torgler zu und sagte: „Recht so, wir Klausener essen auch gern ein Kälbernes, nicht nur die Blauhosen. Michl, greif zu und segn dirs Gott. Ja ja, in den alten guten Zeiten hat dein Vater, der Herr Einnehmer so manches Halbele bei mir getrunken." Niederhauser hakte gleich bei dem ein, was der Wirt gemeint hatte. „Wenn ihr nur alleweil den alten, guten Zeiten nachjammern könnt, voraus die armen Wirt haben Ursach dazu. Zahlen euch die Bayern etwan nicht, was sie verzehren?"

„Dir täts wohl nichts ausmachen, wenn sies schuldig blieben?"

„Man muß rein glauben, das ewige Maulen macht euch

eine besondere Freud. Seid froh, daß wir bayrisch und nicht französisch, oder gar welsch worden sein!" trumpfte der Winkelschreiber auf.

„Und wenn wir französisch worden wären, tätst du froh sein, daß wir nicht bayrisch sein müssen, dich muß man ja kennen!" schrie der Torgler zornig.

„Weil wir aber bayrisch worden sein, hat uns der große Napoleon die Kontribution erlassen, ist das nichts? Gsundheit!" rief Niederhauser grinsend und schwang sein Weinglas allen dreien zu, als wäre es ein Weihrauchfaß. Der Rößlwirt lachte ungut auf.

„Die Kontribution erlassen? Ha ha! Weil sich der König von Bayern schön bedankt hätt, eine Kuh im Stall zu halten, die der Franzosenkaiser melkt!"

„Und jetzt melken uns die Bayern, die hohen Gemeindeumlagen, die neuen Abgaben, das neue Weggeld für jedes Stück Zugvieh, das Land ist ausgesogen bis aufs letzte!" schrie Torgler böse.

„Und wenn es mit der Schanksteuer so weiter geht, können wir Wirte auch noch zusperrn, wie mancherorts schon geschehn ist. Dann gehts uns wie dem Michl sein Vater, sind wir Pensionisten ohne Pension!"

„Ihr tut in einem fort, als ob früher alles golden gewesen wär. Der Kaiser Franz in Wien hat auch nicht bloß Wasser getrunken. Wie es steht und liegt, daran ist nichts mehr zu ändern, ihr werdet euch halt auch noch daran gewöhnen müssen."

„Gewöhnen? An die neue Herrschaft gewöhnen? Du, Niederhauser, wir nicht und niemals!" Torglers Stimme bebte. Dem Michel Kammerlander stieg die Zornröte ins Gesicht, aber er bezwang sich und die letzten Bissen Speck würgte er ohne jede Essenslust hinunter. Zudem wußte er, daß man sich vor Niederhauser hüten mußte.

„Klosterbauer, sei nicht zu laut, was du da daherredest hört kein Bayer gern!"

„Bist du wohl einer, he?" pfauchte Torgler den Niederhauser an. Der Rößlwirt aber konnte auch nicht an sich halten. „Schmarrn, mein lieber Winkeladvokat, das Reden werden wir uns nicht verbieten lassen, und darum sag ich dir jetzt was: Das Rad dreht sich herum und eine Felge muß einmal in den Dreck und eine jede Felge muß auch wieder aus dem Dreck heraus. Wir stecken jetzt grad drinnen und weil das Rad sich dreht, kanns nicht so bleiben, verstanden?"

„Und wir Bergler haben es den Franzosen schon einmal zeigt, wie man die Läus aus dem Pelz kriegt!" lachte der Torgler auf auf einmal, so wohl tat ihm die Erinnerung an anno dazumal. Den Niederhauser aber schien dies alles maßlos zu belustigen, daß er fast vom Atem kam. Dann schrie er, dazwischen immer wieder von einem Lachkrampf befallen: „Und was hat sie euch genützt, die große Heldentat von 1797? Krieger und Kriegerinnen waren genug im Land, was hat es genützt? Sieben Jahr darauf ist der Bonapartl Kaiser der Franzosen geworden, das andere Jahr drauf König von Italien und wieder ein Jahr drauf, hat der Kaiser Franz die deutsche Kaiserkrone niedergelegt, weil ihm dem Napoleon sein Rheinbund das ganze Wasser von der Mühle abgekehrt hat!" Er spielte seinen letzten Trumpf aus:

„Ich sag euch, Mander, laßt die alten Geschichten, der Napoleon regiert und wenn er will, sind wir morgen chinesisch! Pfüet euch!"

„So ein Windhund", knirschte der Torgler und spuckte, wo der Niederhauser die Spur von seinen schmutzigen Schuhen hinterlassen hatte, auf den Boden hin.

„Tu mir die braven Hund nicht so verunglimpfen", brummte der Wirt.

Michl Kammerlander stand auf und bedankte sich. Jetzt erst besann sich der Rößlwirt, ihn zu fragen, wo hinaus er heut noch wolle. Daraufhin erzählte der Student, er müsse nach Säben hinauf und hätt dort im Kloster einen Brief abzugeben für eine Novizin. Er nahm den Brief aus seiner Rocktasche und las den Namen: „Sabina von Festi. Hoffentlich ist sie noch droben", wandte er sich fragend an Torgler.

„Ja, die ist noch im Stift, die letzte von den Novizinnen."

„Wer geht denn heut noch gern ins Kloster, wenn von einem Tag zum andern auf der Straße stehn kannst", meinte der Wirt.

„Ja, um das handelt es sich auch in dem Brief da", erklärte Kammerlander. „Ich hab in Innsbruck bei einer alten, vornehmen Dame jede Woche einen Kosttag. Sie ist, wie sie mir angedeutet hat, eine entfernte Verwandte der Novizin und will sie zu sich nehmen, wenn die Abtei Säben aufgehoben wird." Jetzt sprang der Torgler erschrocken auf.

„Dann ist es wirklich wahr! Weißt du was gewisses, Michl? Dann sag es mir lieber grad heraus. Also sind wir schon so weit?"

„Gewisses weiß ich nichts, in Brixen und in Innsbruck draußen redet man allerdings davon, als ob es schon geschehn wär."

Torgler trat in die Stubenmitte und reckte sich, seine Augen funkelten. „Da werden wir Bauern und nicht nur wir Klosterbauern, auch die andern, ringsum, noch ein Wörtl mitzureden haben! Auf unsern heiligen Berg lassen wir keine bayrische, keine französische, ja nicht einmal eine österreichische Festung bauen!"

„Mit Gewalt ist da nichts mehr auszurichten, Torgelbauer, man könnt sich nur auf den Rechtsstandpunkt der Landesverfassung stellen und das ist ein langer Weg", versuchte Kammerlander zu beschwichtigen. Er hatte aber mit seinem Hinweis beim Klosterbauer und beim Rößlwirt nur das Gegenteil erwirkt, denn jetzt kamen sie erst in das richtige Fahrwasser. „Landesverfassung!" schrie der Torgler. „Vor drei Jahren hat der bayrische König unsern tirolischen Abgeordneten das Wort geben, uns ungeschmälert im Genuß der alten Landesverfassung zu lassen!"

„Ja, mit Beibehaltung der Religion, Stiftungen, Klöster und Hochschulen", mußte Kammerlander zugeben.

„Und mit dem Verbot der Christmette haben sie angefangen ihr Wort zu brechen. Eine Kirchenpolizei haben wir!"

„So ist es, Rößlwirt, grad so ists! Und siehst du Michl,

das kann in uns nicht auskühln, weil es Tag und Nacht überm Feuer steht. Der Graf Arco, der bayrische Königsvertreter und sein Oberschnüffler, der Hochstetten, schreiben uns vor, wie viel Baumöl wir für das ewige Licht in der Kirchen verbrennen dürfen. Dafür müssen wir im neuen Kirchengebet für die geliebte Königin, die wir gar nicht kennen, viel süße, häusliche Freuden vom Himmel herabflehn. Vor unsern Ostergräbern aber dürfen wir keine färbigen Glaskugeln mehr anzünden, kein Springbrünnl, kein Blumengartl mehr aufrichten. Bei der Vesper dürfen wir keine Musik mehr aufführn, kein geistlich Spiel, keinen Bittgang mehr abhalten, keine Prozession! Ja, Mensch, und wir duldens, sind stumm wie die Fisch, ducken und ducken uns!"

„Weit schlimmer ists, als wie zu Kaiser Josefs Zeiten, weit ärger treiben es die Bayern mit uns", gab der Wirt dem Torgler recht. Im Reden und sich Ereifern waren die beiden aus der Stube gegangen und vor dem Haus stehen geblieben. Michl Kammerlander war ihnen nachgegangen und versuchte noch einmal, die Männer zu beschwichtigen. Er dämpfte seine Stimme, die andern gleichsam mahnend, es ihm gleich zu tun, denn unter freiem Himmel war Vorsicht nötig.

„Ihr dürft nicht vergessen, der Napoleon hat mit der französischen Revolution in Frankreich wohl aufgeräumt, aber er ist doch ihr Kind, und wer ihm untertan ist, zieht am gleichen Strang. Was uns noch übrigbleibt zu tun, denk ich, ist nur mehr das eine, auf sich selber achtgeben."

„Wie meinst du das?" mußte der Klosterbauer fragen.

„Ich mein, versuchen recht zu tun — und sich nichts vergeben."

Sie waren auf den Platz hinausgetreten. Der Torgler begann sein Reggele anzuzünden und Kammerlander hielt dies für ein gutes Zeichen. Als die Pfeife brannte, sah Torgler doch wieder beklommen zum Säbener Berg hinauf. Himmelhoch stand die Klosterburg droben, ragend wie ein Fanal, strahlend weiß vom Sonnenglast des Augusttages umwoben. Kammerlander folgte seinem

Blick. Er mußte an das wechselvolle Geschick des heiligen Berges denken. Früheste Kultstätte, Bischofssitz, kampfumtobte Bergfeste, Friedenseiland frommer Frauen, seit Menschengedenken Wahrzeichen des ganzen Eisacktales, was wird dein künftiges Los sein? Dem Torgler zu Liebe wollte er noch etwas Tröstliches sagen. „Sind wenig Klöster mehr in Tirol, die von der Aufhebung nicht betroffen worden sind, vielleicht haben die Säbener Frauen noch einmal Glück." Der Torgler nickte. Daß ihm der Student eine kleine Hoffnung ließ, tat ihm wohl und er wollte sich erkenntlich zeigen.

„Den Brief für die Novizin könntest mir eigentlich mitgeben, ich hab bei der Pförtnerin was auszurichten, ersparst dir den Weg."

„Wenn ihr so gut seid, mir wär es recht gelegen, hab mich jetzt ein wenig zu lang verhalten." Und sichtlich gerne händigte Kammerlander dem Klosterbauern seinen Brief aus. „Ich komm dann vor Semesteranfang früh genug nach Säben hinauf, um nachzufragen, wie das Fräulein gesonnen ist zu tun. Ich sollt sie nämlich dann nach Innsbruck bringen."

„Gut, ist recht, das will ich sagen, kannst dich verlassen, Michl." Der Torgler hatte den Brief eben fürsorglich in seiner Joppentasche untergebracht, als ihm der Wirt einen Renner gab und nach der Waidbrucker Seite hindeutete. Dort kam durch die Einfahrt ein armseliges Gefährt angerattert, machte halt und es entstiegen ihm zwei Juden, die man in Klausen kannte, weil sie in Bozen seßhaft waren. Sie trugen schlaffe Reisesäcke, sahen ein wenig scheu um sich und verschwanden alsbald, jedes Aufsehen vermeidend, in einer Seitengasse.

„Was wollen die da in Klausen?" verwunderte sich der Torgler. Kammerlander warf dem Wirt einen vielsagenden Blick zu. Der hielt an sich und sagte halblaut: „Die riechen Schadenfleisch und wollen billig einkaufen."

„Teufl!" fluchte der Klosterbauer, riß sich seine Reggele aus dem Mund, schleuderte den Brand aus dem Pfeifenkopf und rannte auf das schmale Säbener Gäßchen zu.

„Vergeßt den Brief nicht!" rief ihm Kammerlander

nach, aber den Eilenden hatte schon die enge Häuserschlucht verschluckt.

„Ich muß heimzu", wandte sich der Student an den Rößlwirt und setzte mit gepreßter Stimme hinzu: „Jetzt wird es da bei euch in Klausen bald von allerlei Leuten wimmeln und ihr werdet Zuspruch genug bekommen. Behüt euch Gott!"

„Zuspruch, hm — kann sein", brummelte der Wirt vor sich hin und ging freudlos ins Haus hinein.

DIE WALLFAHRERINNEN

Der Torgler lief wie blindlings am alten Stadthauptmannschloß Branzoll vorbei, Säben zu. Bei der sechsten Stationskapelle hätte er beinahe zwei Bäurinnen angerannt, und er wurde es nicht einmal gewahr, daß die eine seines Bruders Weib war, grüßte nur kurz, wie man nach Landesbrauch auch jeden Fremden grüßt, und sprang wie eine flüchtende Gemse den steinigen Bergweg hinan.

Die beiden Frauen sahen dem Davoneilenden verwundert nach.

Sie waren jene beiden Jugendfreundinnen aus Latzfons, die an jenem Morgen des 3. April 1797 auf den Höhen von Verdings gestanden und die anstürmenden Franzosen mit ihren steinernen Geschossen abgewehrt hatten. Die Bärbl war seit zehn Jahren mit ihrem Valentin aus Pardell verheiratet und auch die Kathrin war nach Verdings gezogen, um dem Ruf ihres Herzens zu folgen.

„Was ist dem Franz heut nur über die Leber gekrochen, nimmt sich nicht einmal Zeit, einem die Hand zum Gruß hinzuhalten, das ist doch wider Art und Brauch", ärgerte sich die Kathrin, denn sie war nicht gewohnt, etwas Ungebührliches stillschweigend hinzunehmen.

„Vielleicht hat er ein Krankes daheim und ist beim Michldoktor in Klausen gewesen", sagte Bärbl, blieb stehen und verschnaufte, das Aufwärtsgehen schien ihr schwer zu fallen.

„Dann wären wir früher zusammen gekommen, haben lang genug dort warten müssen."

„Das ist auch wahr", gab die Bärbl zu und machte sich über den Torgler keine weiteren Gedanken mehr. Sie hatte mit dem Eigenen genug zu tun und längst verlernt, sich um anderer Leute Tun und Lassen zu bekümmern. Niemand hätte mehr in ihr das blühende, kühne Mädchen von damals noch erkannt. Die hohe Gestalt war leicht vornübergeneigt und das bleiche, verhärmte Gesicht ließ die Frau viel älter scheinen, als sie es in Wirklichkeit war. Nur die Pracht einer festgeflochtenen, blonden Haarkrone hatte dem Schicksal getrotzt, das ihre Trägerin so früh gebeugt.

Die beiden Bäuerinnen hatten in Klausen drunten beim Michldoktor zugesprochen und kleine Einkäufe besorgt. Auf dem Heimweg wollten sie ihrem Gelöbnis gemäß, die Gnadenkapelle zu Unsrer lieben Frau auf Säben heimsuchen. Es war die Wallfahrt der Mütter des Eisacktales, sooft sie zu einem Kinde gingen, um eine glückliche Niederkunft zu erbitten. Die Kathrin wäre gerne rüstig vorangegangen, hätte sie nicht auf die Erschöpfte Rücksicht nehmen müssen.

„Ein kleines Stückl Weg noch, bei der nächsten Stationskapelle tun wir dann rasten", versuchte sie die mühsam Wallende zu ermuntern. „Es ist aber auch unmenschlich heiß, wir hätten besser getan, den nächsten Monat, die ersten kühleren Tage abzuwarten, ich hab mir das zu wenig überlegt."

„Ganz gewiß nicht, Kathrin, was denkst du denn!" wehrte die Bärbl fast heftig ab. „Es leidet keinen Aufschub und das Aufwärtsgehen kommt mir von Woche zu Woche schwerer an. Du weißt doch, wie wenig es bei mir erleidet. Wenn etwas hilft, hilft nur noch das Gebet."

„Langsam muß ich es selber glauben, daß es so ist, wenn sich der Michl Hinteregger auch nicht auskennt, was mit dir los ist, und der ist doch ein guter Arzt."

Bärbl machte eine trostlos wegwerfende Bewegung

mit der Hand. „Ach du mein Gott, wer weiß schon, ob er es versteht, er ist doch nur in der Hauptsach ein Wundarzt."

„Jetzt hör mir aber auf, weiß man doch längst, daß sich der Michldoktor auf alles Kranke versteht, obs auswendig sehrt oder inwendig nistet, du hast nur kein Vertrauen zu ihm!" Im gleichen Augenblick aber tat der Kathrin die harte Rede schon wieder leid und sie schwieg betreten über ihren ungeduldigen Ausbruch. Die nächste Stationskapelle kam in Sicht, zugleich auch der massive Vierkant des unteren Wehrturms und der klobige Mauerwürfel eines Vorgebäudes, die restlichen Vorwerke der ehemaligen Bischofsburg. Im Hintergrund erhob sich blendend weiß der Kuppelbau der Pestgelöbniskirche mit der angebauten Gnadenkapelle. Bis dorthin den Weg in einem Atem fortzusetzen, das hätte die Leidende gewiß nicht erkraftet.

„Setz dich, Bärbl, der Baum da gibt Schatten. Jetzt noch den letzten Raster und nichts mehr dauerts, sind wir bei unsrer lieben Frau."

So gütlich redend, wickelte Kathrin ein Stückchen Hutzucker aus dem Papier und träufelte aus einem Fläschchen etliche Tropfen Thymiansaft darauf. Dann schob sie das stark riechende Labsal ihrer Schutzbefohlenen in den halb offenen, noch immer nach Atem schöpfenden Mund.

Bärbl schluckte willig und es schien sie zu beleben, doch blieb sie stumm und hielt die Hände müd gefaltet auf dem Schoß. Kathrin ertrug den Anblick nicht und sah sich, was sonst ein rechtes Bauernleut nur selten tut, ringsum die Gegend an.

Das schöne Landschaftsbild des Säbener Klosters mit seinen Türmen, mit den an den Berg hinangestaffelten Giebeln, der weitausgreifenden, zinnengeschmückten Umfassungsmauer, war den Bewohnern von Klausen und der Umgebung zu sehr vertraut, als daß sie sich im besonderen daran noch ergötzt hätten. Dennoch war ihnen Säben ein Stück Himmel auf Erden, Gnadenstätte und Zuflucht in allen Nöten, ihr heiliger Berg.

Als Kathrin nach einer Weile die Bärbl mahnen wollte,

daß man nur wieder weiter trachten müsse, sah sie der Freundin Angesicht von Tränen überströmt.

Kein Wort der Klage, kein Seufzer kam von ihren Lippen, nur aus den starr geradeaus gerichteten Augen flossen unaufhaltsam die Zähren, ein Strom des Leides ergoß sich aus des armen Weibes aufgewühltem Innern. Kathrin sah erst um sich, ob niemand des Weges käm, der ihr helfen könnte, wenn der Bärbl was Übles zustoßen sollte.

Es ging gegen Mittag hin. Die bayrische Besatzung, die auf Säben einlag, war am frühen Morgen ins Laiener Ried auf Übung ausmarschiert. Auch auf den Feldern war niemand mehr zu sehn.

„Bärbl, was hast, ist dir nicht gut? Um Gottes willen sag, was ist mit dir? Wird doch am End nicht gar, hast Schmerzen? Du liebe Zeit, bist ja ganz elend!" Sie riß ihr lose um den Kopf geschlungenes Tuch herab und versuchte damit der Weinenden das Gesicht abzutrocknen, immer wieder, aber es schien, als müsse sich das Weib in Tränen ganz verbluten. Endlich rang sich der bebende Mund die ersten Worte ab: „Kathrin, ich muß dir etwas sagen, ich muß es einmal einem Menschen sagen, der mich nicht losspricht von Schuld und Fehl, aber mich versteht!"

„Dann red doch, tu von dir was dich so peinigt! Du mein Gott, Bärbl, was wirds denn sein, du hast doch niemanden umgebracht!"

„Kathrin, du mußt es mir glauben, wenn ich dir sag, ich hab doch einen umgebracht."

„Du Bärbl? Jetzt redest aber irr. Du mußt Fieber haben, unser liebe Frau, erkrank mir nicht da mitten auf dem Weg, ich bitt dich, hör auf zu weinen, komm zu dir!"

„Ich red nicht irr, ist alles wahr und bitt dich um Gottes willen, hör mich an!"

„Bärbl, du hast doch einen Mann, der hat vor allem ein Recht zu wissen" —

„Der Valentin weiß alles, längst, vom Augenblick an wie es geschehn ist, aber wir können nicht reden darüber, er wüßt doch mir und sich selber keinen Rat."

„Und ich? Wie soll denn ich?"

„Du bist ein Weib, und wir waren ja beisammen damals, du weißt doch, was bei uns droben in Pardell an der Kapellenwand geschrieben steht, und weißt doch, daß ich damals mit dabei gewesen bin."

Jetzt machte die Kathrin große Augen, schüttelte voll Unverstehn den Kopf. „Das meinst du? Das?" Mit einem Ruck stand sie gerade aufgerichtet, stolz und hart sprach sie den Vers:

„Pardell bei Latzfons und Verdings,
Fürwahr, du bist eine kleine Sping's!*
Die Stutzenkugel sang ihr Lied,
Die Jungfrau stand in Reih und Glied.
Es floh der Feind zum Tal hinaus,
Gott schirmte unser Felsenhaus!

(Spinges, Dorf ober Sterzing, wo ähnliches geschah)

Das steht geschrieben und stolz bin ich drauf. Ja, Bärbl, die Mander, denen wir später die Hand fürs Leben gegeben haben, sind auch dabeigewesen, einen andern hätten wir beide gar nicht wollen!"

Bärbl nickte, sah vor sich, die Tränen begannen zu versiegen, aber ihre Stimme war von einer hoffnungslosen Traurigkeit durchbebt.

„Ich hab damals einen umgebracht, grausam und wissentlich umgebracht." Kathrin war nahe daran, die Geduld zu verlieren.

„Wenn du das meinst, so weiß doch keiner von uns, ob er einen und wen er getroffen hat. Die Stutzen haben gekracht, die Steinriegel haben wir losgelassen. Eingebrochen ist der Feind in unser Land, in unser Tal, bergaufgestürmt ist er, unsre Höf zu brandschatzen, abgewehrt haben wir ihn, nichts wie abgewehrt, Krieg ist gewesen, Krieg!"

„Was ich getan hab, hat nichts mit dem Krieg zu tun", beharrte die Bärbl und Kathrin wurde nun wirklich ungeduldig.

„Ich versteh dich nimmer, sag endlich, was du meinst."

„Kannst du dich nimmer an den toten Franzosen erinnern, den sie als letzten gefunden haben? Der Valentin hat mich gerufen, du bist mir nachkommen, beide sind wir unter den Mannsleuten gestanden, vor dem toten Franzosen. Jetzt erst seh ich ihn so richtig vor mir liegen, von Jahr zu Jahr seh ich ihn deutlicher und weiß, was ich damals nicht erkannt hab. Er muß ein guter Mensch gewesen sein, einer, dem der Krieg ein Graus war, der nichts dafür hat können."

„Für uns war der Krieg auch kein Kirchtag, o meinerseele nicht!" warf die Kathrin ein. Bärbl aber ließ sich nicht beirren.

„Du mußt dich doch erinnern können, ein kleines, gemaltes Bild hat er bei sich gehabt, eine schöne, noble Frau und ein Bübl —"

„Richtig, genau kann ich mich jetzt erinnern. Das Bild haben sie ihm ins Grab mitgegeben", entsann sich Kathrin.

„Dann mußt du auch noch wissen, wie ich so grausam gelacht hab und was ich gesagt hab, du mußt es noch wissen, denk nach!"

Jetzt wurde Kathrin einen Schein blässer und entgegnete schroff: „Nichts weiß ich, gar nichts, hätt doch mir und den andern auffallen müssen, wenn du was Unrechtes gesagt hättest. Gelacht, ja möglich. — Eins aber weiß ich, du hast es mir selber gesagt, ganz und gar durcheinander bist du gewesen, ja, das und sonst weiß ich nichts, gar nichts!"

„O Kathrin, mußt es ja noch wissen. Gelacht hab ich hellauf und hinaus geschrieen hab ichs: Der kriegt keinen zweiten Buben mehr!"

„Und wenn du das gesagt hast, war es niemalen bös gemeint, hat sich auch keiner von uns gestoßen daran!" wollte sich Kathrin immer noch wehren.

„Der Valentin ist erschrocken — und ich — hab mir graust vor mir selber und ihr habt es hingenommen wie alles Schreckliche an jenem unglückseligen Tag, — es war ja Krieg."

„Bärbl, du bildest dir das alles ein, mein Gott, du wirst

doch nicht glaubn — daß wegn dem, — um Himmelswillen, du wirst doch nicht, —" Kathrin sah die Jugendkameradin an und verstummte.

Bärbl erhob sich mühsam, die andere vergaß ihr zu helfen, sah verloren vor sich hin, und während Bärbl das letzte Stück Weg aufwärts ging, redete sie sich, wohl kurzatmig, aber viel gefaßter das letzte von der Seele. „Nicht daß ich zwei- oder dreimal auch einen Stutzen in die Hand genommen hab, nicht daß ich Steinriegel hab niederprasseln lassen, wenn ichs auch nie mehr tät, nie mehr, — aber daß ich so geredet hab vor einem Toten, so grausam lieblos geredet hab, das ist eine Todsünd. Mit dieser Red hab ich den Franzosen noch einmal umgebracht, als der Kampf und der Krieg und alles schon vorüber gewesen ist. O was sind wir für Menschen!"

Lange schwiegen beide, gingen nebeneinander her, bis Kathrin die Frage wagte: „Sag mir, Bärbl, seit wann lebst du in dieser Meinung, mit diesem schrecklichen Vorwurf?"

„Seit der Stund, in der es geschehen ist, leb ich in Angst und seit unser erstes Kind zur Welt kommen ist und nach einer Stund hat sterben müssen, leb ich in der Gewißheit, daß es ein Frevel war, was ich damals gesagt hab. Unser zweites Kind hat einen Tag lang gelebt, — einen ganzen Tag lang."

„Unser liebe Frau, Bärbl, das wird es doch nicht sein, darum werden doch nicht eure Kinder ..." Kathrins Stimme bebte.

„Der Kaplan hat mich losgesprochen, hat mir zugeredet, ich hätt das ganz gewiß nicht so gemeint, und der Mensch glaubt nur, jede Heimsuchung sei ein Strafgericht Gottes. Heimsuchungen aber wären oft nur Prüfungen. Er hat es auch gut gemeint mit mir, aber er hat mir mit dem allen nicht helfen können."

„Was sagt der Valentin?"

„Nichts, was soll er sagen? Er hilft mir tragen, seit mir die Augen aufgegangen sind, seit ich weiß, in uns selber ist das Gesetz und das Gericht."

Kathrin tat keine Frage mehr, denn nun war ihr alles

klar geworden. Sie ging neben der liebsten Jugendfreundin her, schweigend, gleich ihr, wie unter einer schweren Last gebeugt. Von brennheißer Sonne durchglutet, waberte zu ihren Häuptern die Luft. Vogelsang und Bienengesumm war verstummt. Kein mittägiges Glockengeläute ertönte, seit es fremder Machtwille zum Schweigen gebracht hatte. Nur der beiden müde Schritte hörte man. Mütter gingen durch die Welt und ihre Füße stießen sich an Steinen.

In diese leidvolle Stille versponnen, sagte Bärbl fast flüsternd: „Ich dank dir, Kathrin, vieltausendmal dank ich dir, daß du mirs nicht ausreden willst, daß du mir glaubst." Da stieß ein hartes Schluchzen aus Kathrins Brust. „Wenn das so ist, — dann sind wir alle schuldig, wir alle!" Und sie nahm Bärbls Hand in die ihre.

„Du willst mir nur helfen, Kathrin, und hast mir schon geholfen. Ich wills in Geduld ertragen. Büßen können ist auch eine Gnad."

Hand in Hand traten die beiden Wallfahrerinnen in die Gnadenkapelle zu Unsrer lieben Frau auf Säben.

GENERALKONVENT

Die greise Äbtissin, Mutter Candida, hatte in aller Eile Chorfrauen und Laienschwestern des Klosters zu einem Generalkonvent zusammengerufen. Traurigen Blickes sah sie ihre Schutzbefohlenen in einem viel zu kleinen, düsteren Raum zusammengedrängt. Im Refektorium und im Kapitelsaal, selbst in einigen Zellen hausten bayrische Besatzungssoldaten mit mancherlei Anhang. Wenn auch die bayrische Besatzung den Vorzug hatte, daß man sich mit ihr in deutscher Sprache verständigen konnte und daß sie im Durchschnitt gute Manneszucht hielt, bedeutete sie für die Säbener Nonnen doch eine große Drangsal. Von Jahr zu Jahr büßten sie im eignen Haus an Raum und Besitzrechten ein und die

Gastgeber schienen von den ungebetenen Gästen allmählich nur mehr geduldet zu sein.

Der Äbtissin zur Rechten saß ihre nahe Verwandte, die Chorfrau Magdalena Told, die noch immer das Amt der Küchenmeisterin verwaltete. Sie hatte sich in den letzten elf Jahren weder an Aussehen noch Wesen verändert. Groß und hager, kerngesund und immer gleich rüstig am Werk, hatte in den vergangenen, oft schweren Zeiten ihre Tatkraft kein Erlahmen gekannt. Die schwarze, mit weißem Linnen unterlegte Nonnenhaube umschloß ein noch jugendlich anmutendes, jedoch überaus energisches Gesicht, das vom offenen Blick des großen, dunklen Augenpaares wunderbar belebt war. Sie war es auch, auf deren dringliches Anraten, die Äbtissin sich zu dieser rasch einberufenen Konventsitzung entschließen mußte.

Mit zitternder Stimme, selbst im Sitzen noch auf einen Stock gestützt, um sich aufrecht halten zu können, begann Mutter Candida ihre Ansprache: „Wir alle wissen seit Wochen, daß, wie es schon vielen Klöstern Tirols widerfahren ist, auch unserer Abtei zum heiligen Kreuz auf Säben, von der bayrischen Regierung anbefohlen, die Aufhebung droht. Unser Kaplan, Pater Bernhard von Elzenbaum, weilt in Brixen beim hochwürdigen Fürstbischof, um sich Rat und Weisung zu holen, wenn dieser traurige Fall eintreten sollte. Nunmehr aber ist eben unser Baumann vom Torglhof gekommen und hat uns höchst erregt mitgeteilt, daß in Klausen drunten bereits jüdische Händler aus Bozen eingetroffen seien und Quartier genommen hätten. Er und ganz besonders unsre treubesorgte Frau Magdalena, sehen in dieser Tatsache ein schlimmes Vorzeichen dessen, was wir so sehr befürchten. Sie glauben, daß wir vor der unmittelbaren Aufhebung der Abtei und der damit verbundenen Lizitation aller Klostergüter stehen.

Nunmehr wollen wir beraten, was in dieser Lage zu tun ist, und wenn wir uns entschieden haben, dahin einen Entschluß fassen." Daraufhin gab die Äbtissin Frau Magdalena ein Zeichen, daß sie nun sprechen und ihre Meinung vorbringen möge.

Der Küchenmeisterin kraftvolle Stimme riß gleich einige aus den Ängsten ihrer Ratlosigkeit:

„Ehrwürdige Mutter, liebe Mitschwestern. Wir müssen uns die Zeit der ersten, französischen Besatzung von anno siebzehnhundertsiebenundneunzig stets vor Augen halten. Zur Lizitation der Klostergüter ist es damals nicht gekommen, man hat uns unter dem Deckmantel unvermeidlicher Kriegshandlungen gleich tüchtig ausgeplündert. Hätten wir aber damals, wie uns befohlen wurde, das Kloster verlassen und wäre mein Rat, unter allen Umständen in der Abtei zu verbleiben, nicht wenigstens von einigen befolgt worden, bis zum letzten Bodenladen, bis zum letzten Zinnleuchter hätten sie uns ausgeraubt!"

„Meinst du wirklich, Magdalena, daß sich die Franzosen vor den Klosterfrauen so gefürchtet haben, daß nicht ein höherer Wille den Feind abgehalten hat, uns bis aufs letzte zu berauben?" unterbrach die Äbtissin ihre Küchenmeisterin, beflissen, etwaigem Hochmut einen Dämpfer aufzusetzen.

„Gewiß nicht, ehrwürdige Mutter, haben die Franzosen uns so gefürchtet, aber Respekt haben wir ihnen doch abgewonnen, und ein höherer Wille hat uns den Mut nicht verlieren lassen, denen zu trotzen, die uns ein Unrecht antun wollten."

Mutter Candida hob die Hand, Frau Magdalena hielt inne, alle verharrten in Spannung. Die Äbtissin aber suchte vergeblich nach dem rechten Wort des Einwandes. Eine hektische Röte flog über ihr bleiches Gesicht. Magdalena sagte „wir", Mutter Candida und wohl auch jene andern, die damals das Kloster im ersten Schreck schon verlassen hatten, mußten sie sich nicht betroffen fühlen? War es nicht Magdalena, die mit ganz wenigen Chorfrauen und den Laienschwestern zurückblieb? Nein, sie fand kein Wort des Einwandes und gab der Sprecherin das Zeichen fortzufahren. Frau Magdalena ahnte, was in der Äbtissin vorging, und dämpfte ihre Stimme merklich, als sie wieder zu reden begann:

„Jener aber dürfen wir nicht vergessen, denen wir Frauen auf Säben viel zu danken haben, denn gerettet haben uns die braven Leute von Villanders und Latzfons, von Velthurns und Verdings und auf Pardell."

„Und der Separatfriede von Säben, den Pater Josef Schweigl, dankbaren Angedenkens, zwischen den Bauern und Franzosen vermittelt hat", ließ sich die Äbtissin nun doch vernehmen und gab sich Mühe, ihrer Stimme Nachdruck zu verleihen.

„Der aber hat nur zustande kommen können, weil wir uns im Kloster, trotz plündernder Besatzung behauptet haben, und die Bauern, mehr noch um uns zu schonen, von der Erstürmung der altehrwürdigen Abtei Abstand genommen!" Dies hatte Frau Magdalena laut und hart herausgesagt. Die Äbtissin schwieg. Mit beiden Händen auf den Stock gestützt, das Haupt tief auf die Brust herabgeneigt, starrte sie vor sich hin. Frau Magdalenas Blick streifte die im engen Kreis rundum demütig gesenkten Stirnen. Heut schien Einigkeit zu herrschen unter ihnen.

Sie war aus Niederdorf im Pustertal gebürtig, als Wirtstochter dort aufgewachsen und in ihren jungen Tagen, als das Schwarz-Adler-Mariele, um ihrer Reschheit willen schon weitum bekannt gewesen. Mit neunzehn Jahren war sie nach Säben gekommen und hatte im Jahre 1776 die Ordensprofeß abgelegt und den Namen Magdalena gewählt. Ob sie Frömmigkeit und Berufung allein, ob sie vielleicht auch eine frühe, schmerzliche Enttäuschung bewog, den Schleier zu nehmen, hatte bislang niemand erfahren. Mit der Betreuung des ihr anvertrauten Küchenamtes hatte es sich in den Jahren der vielen Bedrängnisse von selbst ergeben, daß sie, als Verwandte der Äbtissin, auch das Amt einer oft recht beharrlichen Ratgeberin übernahm.

Durch die Unsicherheit der letzten Jahre, die auferlegten Lasten und die allgemeine Verarmung der besseren Stände, aber auch durch die Auswirkungen des gewandelten Zeitgeistes, hatte das Frauenstift auf Säben viel von seiner früheren Berühmtheit eingebüßt. Tiroler Familien hatten die Heimat verlassen und bayrische Beamtenschaft war zugewandert und diese legten auf eine klösterliche Erziehung ihrer Töchter meist keinen Wert mehr. Die Zöglinge blieben aus, das Noviziat hatte so gut wie aufgehört zu bestehen, es mangelte an Zuwachs gebildeter und vorgeschulter Kandidatinnen. Die greise Äbtissin war in der begreiflichen Ermüdung ihres hohen Alters den neuen Anforderungen nicht mehr gewachsen und für die längst geplante Neuwahl fehlten die Mittel, diese, auch nur der Sache nach, wenigstens würdig, geschweige denn auch mit dem Aufwand des früher üblichen, festlichen Gepränges vorzunehmen und zu feiern. In dieser Lage war sich Frau Magdalena mit dem ihr angeborenen, gesunden Hausverstand nur zu gut bewußt, daß der Weiterbestand der Abtei in den Gefahren, die ihr von außen drohten, nur mit dem drastischen Mittel des Widerstandes gerettet und mit einer guten Wirtschaftsführung gestützt werden konnte.

In tiefer Bedrückung, klagenden Tones nahm die Äbtissin wieder das Wort: „Was sollen, was können wir noch tun, wenn die Entscheidung gegen uns fällt und wir der Gewalt dennoch weichen müssen?"

Da vergaß sich Frau Benedikta Senoner aus Gröden, die jüngste der Chorfrauen, und rief klagend aus: „Um Jesu mein, das überleb ich nicht!"

Unwillig wandte sich Frau Magdalena nach der Überzarten, Überängstlichen. „Das werdet Ihr, gleich uns allen, überleben müssen, weil wir nichts anderes mehr zu erwarten haben und Tote sich einem Unrecht nicht widersetzen können!" Zum andernmal wurde sie von der Äbtissin gerügt: „Nur nicht so heftig, Magdalena! Zuweilen verstehst du mit einem geflickten Küchenhafen besser umzugehen, als mit einer ängstlichen Seele. Ich frage dich, was bleibt uns übrig, wenn es kommt, wie wir befürchten müssen, als zum andernmal bei Verwandten und mildtätigen Menschen Schutz zu suchen?"

Frau Magdalena wischte sich den plötzlich ausbrechenden Schweiß von der Stirne. Nun war sie wieder da, die unabsehbare Gefahr, der sie allein diesmal wohl nicht mehr Herr zu werden vermochte. Ihrer Stimme war ein leichtes Beben anzumerken.

„Ehrwürdigste Mutter, ich beschwöre Euch und alle, die wir hier versammelt sind, das vor allem muß vermieden werden! Wir dürfen keinen Schritt aus diesen Mauern weichen, wir müssen allen Mut zusammennehmen und alle Klugheit walten lassen, beharren müssen wir!"

Nun war es Frau Veremunda, die Subpriorin und Pförtnerin, die aufsprang und voll Entsetzen ausrief: „Dann werden sie uns Schimpf und Schande antun, anklagen, strafen, wir werden Schreckliches erleiden müssen!" Fast allen stand die fahle Angst im Gesicht. Die Novizin, Sabina von Festi, stand neben der Tür. Sie sah gespannt auf die mannhafte Küchenmeisterin und war begierig zu erfahren, was der Konvent beschließen werde. Auch ihr war untätiges Bangen fremd. Als letzter Sproß eines alten Südtiroler Adelsgeschlechtes, durch Krieg und Unglück verarmt und früh verwaist, war sie von einem alleinstehenden Onkel in das Säbener Kloster eingesteuert worden, damit sie für Seele und Leib gut aufgehoben sei. Ohne der Welt überdrüssig oder abgewandt zu sein, war ihr Säben dennoch schon zur zweiten Heimat geworden. Ja, die Welt, stand sie nicht draußen vor den Toren des Klosters und rief die ihren?

Dem ängstlichen Geflüster und Geraune machte Frau Magdalena bald wieder ein Ende. „Liebe Frau Veremunda, vor Schimpf und Schande und Kerker braucht uns nicht zu bangen. Wir haben Frieden und die bayrische Regierung, durch ihre Vorgänger um unsere rebellische Nachbarschaft wohl wissend, wird klugerweise an uns nur sanfte Gewalt ausüben. Darum müssen wir ausharren und Zeit gewinnen, denn eines dürfen wir nicht vergessen, kein Baum wächst in den Himmel, auch die Siegespalmen Napoleons nicht. Ich kann nur eins versprechen: So lang ich Atem hab, will ich jene mit Leib und Leben schützen, die unser Säbener Kloster nicht verlassen!"

Einige der Chorfrauen schienen sich wieder aufzurichten, mit Blicken der Zustimmung einander zu verständigen. Das Schöcklein Laienschwestern sah begeistert auf ihre Küchenmeisterin. Die Äbtissin saß tief gebeugt und ihre Hände, die bebend den Stock umklammerten, verrieten ihre innere Erregung. Frau Benedikta schluchzte. Frau Magdalena aber war noch nicht zu Ende:

„Was aber zur Stunde am dringlichsten ist, unser Klosterarchiv muß heut noch, jetzt gleich geborgen werden. Auch müssen die neuen, so schwer erworbenen Kirchenkleinodien, so weit es nur angängig ist, dem Zugriff der Lizitationsbeamten entzogen werden."

„Ist es denn wirklich schon so weit?"

„Was sagt Pater Bernhard dazu?"

„Wer sollte die Bergung in die Hand nehmen?"

„Und wohin mit dem Archiv?"

„Man wird uns beobachten!"

„Es gibt doch kein Versteck, das vor ihren Argusaugen sicher ist!"

Das Geschwirr der bangen Fragen wurde von Frau Magdalenas sonorer Stimme übertönt. „Es ist ernst und höchste Zeit, das Notwendige zu tun. Zum Glück hat unsre Bibliothekarin, Frau Idelfonsa, ihre Arbeit schon in der Vorwoche beenden können. Die Schriften und Folianten des Archivs sind in Kisten verpackt, und jeden Augenblick wird der Bauer vom Torglhof mit Roß und Wagen eintreffen, um dieses kostbarste Klostergut in Sicherheit zu bringen. Auch der Trakleder in Villanders ist verständigt, uns zu helfen, und alle müssen wir Hand anlegen, zu retten was möglich ist. Wir müssen zusammenstehn und ausharren, Mühsal und Gefahren auf uns nehmen, was auch komme."

Die Äbtissin erhob ihre von Tränen erstickte Stimme.

„Oh, Magdalena, was wird das für ein Leben sein in diesen Mauern, Dach und Fach vom harten Gewalthaber nur ertrotzt. Was wird das für ein Ordensleben sein, hast du das auch bedacht?"

„Alles hab ich bedacht, ehrwürdigste Mutter. Das harte Leben ist uns durch die Zulassung Gottes auferlegt und das Ordensleben auf Säben wird nicht ungeregelter sein wie jenes in der Pfrient bei Verwandten und Bekannten. Es kommt nicht mehr auf die Tagzeiten unserer Gebete an, aufs Beten selber kommt es an, auf das Erdulden und Standhalten!"

„Sollten wir, eh man beschließt, nicht die Rückkehr des Kaplans abwarten?" versuchte die Äbtissin noch einen Aufschub.

„Bis dahin vergeht viel kostbare Zeit. Unsre Einquartierung hält im Layener Ried drüben Schießübungen ab, nichts könnte unserm Vorhaben heute nützlicher sein, wenn wir den Augenblick nützen. In Klausen drunten warten die Händler schon auf die Verlizitierung unsrer Klostergüter, auf was wollen wir noch warten?"

„Dann sei es, ich füge mich deinem Rat, nimm alles in deine Hand", sprach die Äbtissin ergeben und wandte sich dann an die andern.

„Wenn Gott uns also heimsuchen will und die Abtei zum heiligen Kreuz nicht mehr weiter bestehen sollte, dann mögen jene Chorfrauen, die um ihrer Seele Heil besorgt, es nicht wagen, hier zu bleiben, mit meinem Segen dort Zuflucht suchen, wo sie Unterkunft und Schutz erwarten und finden können." Ein merkliches Aufatmen vieler Chorfrauen war hörbar. Frau Magdalena verzog den Mund zu einem bittern Lächeln. „Was aber soll mit unserer Novizin Sabina geschehen, wenn sie ihre Profeß nicht mehr auf Säben ablegen kann?", wurde noch einmal der Äbtissin Sorge laut. Da trat Sabina von Festi vor ihre Ordensoberin hin, beugte ein Knie und küßte die dargereichte Greisinnenhand. Den Blick zu ihr aufgerichtet, sprach sie klar und fest: „Ehrwürdigste Mutter Äbtissin, so lange noch eine Chorfrau auf Säben verbleibt, bitte ich Euch, daß auch ich hier bleiben darf."

Mutter Candida nickte zustimmend. Sie war keines Wortes mächtig, empfand nur voll Wehmut ihre eigene, hilflose Verzagtheit.

Über Frau Magdalenas Gesicht ging ein heller Schein innerster Genugtuung, wie seit vielen Tagen nicht mehr. Mühsam und etwas polternd, auf einen Stock gestützt, erhob sich die alte Frau Placida und kam herangehumpelt. Sie legte ihre gichtverkrümmte Hand auf Frau Magdalenas Ärmeltuch und stammelte: „Ich geh kein zweitesmal mehr von Säben weg, laßt mich da heroben sterben und begraben sein."

Frau Benedikta schluchzte laut auf und verbarg ihr von Tränen überströmtes Gesicht in beiden Händen. Vergebens erflehte sie solchen Mut, in ihr war nichts wie Bangnis vor dem Kommenden.

„Helft mir", bat die Äbtissin aufstehend, weil sie fühlte, daß sie die Füße kaum mehr tragen wollten. „Ich spür den Schreck und all den Jammer, den wir noch erleben werden, schon in meinen Gliedern, o du armseliges Menschsein", klagte sie leise vor sich hin. Benedikta und Frau Caritas, die Apothekerin, führten Mutter Candida in ihre Zelle zurück. Die andern blieben und erwarteten die Anordnungen der Küchenmeisterin. Vom Hof herauf hörte man das Rattern eines Fuhrwerks.

Frau Magdalena bat die Subpriorin und die Bibliothekarin, das Aufladen des Klosterarchivs zu überwachen. Es sollte nach dem Mitterhof in Garn gebracht werden. Der Pächter war verläßlich, die Gegend schaurigwild, von berguntüchtigen Leuten meist gemieden. Dorthin sollten auch die Chorfrauen, was ihnen lieb und wert und nötig schien, hinbringen lassen. Frau Mechthild, der Sakristanin und Frau Ignatia, der Organistin, wurden die Verwahrung der wertvollsten Kirchenkleinodien anbefohlen, der sichere Bergungsort ihnen anvertraut.

Frau Magdalena war diesmal mehr als Küchenmeisterin, es ging auch um weit mehr als Mehl und Schmalz, Rauchfleisch und Käse.

Frau Benedikta kam zurück und brachte einen Brief, den ihr die Äbtissin in die Feder diktiert hatte. Er sollte nach Klausen, zum Bürgermeister hinabgebracht werden. Man möge die Bitte der Äbtissin auch noch mündlich und dringlich dem Bürgermeister vorbringen, der Abtei in den kommenden, schweren Tagen der Auflösung mit Rat und Tat beizustehen.

Für diesen wichtigen Botengang bestimmte Frau Magdalena nicht einen der Klosterknechte, sondern die Novizin Sabina. Zu ihrer Begleitung ließ sie schnell eine der Laienschwestern aus dem Weingarten herüber holen

Einige der Chorfrauen besprachen sich schon eifrig, was sie von ihren liebsten Schätzen in Sicherheit bringen sollten. Mit dieser Sorge beschäftigt, dachten sie vorerst nicht mehr so sehr an Flucht, und Frau Magdalena fand es gut so.

Sabina von Festi war von dem Auftrag, beim Bürgermeister von Klausen auch mündlich vorzusprechen, so sehr erfüllt, daß in ihr eine fast freudige Spannung nicht das geringste Gefühl der Angst mehr aufkommen ließ. Sie legte, was sie während der Zeit ihres nun bald beendeten Noviziats nie ganz zu entbehren vermochte, diesmal besonderen Wert auf ihr Äußeres. Dem kleinen Wäschespind entnahm sie die zierlichste der blütenweißen Halskrausen und ebensolche Ärmelbündchen, den einzig erlaubten Zierat zum schwarzen, schmucklosen Kleid. Mit Hilfe eines kleinen Handspiegels ordnete sie ihr Haar und erfrischte mit einem feuchten Tuch das vor Erregung leicht gerötete Gesicht.

Dann hörte sie ihren Namen rufen und eilte aus der Zelle.

DER AUFHEBUNGSBEFEHL

Der Generalkonvent im Kloster Säben war zu Ende, als auf der Brennerstraße ein Reitertrupp von zwanzig Mann, von Brixen kommend, sich der kleinen Eisackstadt Klausen näherte. Der Führer, ein junger, bayrischer Offizier, schien es nicht eilig zu haben, wenngleich seine Mannschaft feldmäßig ausgerüstet und mit Packsätteln versehen war.

Der Blick des Reiteroffiziers war immer wieder zur stattlichen Abtei nach Säben hinaufgerichtet, die einer Wehrburg ähnlich die naturgewaltige Festung des schroff aufragenden Felsens bekrönte. Die Tatsache, daß dort droben nun sein Wegziel und sein neuer Standort sein sollte, machte ihn irgendwie befangen.

Seit Monaten in der alten Bischofsstadt Brixen stationiert, hatte er besonders in den letzten heißen Sommerwochen seine freie Tagzeit in der Stiftsbibliothek verbracht. Vorerst nur etwas gelangweilt schmökernd, stieß er bald auf die Geschichte Säbens, den Stammort des Bistums Brixen, die ihn gleich auf eine seltsam anregende Art zu fesseln begann. Er war dem Zufall dankbar, der ihn mit der Geschichte dieser Kultstätte aus grauer Vorzeit vertraut gemacht hatte, mit dem Schicksal des heiligen Berges, mit dem er nun in nähere, wenn auch, wie anders kaum vorauszusehen war, nicht angenehme Berührung kommen sollte. Ihm war nun nichts mehr fremd, was sich, von der Sage des König Arostages angefangen bis herauf in die nicht minder bewegte Gegenwart, dort droben begeben hatte. Darum schien ihm Säben bei diesem ersten Anblick schon mehr zu sein als eine bezaubernd schöne Landschaft, fast ein Erlebnis.

Der Reitertrupp passierte Klausen, das malerische Eisackidyll, das sich schmal hingestreckt zwischen Fluß und Sonnenberg geduldig einzwängen läßt. Durch die enge, lange Gasse ritten sie und die Hufschläge ihrer trabenden Pferde machten auf der groben Pflasterung genug Lärm, um alles was hören und sehen konnte, vor die Haustüren und an die offenen Fenster zu locken. Die Klausener waren seit den napoleonischen Kriegen an mehr Übles als Gutes gewohnt, um nicht auch diesmal dem Reitertrupp voll Mißtrauen entgegenzusehen. Da und dort fiel einem Kundigen die schlechte Zügelführung des Truppführers auf und seine Verwunderung wurde nicht geringer, wenn er den Reiter selber aufs Korn nahm. Seltsam genug, wenn ein fremder Reiter mit einem nach innen gerichteten Blick, sich von seinem Pferd wie blindlings in ein ihm längst vertrautes Land hineintragen läßt.

Dann aber, vor dem engen Säbenergäßchen Halt machend, mußte der Reiteroffizier erkennen, daß hier ein Zutritt unmöglich war und er sich geirrt hatte. Im Anblick Säbens ganz versunken, in Längstvergangenes wie eingesponnen, war ihm entgangen, daß unmittelbar vor

Klausen ein breiter Fahrweg bergaufwärts führte. Er wandte sein Pferd, gab den Reitern ein Zeichen und sie trabten durch die enge Gasse wieder zurück. Nun ahnten die Klausener, was die Glocke für Säben geschlagen hatte, doch ihre bitterbösen Blicke trafen die Reiter nur mehr im Rücken.

Als Leutnant Steiningen, das war der Name und Rang des Reiteroffiziers, am Stadthauptmannschloß Branzoll vorbei bergan zu reiten begann, den Blick, gleichsam wie gebannt, nun wieder auf die vieltürmige Klostersiedlung gerichtet, zog alles ihm Bewußte vor seiner inneren Schau, wie gegenwärtig geworden, vorbei.

Der Reitertrupp war der Abtei schon so nahe gekommen, daß auch der andern staunender Blick alles umfassen konnte. Wehrturm und Vorgebäude, das weite Gelände des klösterlichen Frucht- und Weingartens zu Füßen der ragenden Kirchen und Klosterbauten, der Friedhof, die dunkle Säulenhalle eines kleinen Pinienwäldchens, alles von der weit ausgreifenden Umfassungsmauer umfriedet, das war Säben, in den Geduldjahren der letzten fünfzehn Dezennien zu neuem Glanz erstanden. Träume sind schneller wie fliehende Gedanken und durcheilen in einer halben Wegstunde das Geschehen zweier Jahrtausende. Leutnant Steiningen aber sah die Notwendigkeit, den Bann der Vergangenheit von sich zu tun, stand er doch unter dem Zwang seiner Berufung, nun selber als Handlanger des Schicksals den heiligen Berg zu betreten. Er spornte sein Pferd zu rascherer Gangart und hielt es im nächsten Augenblick wieder zurück.

Die Novizin Sabina von Festi hatte sich auf den Weg nach Klausen begeben. An ihrer Seite mühte sich die alte Laienschwester Josefa, mit ihr Schritt zu halten. Im Rücken der beiden Frauen, die Sonne hatte sich schon nach Westen geneigt, waren Türme und Zinnen von Säben in ihr rotgoldnes, ein wenig müd gewordnes Licht getaucht. Sabina und Schwester Josefa erblickten den Reitertrupp. Schwester Josefa blieb im Augenblick erschrocken stehen. Sabina aber eilte einige Schritte weiter, als wollte sie trachten, an den Reitern vorbeizukommen.

Leutnant Steiningen aber brachte sein Pferd zum Stehen, grüßte militärisch und sprach die Novizin an. Es war eine halbe Frage, aber weit mehr aus Verlegenheit als Überlegung an sie gerichtet:

„Bitte, ich bin doch hier recht auf dem Weg zur Benediktinerinnen-Abtei?"

„Ihr meint — Säben — Herr?" Sabinas Stimme bebte.

„Säben, ja, — Sebona, — das Heiligtum", sagte Steiningen, seine Stimme war belegt und er sah hinauf zur Klosterburg, die von einer unwirklichen Glorie umgeben, in das tiefe Blau des Himmels hineinzutauchen schien. „Säben, — Säben, du Herrliche!" rief der Reiter, alles um sich herum vergessend. War es der geheime Anruf jener, denen in grauer Vorzeit auf diesem heiligen Berg geopfert worden war, der ihn bewog, mit dem noch gebräuchlichen Namen Säben gleichsam auch eine der längst vergessenen Gottheiten rühmend zu preisen?

War er ein Christ, ein Heide, oder nur verzaubert?

Endlich besann er sich auf die Novizin, die wortlos und blaß zu ihm aufsah, und er sagte, nun offensichtlich peinlich berührt:

„Ich überbringe den Aufhebungsbefehl der Abtei."

Schwester Josefa war näher gekommen, furchtsam und dennoch begierig zu erfahren, was die Ankunft des Reitertrupps zu bedeuten habe.

Als sie begriffen, was sich begab, riß sie den Mund auf, als wollte sie einen Schmerzensschrei ausstoßen. Sie blieb aber stumm und nur zwei große Zähren rannen über ihre Wangen herab. Sabina hielt den Kopf gesenkt. Das kleine, zierliche Novizenhäubchen ließ die Fülle braunen Haares frei, das hoch im Nacken zu einem glatt gekämmten, schweren Knoten aufgesteckt war. Sie stand mit hängenden Schultern, ihre Gestalt wirkte auf einmal müde. Es war doch eine so gute Zuversicht in ihr gewesen, daß sie durch ihre persönliche Vorsprache beim Bürgermeister von Klausen im besonderen erreichen werde, um was er im überbrachten Schreiben der Äbtissin gebeten wurde. In einer ihr noch nie widerfahrenen Verwirrung rang sie nach Überlegung. Durfte sie den Weg nach Klausen weitergehn? Mußte sie nicht umkehren, Frau Magdalena warnen, mithelfen zu retten, was noch zu retten war? Sah es vor den Reitern nicht wie Furcht, wie Feigheit aus?

Leutnant Steiningen schien zu ahnen, was in ihr vorging, und er sagte, mit einem ihm selber ungewohnten, warmen Ton in der Stimme:

„Gehen Sie, bitte, voraus und melden Sie Ihrer Äbtissin mein Kommen."

Sabina von Festi nickte und wandte sich wortlos wieder Säben zu. Schwester Josefa folgte ihr, jetzt erst schüttelte ein hörbares Schluchzen ihre Schultern.

Doch nicht der alten, weinenden Nonne sah Leutnant Steiningen nach. Die Junge war es, die Novizin, der sein Blick folgte. War dieses Mädchen in der fast zeitlos wirkenden Gewandung, stolz und dennoch voll Anmut, nicht aus fernen Zeiten kommend ihm in den Weg getreten? War sie Larthia, des König Arostages einzige Tochter? Er sah sie bergaufwärts schreiten, eilend und dennoch mühelos; an ihrer Seite hastete unsichern Schrittes die alte Laienschwester.

Steiningens Pferd schnaubte voll Ungeduld. Der Reiter zwang es mit hartem Griff zur Ruhe, dann gab er seinem Trupp das Zeichen, still zu halten und verweilte so lange, bis die beiden Frauen guten Vorsprung hatten.

Als Leutnant Steiningen mit seinen Reitern im Klosterhof von Säben angekommen war, wurde er von den Gesindeleuten schon erwartet. Zwei Klosterknechte standen bereit, doch ihre verschlossenen Gesichter boten keinen freundlichen Empfang. Eine Laienschwester huschte mit demütig gesenkten Augen von einem Wohntrakt in den andern, bemüht, ohne Gruß an ihm vorbeizukommen. Von irgendwoher hörte er einen Hund anschlagen und dann zwei-, dreimal jämmerlich aufheulen. Dann war ringsum Stille. Steiningen ließ absitzen, stieg selber aus dem Sattel, übergab sein Pferd dem Leibburschen und betrat, der stummen Weisung eines Knechtes folgend, das

Hauptgebäude. Da die Satzungen der Klausur, den Umständen angemessen, schon längerher gelockert waren, wurde er in demselben Raum, wo kurz vorher der Generalkonvent stattgefunden hatte, von der Äbtissin höflich und gefaßt empfangen. Steiningens Blick überflog die Nonnenschar, die ihre Ordensoberin in einem nach rückwärts geschlossenen Halbkreis umstand. Die Novizin war nicht unter ihnen. Doch daß sie seine Botschaft überbracht hatte, war der Äbtissin und allen Nonnen, die um sie versammelt waren, anzusehen.

Dies enthob ihn jeder einleitenden Erklärung.

Er entnahm einer Art Kuriertasche, die er an einem Schulterriemen bei sich trug, das Aufhebungsdekret, entfaltete es und begann es vorzulesen. Seine Stimme klang nicht lauter als nötig war, um von allen vernommen zu werden. Mit Nachdruck und scharfer Akzentuierung aber brachte er die einzelnen Punkte zu Gehör. Was Frau Magdalena vor allen andern, gleich einem Posaunenruf vernahm, war die Feststellung, daß Kloster und Wirtschaftsgebäude, die Kirchen und Kapellen, für den Festungsumbau und für Magazine benötigt wurden. Und dennoch, im Schlußwort des Dekretes ersah sich die Küchenmeisterin einen Strohhalm, an den sich anzuhalten sie sich schwor. „Der endgültige Räumungstermin wird noch bekannt gegeben werden."

Nicht heute, nicht morgen, und jeder Tag und jede Woche ein Gottesgeschenk, ein kostbares Talent, das nicht vergraben werden sollte, mit dem ich Wucher treiben will, dachte sie im stillen.

Steiningen übergab der Äbtissin den vom Fürstbischof von Brixen, Graf Lodron, bereits bestätigten Aufhebungsbefehl zu neuerlicher Unterschrift. Die Subpriorin war Mutter Candida behilflich, deren Schreibhand fassungslos zu zittern begann. Da und dort wurde unterdrücktes Schluchzen laut.

Steiningen versuchte über die de- und wehmütig geneigten Häupter der Nonnen hinweg zu schauen. Da erblickte er im Rücken der andern, aufrecht stehend, die Novizin. Ihre Augen blitzten ihn zornig an.

Diese heimliche Kampfansage empfand er weit wohltuender als das leise Geschluchze der Nonnen. Ein kleines, erlöstes Lächeln umspielte seinen Mund, er grüßte mit einem kaum merklichen Neigen des Kopfes. Flammende Röte überzog Sabinas Gesicht.

Als Steiningen das nun auch von der Äbtissin unterzeichnete Dokument wieder an sich nahm, um es nach Bozen an den Kommandeur weiter zu leiten, gab er noch eine Erklärung ab. Bis zur gänzlichen Räumung der Abtei habe er auftragsgemäß mit seiner Mannschaft auf Säben zu verbleiben und während dieser Zeit im besonderen für Ruhe und Ordnung zu sorgen.

Die Äbtissin nickte ergeben. Das bedeutete zu allem andern auch noch Zuwachs der Besatzung und die völlige Unmöglichkeit, neue Quartiere zu beschaffen. Hilflos sah sie sich nach Frau Magdalena um. Doch diese war nicht mehr da, und nur Steiningen fiel es auf, daß auch die Novizin den Raum verlassen hatte.

Mit letzter Kraft sich mühend, noch Haltung zu bewahren, gab Mutter Candida der Subpriorin den Auftrag, den Herrn Offizier in das Sprechzimmer hinabzuführen. Dann wandte sie sich an ihn selber, mit der etwas knappen, so doch sehr wohlgesetzten Einladung, von des Klosters gerne gebotenem Gastrecht freundlichen Gebrauch zu machen und einen kleinen Imbiß nicht abzuschlagen. Dies nicht zu vergessen, hatte ihr Frau Magdalena ja besonders ans Herz gelegt. Steiningen nahm höflich dankend an und ließ sich von Frau Veremunda durch mehrere gewundene Gänge nach dem Untergeschoß hinabführen.

Nur Benedikta geleitete die Äbtissin in ihre Zelle zurück. Die andern Chorfrauen begaben sich in großer Bedrückung wieder an ihre Arbeit, die ihnen anvertrauten Aufträge zu erfüllen, so weit dies ihnen noch möglich schien. Frau Benedikta, in der Zelle angekommen, überhörte, vom eigenen Jammer überwältigt, Mutter Candidas Trostworte und alle liebevollen Mahnungen, als wären sie nicht zu ihr gesprochen.

Leutnant Steiningen stand im Sprechzimmer, wo ihn

Frau Veremunda, sich mit einigen Worten entschuldigend, allein gelassen hatte. Der ärmlich eingerichtete Raum schien nur einen einzigen Vorteil, den der Kühle, zu haben.

Es roch auffallend nach Sauberkeit und dank dieser Sauberkeit geradezu penetrant nach hausgemachter Seife. Doch auch ein Ruch von Weihrauch war zu spüren, wie er den Kleidern der Nonnen anhaftete, wenn sie von stundenlangen Chorgebeten aus der Kirche zurückkehrten.

Ein Quälmchen Tabak, wenn es zu wagen gewesen wäre, wünschte sich Steiningen, oder den Duftatem einer Blume, einer Frau. — Wie er hier nur daran denken konnte. — Aber nichts Menschliches schien in diesen vier Wänden je geatmet zu haben. Er trat zum Fenster, stieß es auf, die Scheiben waren blank, kein Stäubchen, kein trüber Hauch, klar war sein Spiegelbild darin zu sehen. Ein wenig fremd kam er sich vor. Wo überall hin sich ein Soldat nur verirren konnte. Er sah hinaus, sehnte sich nach Landschaft. Doch über eng gedrängten, hochgereckten Mauern wölbte sich nur ein Stück blauer Himmel und drunten im Klosterhof hatten seine Leute schon begonnen am Sattelzeug herumzuputzen. Den Pferden mußten die Ställe schon angewiesen sein. Fast schmerzlich fühlte Steiningen die Entzauberung. Was wird aus dem von ihm so hoch gepriesenen Säben in den kommenden Tagen noch übrig bleiben?

Es klopfte an die Tür. Ach ja, er war nicht nur Gast, er war auch Herr in diesem Haus. „Bitte!" Seine Stimme hallte, kein Wunder, die vier kahlen Wände, ein Kruzifix, ein Heiligenbild, ein schmaler, hoher Schrank, ein Kanapee mit verblichenem Überzug, man wich dem Seufzen seines brüchigen Baues gerne aus. Doch nun stand die Novizin im Rahmen der offnen Tür. Sie trat herein, ein Gefäß tragend, das sich unter der Fülle überquellender, in ihren Farben wunderbar getönter Levkojen ganz verbarg. Welche Verschwendung mit einemmale!

Und das junge, schöne Mädchen. Larthia!

Das war wieder Säben, sein im Wachtraum erschautes

Säben. Er blieb am offenen Fenster stehen, so wie er sich zur Tür gewendet hatte, nichts erwartend. Wie einem Prunkgefährt die Staubwolke folgen muß, so stand im Rücken der Novizin die alte Laienschwester, trug in der Hand einen kleinen Zinnkrug, ein weißes Linnen und machte sich geschäftig an den Tisch heran, der frisch gescheuert in der Mitte des Zimmers stand. Als er gedeckt war, stellte Sabina ihre Blumen auf das weiße Tuch.

Steiningen verbeugte sich vor ihr. „Leutnant Ludwig Steiningen."

„Sabina, — von Festi."

Steiningen sah betroffen die Novizin an. Also nicht Larthia, doch ein Menschenkind von heute. Sabina — Sebona, — welch ein Wortspiel, fast verwirrend.

Sabina rückte dem Gast einen der beiden Stühle zurecht und sagte noch leiser: „Bitte."

Steiningen trat herzu, legte seine Linke auf die steife Rücklehne des Stuhles und deutete mit der Rechten bittend auf den anderen Sitz. Sabina war im Augenblick noch unschlüssig, zog dann den Stuhl ein merkliches Stück vom Tisch zurück und ließ sich mehr gehorsam, als bereitwillig darauf nieder.

Schwester Josefa hatte das Zimmer wieder verlassen.

Nun waren auf einmal Blumen auf dem Tisch. Sie dufteten. Und die Novizin, die ihm auf dem Säbener Berg begegnet war, saß ihm gegenüber, nein, es war ein Fräulein und nannte sich Sabina von Festi. Nein, Larthia war auferstanden nach mehr als zweitausend Jahren. Darum wußte er nichts zu sagen, kannte ihre Sprache nicht.

Noch wunderlicher erging es Sabina. Ihr war von Frau Magdalena aufgetragen worden, dem Herrn Offizier vor und während des Essens Gesellschaft zu leisten, sie müsse sehr freundlich sein, sie könne viel reden, dürfe aber nichts sagen und sollte vorsichtig sein, wenn er Fragen stellte. Vor allem aber müsse sie trachten, daß er sich mit Essen und Trinken eine gute Weile aufhalten möge. Jeder Augenblick sei kostbar, jeder Augenblick ergebe einen Handgriff und jeder Handgriff rette ein

Klostergut. „Du hast in dieser Stunde das wichtigste zu tun, sei klug, und Gott behüte dich", hatte Frau Magdalena zu ihr gesagt.

Und nun saß sie da, steif und stumm und hielt die Hände müßig im Schoß verschränkt. Die Ärmelrüschchen fühlten sich zerdrückt an und sie begann daran herumzuzupfen. Den Blick aber hielt sie tapfer auf den Offizier gerichtet. Er tat dasselbe, sah sie an, unentwegt. Einmal strich er mit der Hand über die samtweichen Levkojen.

„Ich habe Euch bei unserer Begegnung sehr erschreckt, hab Euch kränken müssen, könnt Ihr mir das verzeihen?" Ja, — das wollte er zu ihr sagen. Da kam die Schwester wieder zurück, trug ein Tablett mit allerlei beladen, wozu nur?

Sabina stand auf, um der Schwester behilflich zu sein, sie deckte den Tisch, bediente den Gast, schenkte den hellroten Wein in ein Glas. So endlich konnte sich ihr Blick von dem graublauen Augenpaar des Offiziers lösen, und gewiß war indessen auch etwas Zeit vergangen. Weder Leutnant Steiningen noch Sabina hatten es bemerkt, wie sehr die Hände der Alten gezittert, wie sie sich in Ängsten und Verlegenheit ganz verstrickt hinausgeflüchtet hatte.

Sabina schöpfte dem Gast etwas Suppe auf den Teller.

„Bitte, Herr Leutnant, — Gott segne es."

„Danke." Steinigen begann zu essen. Sabina war froh, daß es Josefa nicht sah, daß sich der Offizier weder bekreuzigte noch ein stilles Tischgebet verrichtete, die gute Alte hätte es arg gekränkt. Sabina setzte sich wieder. Ihr Blick blieb am Leutnant haften, woanders sollte sie auch hinsehn. Es wäre unhöflich gewesen, den Gast nicht zu beachten.

Steiningens Kopf war lang und schmal, die Stirne hoch und frei, vom Ansatz des leichtgewellten, blonden Haares nicht bedrängt. Das braungebrannte Gesicht war etwas hager, unter dem rechten Auge war eine Narbe sichtbar, der Mund für einen Soldaten eigentlich zu weich. Sein Blick war wieder auf sie gerichtet, fragend, forschend.

Sabina erhob sich rasch, legte dem Gast das zweite, ein Fleischgericht zurecht. Leutnant Steiningen dankte zum andernmal und setzte im stillen noch einige Artigkeit hinzu. Ein wenig zähe war das Fleisch. Er begann hastiger zu essen, um die Verlegenheit zu verbergen, die ihm die Gegenwart der Novizin bereitete, wie er sich selbst gestand. Vergeblich suchte er das rechte Wort. Vom offnen Fenster strich ein kühler Luftzug herein, die Levkojen dufteten und er fühlte Sabinas Blick auf sich gerichtet. Atem war im vorhin verlassnen Raum und Leben.

Larthia war nach Säben zurückgekommen, als wären zweitausend Jahre nichts gewesen. — Und er aß, — stillte seinen Hunger. Ihn ekelte; er legte Messer und Gabel klirrend hin und sah sich damit nur auf einer neuen Unart ertappt.

Leutnant Steiningen sprang auf, entschuldigte sich, seine Stimme klang heiser und erregt: „Verzeihet, bitte, — ich muß zu meinem Pferd, — zu meinen Leuten sehn!"

Sabina war aufgestanden, sah zur Tür hin, durch die er hinausgestürmt war, als brenne es irgendwo. Ihren Mund umzuckte ein Lächeln, oder Weinen, sie hätte es nicht sagen können, wie ihr im Augenblick zumute war. Schwester Josefa kam atemlos, das leere Tablett in Händen und rief bestürzt: „Sabina, was ist geschehn, hat er Euch was angetan?"

„Mir? Wer? Ach nein, Schwester Josefa, nein, nichts, nicht das geringste! Was hat Euch nur so erschreckt?"

„Wie ein Wütender ist er an mir vorbeigerannt, was soll man davon denken?" sagte die Alte zweifelnd und begann den Tisch abzuräumen.

„Nicht einmal fertig gegessen hat er, die Süßspeise, das Obst gar nicht angerührt, verschmäht die schöne Gottesgabe", brummte sie vor sich hin.

„Er hat zu seinem Pferd und zu seinen Leuten müssen, ist ihm plötzlich eingefallen", sagte Sabina scheinbar ruhig, nahm das Krüglein mit den Blumen an sich und beugte das Gesicht darüber.

Schwester Josefa aber konnte sich nicht beruhigen.

„Ja, ja, den Löffel aus dem Mund und weglaufen wie das liebe Vieh vom Barren, das können die bayrischen Freigeister." Scheltend trug sie alles Abgeräumte auf dem Tablett hinaus. Sabina stellte die Blumen wieder auf den Tisch zurück, der ohne das weiße Linnen in heller Sauberkeit nach hausgemachter Seife roch, rückte die Stühle zurecht, dann verließ auch sie das Sprechzimmer.

Frau Magdalena kam ihr etwas verängstigt entgegen. „Sabina, wie ists dir denn ergangen? Die Josefa hat mir ja Schreckliches erzählt von ihm, ist er wirklich so ein Wilder?"

„Ein Wilder? Nein, er ist genau so, wie ich ihn mir vorgestellt hab."

„Was ist es dann für einer, wird er uns das Leben recht sauer machen?"

„Das ist schwer zu sagen, Frau Magdalena, er ist kein Gesprächiger."

Die Küchenmeisterin sah der Novizin forschend in das abweisende Gesicht und konnte nicht ergründen, wie sie es meinte. Ich werd am End da doch nicht was Dummes angestellt haben, dachte sie und gleichsam um sich selber auf andere Gedanken zu bringen, teilte sie Sabina mit halblauter Stimme mit, das Archiv sei schon glücklich auf den Weg nach Garn gebracht, es gäbe aber noch viel zu tun, wenn einem die Neuen nicht schon am ersten Tag gleich auf die Finger sehen würden.

Leutnant Steiningen machte es übrigens für den Rest des Tages den frommen Säbener Frauen nicht schwer, noch dies und das zu bergen und eine noch größere Armut vorzutäuschen als jene, in der sie ohnehin schon seit Jahren dürftig lebten.

DER STIFTSKAPLAN

Pater Bernhard von Elzenbaum war noch am gleichen Abend von Brixen zurückgekommen. Er konnte den Säbener Frauen nur des Fürstbischofs Segenswunsch und schmerzlich mitfühlendes Bedauern überbringen.

Für jene Chorfrauen und Laienschwestern, die keine Verwandten hatten, versprach der Oberhirte seine Fürsprache und Unterstützung, daß sie ihrem Stand und ihrer Berufung gemäß untergebracht werden sollten. Vor allem aber galt des Fürstbischofs Fürsorge der Äbtissin, die er wegen ihres hohen Alters und leidenden Zustandes den Aufregungen der kommenden Wochen nicht ausgesetzt wissen wollte. So konnte Pater Bernhard wenigstens in diesen Belangen der Überbringer einer beruhigenden Nachricht sein, als er der ehrwürdigen Mutter Äbtissin das Angebot des Fürstbischofs unterbreitete. Im Gästehaus der bischöflichen Burg war für sie ein Asyl bereit, das zu jeder Stunde in Anspruch genommen werden konnte. Die Äbtissin fühlte sich sichtlich beruhigt und auch geehrt, erklärte aber, in den ersten Tagen dieser Ungewißheit und Wirrnisse möchte sie ihre lieben Mitschwestern nicht verlassen, sondern so lange auf Säben bleiben, als es die Umstände und ihre geschwächte Gesundheit erlaubten. Den Stiftskaplan aber bat sie, er möge doch ihr Schreiben an den Bürgermeister von Klausen, das die Novizin unverrichteter Dinge wieder zurückgebracht hatte, diesem nun selber überbringen.

Am nächsten Morgen, gleich nach der Messe, eilte Pater Bernhard nach Klausen hinunter. Auf das dringlichste empfahl er dem Bürgermeister, Anton Josef Perloth zu Kaltenburg, die Bitten der Äbtissin zu berücksichtigen, und es wurde ihm auch alles und jedes, so es im Bereich des möglichen lag, zugesagt. Perloth, ein richtiger Michl Gradaus konnte es sich aber nicht versagen, eine bittere Bemerkung zu machen: „Gar viel hat sich unser Brixener Herr, der Graf Lodron für Säben nicht eingesetzt."

„Er ist eben keine Kampfnatur, umsomehr ein untadeliger Priester", brach Pater Bernhard gleich die erste Lanze. „Und ein geschmeidiger Höfling, macht es der bayrischen Regierung nicht allzuschwer, zu schalten und zu walten wie sie will." Pater Bernhard von Elzenbaum war ein weitum vielgerühmter Kanzelredner, doch liebte er auch den Disput und war darum nicht verlegen, seinen Fürstbischof weiterhin zu verteidigen. „Mag sein, Herr Bürgermeister, ganz unrecht habt Ihr nicht, doch wär es anders besser? Was hat dem Churer Bischof, dem tapfern Schauenstein es groß genützt? Lebt er nicht schon ein Jahr lang als ein Verbannter im graubündnerischen Martinsbruck, wohin sie ihn wie einen Verbrecher über die Grenze abgeschoben haben? Desgleichen taten sie doch auch dem Bischof von Trient, der sitzt im Salzburgischen, ein des Landes Verwiesener und muß dort seine Tage untätig verdösen. Nein nein, laßt uns nur den Brixener Herrn im Land, den Letzten, der nicht von des bayrischen Königs Gnaden eingesetzt ist!"

Darauf wußte Bürgermeister Perloth nichts zu sagen, denn Pater Bernhard hatte nur zu recht. Seit das von den Bischöfen bei Besetzung geistlicher Stellen geübte Patronatsrecht auf den König von Bayern übergegangen war, ging der Riß nicht nur durch die Landesverfassung, sondern auch mitten durch das Volksleben. Der Friede des kleinsten Dorfes war gefährdet. Wo immer ein Seelsorger versuchte, seiner Pfarrgemeinde auch nur einen der lieb und teuer gewordenen Kirchenbräuche zu erhalten, machte er sich der Regierung gegenüber straffällig, wurde versetzt, viel öfter noch verhaftet, oder des Landes verwiesen.

„Und was wird nun mit Euch geschehen, Pater Bernhard?"

„Noch weiß ich es nicht, wo immer man mich über eine Herde setzt, wird man den Hirten scheel ansehn, weil er ein neuer, ein von der bayrischen Regierung eingesetzter ist", sagte der Stiftskaplan und verzog den Mund zu einem bittern Lächeln.

Der Bürgermeister war aufgestanden. Die Hände im Rücken verschränkt, den Kopf unfroh grübelnd auf die Brust geneigt, ging er in der Amtsstube auf und nieder. „Die Säbener Frauen tun mir schon leid, doch uns allen, die es verhindern möchten, sind die Hände gebunden", gestand Herr v. Perloth die eigene Hilflosigkeit. Pater

Bernhard fühlte sich gedrängt, sein Herz noch einmal auszuschütten, da auch seine Tage in der Gegend um Klausen schon gezählt waren.

„Ja, sie haben es gewiß nicht leicht, müssen wieder aus dem Nest und weiß Gott wo noch froh sein, unterzuschlüpfen. Um eines aber könnt man sie fast beneiden, sie haben die Wahl und können sich vor dieser verrückten Welt verkriechen. Wir Pfaffen aber, wie man uns wieder eimal schimpflich nennt, hüben wie drüben, stehen mitten drinnen im Kreuzfeuer der Meinungen, der Irrungen, der eingefleischten Unnachgiebigkeiten. Ja, Herr Bürgermeister, ich muß es einmal offen sagen, die Schuld ist nicht mehr auf einer Seite allein!"

Perloth blieb betroffen stehen. „Wie meint Ihr das?"

„Beim Licht betrachtet hat die bayrische Gottesdienstordnung ja nichts Wesentliches geändert, manches wäre sogar zweckmäßiger, — ich bitte Euch mich nicht falsch zu verstehn, denn nennen wir das Kind einmal beim rechten Namen, es sind Äußerlichkeiten."

„Herr Stiftskaplan, jetzt bin ich aber baß verwundert!"

„Glaubt mir, Herr Bürgermeister, so mancher Flitter, wenn der wegfällt, könnt die verkürzte Frömmigkeit von außen mehr nach innen führen, — aber da liegt der Has im Pfeffer, so etwas macht man nicht von heut auf morgen!"

„Und vor allem brauchen wir dazu die andern nicht. Wenn unsre Bitt- und Kreuzgänge, unsre Prangfeste wirklich zu üppig und Gott nicht mehr recht wohlgefällig sein sollten, dann beschneiden wir unsre Bäum schon selber!" stimmte der Bürgermeister dem Stiftskaplan schon etwas geneigter zu.

„Nun aber", fuhr dieser eifrig fort, „wenn einer von uns mit seiner ehrlichen Erkenntnis einmal auszugleichen versucht, wird das Volk gleich stutzig, ist der Pfarrer schon ein Bayernsöldling, ein Ketzer gar, steht oft genug zwischen Priestern und Gläubigen erbitterte Feindschaft auf, Ihr wißt doch selber, Herr Bürgermeister, wie es in manchen Gemeinden zugeht."

„Und ob ichs weiß! Weit schlimmer noch sind diese

Dinge als jede andere Bedrückung und alle Steuerlasten. Das Schönste aber ist, daß unsre Obsthändler, die nach München kommen, dann daheim erzählen, daß sich dort die alten, frommen Kirchenbräuche längst wieder durchgesetzt hätten und von der Regierung stillschweigend geduldet würden. Bei uns in Tirol herinnen aber stellen sie bei jedem Glockenschwang zu nicht erlaubter Stunde die Borsten auf."

„In Bayern sind sie daheim, in Tirol stehen sie auf erobertem Boden. Es ist in der ganzen Weltgeschichte nicht anders zu lesen, immer haben die Sieger erst nach den Kriegen noch das letzte Gras zertreten. Unsere Landgerichte Fürstenberg, Meran, Bozen, Klausen und Brixen, sind im besonderen schwarz angeschrieben und seit der Hofstetten in Bozen sitzt, steht die Geistlichkeit ringsum unter der strengen Aufsicht des obersten Kirchenpolizisten. Man kann nur hoffen, daß es nicht immer so bleiben wird."

„Hoffen? Was ist denn noch zu hoffen, so wie die Dinge stehn?" rief der Bürgermeister verärgert aus und warf sich in seinen Armstuhl, als wäre er vom vielen Auf und Ab auf einmal müde geworden.

„Einmal abwarten", meinte der Stiftskaplan, „wir wollen sehn, wie dem Napoleon die Eroberung Spaniens anschlagen wird. Das himmelschreiende Unrecht empört die ganze Welt, hat viele Anhänger bös ernüchtert. Das unterdrückte Deutschland ist erbittert, England lechzt nach Vergeltung und Österreich rüstet zu einem neuen Krieg. Noch ist nicht aller Tage Abend!"

„Gott ist mit den starken Bataillonen", sagte Herr v. Perloth mutlos.

„Nein, Herr Bürgermeister, nicht immer, er schaut nur manchmal lange zu. Nun will ich Euch nicht länger mehr von Eurem Amt abhalten, aber nochmals bitten, daß Ihr auch diesmal, wie so oft schon in den vergangenen Jahren, über das Säbener Kloster die Hand haltet." Pater Bernhard war aufgestanden und sah sich in der schön getäfelten Amtsstube noch einmal um, begann doch auch für ihn, wo er stand, ein stilles Abschiednehmen.

„Es wird nur nicht mehr viel übrig bleiben, über das man die Hand noch halten könnt“, sagte Perloth und erhob sich seufzend. „Die Versteigerungen werden ja in Klausen herunten stattfinden. Die Kaufkraft unter den Einheimischen ist nicht groß. Wir müssen nur trachten, daß die Klosterhöfe, Gründe und Wälder nicht in fremde Hände kommen und den eingesessenen Klosterleuten neu verpachtet werden können. Dabei mitzuwirken, daß das Schlimmste verhütet wird, will ich gern versprechen.“

Pater Bernhard dankte dem Bürgermeister mit warmen Worten, dies Versprechen war ihm viel wert. Dann bat er noch, daß man beim Auszug der Chorfrauen doch Sorge tragen möchte, daß es schicklich vor sich gehe, denn allzuviele würden nicht bei der Küchenmeisterin zurückbleiben wollen. Da mußte Perloth herzlich auflachen.

„Das kann ich mir denken, daß sich die Magdalena Toldin auch diesmal mit Händ und Füß dagegen wehren wird, von Säben zu lassen, und wenn es eine durchsetzt, daß sie bleiben kann, dann ist sie es!“

„Keine zehn Paar Roß bringen mich über den Säbener Berg hinab, hat sie mir heut geschworen“, sagte Pater Bernhard. „Ja, die kann aufsässig sein, ich wüßt schon ein Lied zu singen und ist doch eine gute Seele. Gott allein mag wissen, warum er sie so drahthaarig geschaffen hat“, setzte er mit einem kleinen Seufzer hinzu.

Bürgermeister Perloth versprach dem Stiftskaplan, daß die Säbener Frauen bei ihrem Auszug ein ordentlich Fahrzeug und Geleit haben sollten, damit es ihnen nicht so ergehe, wie den Kapuzinern in Meran, die man dutzendweis wie Kälber geführt hatte. Etwas besorgt meinte er dann noch: „Wenn es nur droben in den Dörfern ruhig bleibt, daß sie uns nicht alles noch schlimmer machen.“

„Dafür ist schon gesorgt, sind doch gestern die zwanzig Berittenen mit einem Leutnant nach Säben gekommen, als Hüter der Ordnung. Zum Glück schauen sie ganz menschlich aus. Aber es wird gut sein, wenn wir besonders die Latzfonser und Villanderer ein wenig im Aug behalten.“

„Und seid so gut, Pater Bernhard, meldet der Äbtissin doch für morgen meinen Besuch an, sie wird gewiß noch dies und das auf dem Herzen haben."

„Ja, gern, das wird sie freuen, ich dank Euch!"

Mit einem festen Händedruck verließ Pater Bernhard den Bürgermeister und eilte wieder nach Säben hinauf.

Als er nah am Ziel, längs der Umfassungsmauer rüstig ausschritt, begegnete ihm der bayrische Leutnant mit seinem vollzähligen Reitertrupp. Der Kaplan versuchte, höflich grüßend, ungefragt vorbeizukommen. Steiningen aber wollte von ihm wissen, wie man am besten auf dem Fahrweg nach Latzfons gelange, und setzte etwas verärgert hinzu, die Klosterknechte hätten ihm die Sache auf eine recht undienliche Art, mehr als beschwerlich dargestellt. Pater Bernhard versicherte, wenn auch gewiß kein Promenadeweg, so sei der Ausritt, wenn man berggewohnte Pferde habe, landschaftlich doch so lohnend, daß man das bißchen Mühe und Umsicht gern und ohne jegliche Gefahr daransetzen könne. Dann wies er den genauen Weg und hoffte, die Unfreundlichkeit der Klosterknechte wettgemacht zu haben, ward bedankt und im nächsten Augenblick allein zurückgelassen.

Nun gut, so war er einer Mühe enthoben, mit der er sich bei den Bauern ohnehin wenig Ehre eingelegt hätte. So aber, wenn sie den Besatzungszuwachs an ihren Höfen vorübertraben sahen, wußten sie genug, und würden sich auch ohne seinen Zuspruch lieber ruhig verhalten. Im Klosterhof traf er Frau Magdalena an und erzählte ihr von des Leutnants unzweifelhafter Absicht, die Dörfler einzuschüchtern, falls sie etwa planen sollten, gegen die Aufhebung des Klosters handgreiflichen Einspruch zu erheben. Frau Magdalena erschrak vorerst einmal so sehr, daß ihr das Wort im Munde wegblieb.

„Ist jemand auf dem Weg, für den Ihr fürchtet?" wollte Pater Bernhard wissen.

„Jemand? Du liebe Zeit, Hochwürdiger! Unsre Klosterleut von Trakleder und Rompoi sind auf der Fahrt nach Villanders, mit etwas Bett- und Lodenzeug und etlicher Habe, was unsern Chorfrauen eigen ist. Mehr aber fürcht ich noch, — weil es auf einem Weg mit den Reitern liegt." Die Küchenmeisterin verstummte und sah gegen Latzfons hin.

„Was noch, was fürchtet Ihr?" drängte der Stiftskaplan.

„Mit der Äbtissin Erlaubnis hab ich Frau Idelfonsa mit der Schwester Kanisia auf den Mitterhof nach Garn geschickt."

Jetzt war Pater Bernhard wirklich verwundert. „Sind wir schon so weit? Das wird Euch wenig Freude machen, wenn die Säbener Nonnen schon am ersten Tag nach der Aufhebung des Klosters beginnen auszuschwärmen. Ich möcht nur wissen, was ausgerechnet Frau Idelfonsa in der Garner Wildnis verloren hat!"

„Verloren hat sie nichts, aber vorsorgen muß sie, daß wir unsre Sachen wieder finden, wenn einmal andere und bessere Zeiten kommen. Man kann doch all die Bücher und Schriften, die wir glücklich an Ort und End gebracht haben, nicht ungeordnet und offen in einer Bauernkammer herumliegen lassen. Da wären sie in einer bayrischen Bibliothek doch noch besser aufgehoben." Ein wenig heftig, wenn auch mit halblauter Stimme, verteidigte Frau Magdalena ihre Anordnung.

„Das hätte man doch auch mir anvertrauen können, zudem mir das Bergauflaufen bei so unsichern Zeiten doch weniger ausmacht", sagte Pater Bernhard sichtlich verärgert. Sie waren zum Küchenhaus gekommen, darin der Stiftskaplan sich noch eine Stube errettet hatte. Frau Magdalena sah sich um, ob sich nicht einer von den Löttern, wie sie die bayrischen Soldaten meistens nannte, in ihrer Nähe herumtreibe, dann redete sie recht eifrig dem Hochwürdigen zu Gehör: „Das könnt denen so passen, einen geistlichen Herrn als Hehler verschleppten Klostergutes aufzugreifen, daran habt Ihr wohl gar nicht gedacht?"

„Und wenn Frau Idelfonsa aufgegriffen wird?"

„Die hat schon ihre Weisung", gab Magdalena auf einmal recht zugeknöpft zur Antwort, sah nach der halboffenen Küchentür hin, die den herben Ruch von gesottenem Rauchfleisch preisgab. Pater Bernhard wollte sich nun doch den Anstrich sorgenvoller Strenge geben. „Also richtet Ihr Eure Mitschwestern auch schon zum lügen ab?"

„Wo ich mit der Wahrheit nicht mehr durchkomm, nehm ichs eben auf mich und außerdem, Hochwürdiger, geschieht doch alles für unser Kloster und damit auch zur Ehre Gottes!" Sprachs und eilte in die Küche, nur die vorher offen stehende Tür schlug hinter ihr mit einem Schwung heftig zu. Halb ärgerlich und halb ein Lächeln verbergend, suchte Pater Bernhard seine Stube auf.

Am Nachmittag erfuhren sie auf Säben, daß in Klausen ein ganzer Schweif Kanzleivolk angekommen sei und dort Quartier genommen habe. Vor neugierigen Leuten hätten sie sich als Reisende ausgegeben. Den Klausenern aber könne niemand etwas vormachen, sie kennen diese Vögel am Gefieder, Aasgeier nannten sie die Gattung im geheimen.

Um die Zeit vor Sonnenuntergang wurde Frau Magdalena unruhig, sie wollte es aber niemanden merken lassen, am allerwenigsten den Pater Bernhard, den es in seiner Stube nicht allzulang gelitten hatte. Bald war er da, bald dort zu sehen. Mutter Candida lag in großer Schwäche zu Bett, der Schreck am Vortag hatte ihrem kranken Herzen arg zugesetzt. Frau Benedikta hatte die Krankenpflege übernommen. Voll Umsicht tat sie es, aber immer seufzend und weinend, mit wenig tröstlichem Zuspruch. Im Klosterhof auf und niederwandelnd betete Pater Bernhard sein Brevier. Das Hin und Her der Gesindeleute, das Pfeifen und Gedudle der Soldaten in ihren Quartieren schien ihn nicht zu beirren. Seine Blicke aber schweiften immer wieder dorthin, wo die beiden Beauftragten Frau Magdalenas heimkommen sollten. Auch von Leutnant Steiningen und seinen Reitern war weitum nichts zu sehen.

Den Bauer vom Torglhof ließ es nirgends mehr zur Ruhe kommen. Er war schon wieder in Klausen drunten gewesen, kam atemlos heraufgerannt und ließ von der Pförtnerin Frau Magdalena rufen. Er hatte viel Dringliches zu melden und zu fragen und die Küchenmeisterin brachte ihm ihre Aufträge zu Papier, daß nichts vergessen werden sollte. Als er den Botenzettel in seine Joppentasche stecken wollte, fand er den Brief, den in Säben abzugeben ihn der Kammerlander Student am Vortag so dringlich gebeten hatte. Er gestand Frau Magdalena seine Vergeßlichkeit und bat sie, den Brief der Novizin zu übergeben.

„Von einem Studenten?“ fragte Magdalena mißbilligend, aber der Torgler war schon türaus, ehevor er ihre Rüge abgewartet hatte. Die Küchenmeisterin drehte den Brief nach allen Seiten. Der Umschlag war steif und vornehm und trug eine Krone eingepreßt. Also war der Absender adeliger Herkunft. „Was das nur wieder sein mag“, meinte sie mehr zweifelsüchtig als ehrfürchtig und steckte den Brief hinter den Brustlatz ihrer blauen Arbeitsschürze.

Indessen war Frau Idelfonsa und ihre Begleiterin endlich von Garn zurückgekommen und die beiden betraten den Klosterhof. Pater Bernhard ging ihnen gleich entgegen und rief erleichtert aus: „Gott sei Dank, Frau Idelfonsa, daß Ihr endlich da seid!“

Mit einem schiefen Blick auf zwei vorübergehende Soldaten warnte Frau Idelfonsa den Stiftskaplan zur Vorsicht und dann gestand sie halblaut und etwas zerknirscht: „Hochwürdiger, ich komme mir heut vor, — ach, — gelogen hab ich wie ein Kelchdieb.“

„Was man nicht hören muß, und wen habt Ihr denn so angelogen?“

„Den neuen Offizier“, flüsterte sie, neben Pater Bernhard hergehend. Schwester Kanisia folgte mehr verlegen als respektvoll zwei Schritte hinter ihr.

„Bin mir nicht klar darüber, warum Ihr ihn habt anlügen müsen“, wollte Pater Bernhard eine direkte Frage umgehen.

„Er hat uns auf dem Heimweg angetroffen und uns auf den Kopf zugesagt, wir täten gewiß die Dörfer ablaufen und die Bauern wegen der Aufhebung des Klosters aufzuwiegeln versuchen. Das, wegen dem Aufwiegeln, haben wir mit gutem Gewissen abstreiten können. Gottlobedank! Aber was wir in Garn getan hätten, wollte er wissen, und zwanzig Reiter hinter ihm haben uns finster angeschaut."

„Und was habt Ihr darauf gesagt?"

„Daß wir auf dem Mitterhof in Garn etlich leere Kammern haben anschauen müssen, weil sich dort zwei Chorfrauen zurückziehen möchten, wenn wir das Kloster verlassen müßten. Eigentlich war ja auch da noch etwas Wahres daran, der Mitterhofer hat wirklich drei leere Kammern."

„Und hat der Offizier geglaubt, was Ihr gesagt habt?"

„Ja", sagte Frau Idelfonsa etwas beschämt.

„Das war eigentlich ein kluger Einfall von Euch", wollte der Kaplan eine kleine Falle stellen.

„Der Einfall war von Frau Magdalena", lehnte die Bibliothekarin bescheiden ab.

„Und die Lüge?" wurde Pater Bernhard wieder streng.

„Die Lüge ist von mir. — Gelobt sei Jesus Christus!" Und beide, Chorfrau und Laienschwester, verschwanden vor seinen Augen in einem Husch im Regelhaus.

Indessen stand die Novizin Sabina vor einem offenen Gangfenster und las im Beisein Frau Magdalenas den Brief, den der Torgler seit dem Vortag mit sich herumgetragen hatte.

Die Anrede lautete: „Liebes Kind!" Sabina schüttelte abweisend den Kopf, so wenig fühlte sie sich berührt. Dann las sie weiter: „Ich bin eine entfernte Verwandte Deiner seligen Mutter, der geborenen Komtesse von Kuen. Dir aber, liebes Kind, trotzdem und leider eine gänzlich Fremde. Durch Zufall erfuhr ich, daß Du im Kloster Säben demnächst die Profeß ablegen wirst. Nun aber scheint es gewiß, daß auch das Kloster Säben der Sequestatur anheimfallen wird. Wenn dieser Fall eintritt, möchte ich Dir einen Vorschlag machen: Ich bin eine alte, ganz alleinstehende Frau, nicht unvermögend und darum in der glücklichen Lage, Dir ein Heim anbieten zu können, zumindest für die Zeit, bis Du in ein anderes Kloster eintreten kannst. Der Student der Rechte, Michel Kamerlander aus Brixen und Überbringer dieses Schreibens, würde Dich zu Semesteranfang nach Innsbruck begleiten. Er ist ein braver, gesitteter junger Mann, dessen Schutz ich Dich anvertrauen würde. Gib mir, liebes Kind, in nicht allzuferner Zeit Deinen Entschluß kund, wes willens Du bist.

Deine treubesorgte, mütterliche Freundin

Freifrau Adele von Bormio."

Sabina ließ die Hand mit dem Brief sinken, schwieg und sah verloren vor sich hin. Wie aus weiter Ferne kommend, vernahm sie Frau Magdalenas Zuspruch: „Sabina, das wär eigentlich ein Glück für dich, eine neue Heimat, dazu noch deinem Stand gemäß. Du hast es ja nicht so schwer, noch ist dir das Klosterleben nicht in Fleisch und Blut übergegangen wie unsereinem."

„Aber Säben, — Säben ist mir ja doch schon eine wirkliche Heimat geworden."

Frau Magdalena atmete auf. „Nun gut, du hast ja noch Zeit, dir es zu überlegen."

„Mein Gott, diese Dame ist mir ja so fremd, so fern." Jetzt sah Sabina Leutnant Steiningen im Hof vor dem Quartierhaus aus dem Sattel steigen. In der einen Hand trug er einen Kastanienzweig mit viel stacheligen, leicht angebräunten Früchten daran. Ein wunderlicher Kriegsmann war dieser neue Besatzungsoffizier. Sabinas Blick schien sich im Gewinkel des Klosterhofes zu verlieren, aber was sie sagte, klang sehr entschlossen: „Liebe Frau Magdalena, ich hab es gestern der ehrwürdigsten Mutter Äbtissin versprochen, so lange auch nur eine Chorfrau noch auf Säben weilt, will ich bleiben!"

Frau Magdalena fand vor Rührung kein Wort des Dankes und der Freude.

ZUM ERSTEN-, ZUM ZWEITEN-UND — ZUMDRITTENMAL!

Seit zwei Wochen fanden in der Benediktinerinnenabtei zum heiligen Kreuz auf Säben die Inventuraufnahmen statt. Die alte Besatzung war ausgewechselt worden und die neue bestand aus Soldaten, die aus siegreichen Feldzügen kommend, ihren Dienst auf Säben als eine Art Ruhestellung betrachten konnten. Gerade diesen Männern aber gingen die Kümmernisse und das Leid der Klosterfrauen eines aufgehobenen Stiftes kaum zu Herzen.

In der Abtei fand sich indessen nichts mehr vor, was nicht in die Inventurliste der Lizitationskommission aufgenommen worden war. Tisch und Stuhl, Schrank und Bett, das Kruzifix, der Betstuhl jeder Nonnenzelle trug das Merkmal der amtlichen Enteignung, selbst vor dem Eigentum der Chorfrauen ward nicht Halt gemacht. Sie alle hatten in der kurzen Zeit nur das ihnen Liebste, Teuerste, oft nur Nichtiges, in Sicherheit bringen können. Was noch an Linnen, Loden, Tuch, Barchent, Strickwolle und Leder vorgefunden wurde, verfiel der Konkursmasse. Über den Verbleib des Klosterarchivs wollten die Umfragen und Verhöre kein Ende nehmen, sooft dem Administrator auch versichert wurde, die Bibliothek sei schon bei den ersten Franzoseneinfällen geplündert und alles übrige im Lauf der Jahre von weiteren Besatzungen verzettelt worden. Was noch vorhanden war, neuere Andachtsbücher und Erbauungsschriften, konnte zum Ärger des Administrators nicht hoch eingeschätzt werden.

Ein bitterböser Tag war es für den Stiftskaplan, als das Kircheninventar aufgenommen wurde. Der Jude Isaak aus Bozen war als Sachverständiger in Edelmetallen beigezogen. Die Liebfrauenkirche blieb verschont, weil sie nicht Eigentum der Abtei war. Sie stand am Rande, außerhalb der Gemarke der Klostersiedlung. Dorthin hatte man einen goldenen Kelch, das einzige, noch vorhandene Antipendium, ein mit gotischen Ornamenten bunt bemaltes Ledertuch und ein kostbares Missale mit goldener, edelsteingeschmückter Buchschließe in Sicherheit gebracht. Herr Isaak machte ein betrübtes Gesicht, was der Unkundige für pures Gold hielt, war nur leicht vergoldet, wenig schweres Silber fand sich, Zinn und Messing lohnte kaum die Mühe des Kaufens und Verkaufens. Nur einige Kostbarkeiten von Altertumswert erspähte er und überschätzte sie schweren Herzens, um andere Käufer abzuschrecken. Neue, im Kloster angefertigte Paramente der Heiligenkreuz-Basilika, Fahnentücher, Bilder, etlich kunstvoll geschnitzte Zunftstangen konnten nicht mehr gerettet werden. In der Stiftskirche mußte die Sakristanin, Frau Walburga, den Beamten alle Schränke öffnen und schweren Herzens das aufweisen, was dem Bestand zu belassen die Klugheit erfordert hatte. Den Beraubten war es noch übergenug, den Räubern viel zu wenig. An dem darauf folgenden Beichtsamstag mußte der Stiftskaplan einen tüchtigen Wedel nehmen, um von seinen Engeln den vielen Lügenstaub abzukehren.

Als sich das Schreibervolk in die Klosterküche und Wirtschaftsräume begab, fand es Frau Magdalena an der Zeit, sich mit ihrem ganzen Mut zu wappnen. Eine Weile sah sie wortlos zu, wie man an jeden Milchhafen den Pfandzettel anhing, die Bestecke, jeden Suppenschöpfer, Bratgabeln, Teiglöffel, kurz alles abzählte und notierte. Sie hatte gleich zu Anfang fleißig mitgeschrieben, doch waren noch keine zwei Seiten ihres Merkbüchleins vollgeschrieben, als sie nicht mehr länger an sich halten konnte. „Ja, denken die hochehrsamen Herren, ich soll meine Kuchl verdrecken lassen? Wie anders als mit Wasser soll ich das Geschirr wieder sauber kriegen, so lang wir da hausen, kochen und essen müssen? Da werden eure Zettel bald aufgeweicht und dahin sein!"

Sie möge sich nur getrösten, lange werde sie sich in der Säbener Klosterkuchl nicht mehr herumplagen müssen, versuchte ein Schreiber sie zu beschwichtigen. Jetzt aber dachte sich Frau Magdalena, war es hohe Zeit, daß man sie kennen lernen müsse.

„Mit Verlaub, ich werd mich in der Säbener Klosterkuchl so lange herumplagen, als auch nur eine von uns noch unter diesem Dach ihre Suppe löffelt, und wenn ichs nur mehr alleine wär!"

„Ihr werdet Euch gleich den andern an den Termin halten müssen, ehrwürdige Frau", zwang sich der Administrator, höflich zu sein.

„Ich halt mich an die Zustimmung der Kommission, die uns der Bürgermeister von Klausen erwirkt hat, daß keine von uns gezwungen werden darf, Säben zu verlassen, eh sie nicht anderswo ein Daheim gefunden hat."

„Das ist ein zäher Brocken", knurrte einer der Schreiber.

Die Novizin war herzugekommen und hatte Frau Magdalenas Kampfansage mitangehört. Jetzt trat sie zu ihr hin und sagte allen gut vernehmlich, daß die Ordonnanz des Marodenzimmers dringlich nach ihr verlange, denn man habe von der Besatzung, die im Stadthauptmannschloß Branzoll einliegt, zwei erkrankte Soldaten heraufgebracht, für die schnellstens Betten beschafft werden müßten.

„Gut, wir werden unsrer Christenpflicht gern nachkommen, so lange man uns daran nicht hindert", sagte die Küchenmeisterin, drückte Sabina ihr Merkbuch in die Hand und setzte hinzu: „Sei so gut, Sabina, mach du hier weiter, benenne jedes Stück und gib den Schätzungswert dazu."

„Das ist doch nicht nötig, die Sachen werden ja amtlich registriert", wandte der Administrator ein.

„Der Herr muß mir schon erlauben, wenigstens in meinem Bereich jene Umsicht anzuwenden, die sich auf Säben im Lauf der vergangenen Jahre öfter denn einmal gut bewährt hat!" Mit großer Eile verließ Frau Magdalena den Kampfplatz, um sich dorthin zu begeben, wo man sie, es war mit einiger Genugtuung festzustellen, gerufen hatte.

In jenem Wohntrakt, wo früher die Kaplanei, das Noviziat und die Gästezimmer untergebracht waren, hatte sich die bayrische Besatzung endgültig eingenistet und so breit gemacht, daß für ihre eigenen Maroden nur mehr ein mäßig großes Zimmer übrig blieb. Dort hatte man die beiden Kranken auf ihren Tragbahren am Boden abgestellt. Den an die Klausur gebundenen Chorfrauen war das Betreten dieses Hauses nicht gestattet, Frau Magdalena aber tat es ohne Bedenken. Einer der beiden Ankömmlinge, er war nicht mehr jung und man sah ihm selbst in seiner augenblicklichen Hilflosigkeit das Rauhbein an, knurrte recht ungut beim Anblick der Klosterfrau: „Schau dir das an, saust schon so a himmlische Nocken daher! Was will denn die von uns?"

Frau Magdalena sah sich nach dem Brummbären um, der sie mit fiebrig glänzenden Augen feindselig anstarrte. „No, no, Herr Vetter, ich mein, es wollt doch eher Ihr von uns was, Dach und Fach, eine ordentliche Pfleg und vor allem das gesunde Luftl da bei uns heroben!"

„Ist das gesunde Lüftl auch von Euch, möcht ich wissen?"

„Nein, das ist von IHM, für Gerechte und Ungerechte!"

„Die Gerechten seid natürlich Ihr?"

„Das kann niemand wissen, Sünder sind wir alle." Jetzt schwieg der Bayer, schloß die Augen, wollte Schlaf vortäuschen, doch seine Lider zuckten. Frau Magdalena griff nach seiner Hand, die heiß und trocken und wehrlos in der ihren lag. Der Puls raste. Gedunsen war sein Gesicht und nicht von Sonne und Wind allein, mehr noch von ungesunder Hitze ganz brennend rot. Sie sah sich vergeblich nach der Stubenordonnanz um. Der andere Marode war noch blutjung und litt an einer eitrigen Wunde, die nicht heilen wollte, wie er bereitwillig erzählte. Jetzt stürmte ein Unteroffizier herein, wohl der kleinste bayrische Soldat, den Frau Magdalena bislang gesehen hatte, aber seine aufbegehrende Stimme schnarrte bedrohlich: „Die Äbtissin muß ein zweites Zimmer für die Maroden räumen, so geht das doch nicht weiter! Endlich ists doch an der Zeit, daß auch ein Kloster für etwas gut sein muß, jetzt sind wir die Herren im Haus!"

„O kleines Mandl, welch großes Wunder! Herr im Haus ist, Gott seis geklagt, die bayrische Regierung, doch laßt sich reden mit ihr und auch mit uns. Zwei Bettstellen und das Nötige dazu will ich euch schon beschaffen. Im übrigen habt noch Geduld und rückt die Leut ein weniges zusammen. Dem da aber, mit dem hohen Fieber, stellt die Bettstatt zum Fenster hin, der braucht vor allem andern viel frische Luft und für eine rechte Krankenkost will ich schon sorgen!"

Die kleine Stubenordonnanz sah der enteilenden Nonne nach, wie vor den Mund geschlagen, erfing sich wieder und meinte dann: „An der muß ein Mannsbild verloren gegangen sein."

„Da packt dich wohl der Neid?" kicherte der Bayer und bestand dann auf seinen Fensterplatz, als ein Klosterknecht die Bettgestelle brachte.

Frau Magdalena eilte nach der Küche und wollte die Novizin ablösen. Diese aber flüsterte ihr zu: „Die Subpriorin hat Euch gesucht, Ihr sollt zur ehrwürdigen Mutter Äbtissin kommen", und leiser noch: „Man hat Euch gesehen ins Marodenhaus hineingehn."

„Hat man, du lieber Gott", murmelte die Küchenmeisterin und mußte zum andernmal ihr Revier verlassen.

Die Aussprache währte lange, beängstigend lange, und als Frau Magdalena in ihre Küche zurückkam, fand sie alles mit Zetteln behangen und beklebt. Die Novizin saß bei einem Anrichttisch und grübelte über den vollgeschriebenen Seiten des Merkbuches. „War es sehr schlimm?" fragte sie.

Frau Magdalena rückte sich einen der blank gescheuerten Küchenstühle zurecht und ließ sich mit einem aus Herzensgrund bewegten Seufzer darauf nieder. Ihr Gesicht war blässer, als man es an ihr gewohnt war, ein bitteres Lächeln verzog maskenhaft ihren Mund. „Die ehrwürdigste Mutter Äbtissin will nächste Woche nach Brixen übersiedeln."

„Wirklich? Unwiderruflich?" rief Sabina erschreckt.

„Es ist auch besser so. Sie ist sehr alt, sehr krank, mein Ungehorsam hat sie ganz und gar entmutigt. Damit ist wenigstens ihr vorzeitiges Verlassen des Stiftes gerechtfertigt."

„Nein, das darf nicht der Grund sein, das nicht!" rief Sabina.

„Sei ruhig, Kind, irgendwie muß alles seinen Ausgang haben. Mir tut nur das eine leid, das, was ich ihr noch hab sagen müssen."

Frau Magdalena erriet die Frage, die Sabina nicht zu tun wagte.

„Ich hab sie dringlich gebeten, uns nicht weiter zu verdammen, die wir auf Säben zurückbleiben wollen, — es werden wenige genug sein."

„Ja, Ihr und ich, wir zwei!"

„Vielleicht, — von mir selber weiß ich nur und bin mir dessen Tag um Tag gewisser, daß es mein Auftrag ist zu bleiben, selbst wenn es Ungehorsam ist, selbst wenn es Sünde wäre."

Sabina fühlte auf einmal eine bedrückende Beschämung, ohne eine Antwort ging sie wieder still an ihre Arbeit, die Stickereien an einer bestellten Brautausstattung fertig zu stellen. Im engen Arbeitsraum mit den andern Wichtiges und Nichtiges zu besprechen hielt sie nicht lange aus und begab sich in den Klostergarten, um allein zu sein. Dort versuchte sie mit großer Emsigkeit sich abzulenken. Doch war sie nur den Menschen, nicht den Gedanken, die sie quälten, entflohen. Ist dies mein Auftrag, feine Leinwand voll zu sticheln in einer Zeit, die aus den Fugen gehen will? Bleib ich darum im Stift zurück, bis es die letzten verlassen müssen? Bat ich die Äbtissin nur im Überschwang jener erregenden Stunde, auf Säben bleiben zu dürfen, oder forderte ich mir damals, in einem mir selber nicht klar bewußten Geltungstrieb diesen heroischen Entschluß ab? Bereue ich es nun und will nicht mehr hier im Ungewissen einer noch ungewisseren Zukunft entgegenharren? Nein, nein, o Gott, ich will doch bleiben, mit jeder Faser meines Herzens will ich auf Säben bleiben! Warum? Auf diese Frage verstummte Sabina vor sich selber. Es war noch keine Stunde vergangen, als sie jemandem versichert hatte, daß sie bleiben wolle, ohne sich selbst zu fragen, warum?

Als Frau Magdalena vorhin scheltend die Küche verlassen hatte, war Leutnant Steiningen hereingekommen. Er mußte der Küchenmeisterin erregte Stimme noch vernommen haben und sah erstaunt um sich, da sich doch alles in Ruhe abzuwickeln schien. Er grüßte, hob die Finger der rechten Hand an den Rand des Tschakos, wie er es immer tat, wenn sie einander begegneten. Dann aber trat er auf sie zu und fragte in einem Ton, der an ihrem weiteren Schicksal teilzuhaben schien, als wären sie einander längst nicht mehr fremd: „Werdet Ihr das Stift nun auch bald verlassen?"

„Nein, nicht bald, ich werde Säben erst mit den letzten Chorfrauen verlassen." Sie hatte es laut gesagt, den Blick auf ihn gerichtet, denn es lag ihr nicht, mit niedergeschlagenen Augen zu jemandem zu sprechen.

Sein Gesicht hatte sich erhellt, er lächelte und grüßte mit jener Ehrerbietung, die ihr aus jenen glücklichen Tagen her vertraut war, als sie noch im Hause ihres Vaters lebte. Darüber nachzudenken, was die Erhellung seiner ernsten Miene, was sein Lächeln zu bedeuten hatte, als er erfuhr, daß sie noch auf Säben verbleiben wolle, verwirrte sie so sehr, daß es ihr fast Sünde schien. Oder war ihr das Empfinden der reinen Freude des Wohlgefallens von Mensch zu Mensch in der strengen Klosterzucht des einen Jahres schon verloren gegangen? Wer aber war es, der ihr solche Verwirrung brachte? Ein Fremder, der Überbringer einer Schicksalsbotschaft, der allen, mit denen sie auf Säben lebte, und ihr selber, die Heimat raubte, den nicht immer leicht erkämpften Seelenfrieden. Ein Fremder war es, ein Feind ihres Volkes, einer von denen, die es bedrückten. — Ich will doch lieber nach Innsbruck zu jener Dame gehen, — nicht einmal des Namens entsann sie sich im Augenblick des wankenden Entschlusses.

Zwei Tage später begannen in Klausen drunten die

Versteigerungen aller beweglichen Liegenschaften der Abtei Säben. Einige Fuhren mit Mobilien waren schon hinuntergebracht worden, sie standen im Hof des Bürgermeisteramtes aufgestapelt. Von den Einheimischen standen die meisten nur neugierig herum und faßten jene scharf ins Auge, die auf einen billigen Handel aus waren. Der Bürgermeister Perloth hatte mit einigen noch etwas vermöglichen Bürgern von Klausen eine stille Vereinbarung getroffen, vom Kirchen- und Klostergut so viel ihnen möglich war, zu ersteigern, um es für alle Fälle sicher zu stellen. Die Bozener Juden schüttelten verdrießlich die Köpfe, denn es schien kein rentables Geschäft zu werden. Auf dem Weg nach Klausen herab waren auch schon Mobilarien in die Brüche gegangen, so achtlos hatten sie die Besatzungssoldaten auf Säben verladen. Mit höhnenden Zurufen aber bedachten einige Klausener den Johann Niederhauser, der unter den Käufern ganz vorne stand und immer wieder einmal einen heiseren Schrei ausstieß. „Ghört mir!" Sobald der Lizitator ausgerufen hatte: „Zum ersten-, zum zweiten- und — zum drittenmal!" und dann den Hammer auf das Pult niedersausen ließ.

Ein wächsernes Jesuskind, in der Größe eines Neugebornen in der Krippe liegend, mit fein gekräuseltem, echtem Blondhaar, erstand der Beauftragte des Bürgermeisters in diesen ersten Tagen, ein Bildnis der heiligen Scholastika, zwei Zunftstangen und einen schön geschnitzten Betstuhl, das Profeßgeschenk einer längst verstorbenen Chorfrau.

Leutnant Steiningen hatte rings um Säben und auf dem Weg nach Klausen Wachen aufgestellt, aber jene, deren Einspruch man fürchtete, ließen sich nicht blicken. Die Bauern der Hochdörfer ringsum kannten sich selber nur zu gut. Diesem Vorgang mit den Fäusten im Sack zuzusehen, das vermochten sie nicht. Steiningen aber streifte auch in diesen bewegten Tagen, so es der Dienst nur zuließ, gleich einem Wanderer die Umgegend ab. Ohne Wehr, den Waffenrock zur halben Brust herab aufgeknöpft, den Tschako in der Hand, sah ihn mancher Einschichtbauer wie einen Träumenden an seinem Hof vorübergehn. Pater Bernhard war nicht wohl dabei und er nahm sich ein Herz, den wunderlichen Offizier zu warnen. Leutnant Steiningen dankte dem Stiftskaplan für sein Wohlmeinen und wußte seine Sorge zu beschwichtigen. „Ich weiß, daß viele unsrer bayrischen Beamten den Tiroler Bauer für rückständig und dumm, ja selbst für unberechenbar grausam halten. Beides ist eine Verkennung, ich weiß es besser." Er deutete nach Verdings hinauf. „Ich habe auch dort oben an der Kapellenwand jenen Vers gelesen, aber gleich im zunächstliegenden Hof hat man mir auf mein Ersuchen Milch und Brot geboten. Ich habe die Labung müssen schuldig bleiben, man wollte nicht mehr als meinen Dank."

„Das zu hören freut mich für beide Teile, Herr Leutnant, aber trotzdem, es gibt auch Hitz- und Querköpfe unter ihnen."

„Ihr müßtet die Leute hier doch besser kennen, Herr Kaplan; mir aber, bitte, laßt doch mein bißchen guten Glauben an die Menschen."

Pater Bernhard sah dem Leutnant eine Weile nach und meinte dann für sich: „Es liegt wohl auch an ihm selber, daß sie ihn mögen und ihm keine Fußangeln legen."

Nach einer Woche Atempause und neu aufkeimender Hoffnungen, daß sich vielleicht doch noch alles zum bessern wenden könnte und die Aufhebung des Stiftes zurückgezogen würde, setzten die Versteigerungen aufs neue ein. Darum fand es die greise Mutter Äbtissin an der Zeit, von Säben für immer Abschied zu nehmen. Die geistliche Betreuung der Chorfrauen überantwortete sie bis zur gänzlichen Aufhebung der Abtei der Subpriorin, Frau Veremunda. Von Frau Magdalena schied sie in Frieden und überließ ihr in allen wirtschaftlichen Belangen die Befehlsgewalt. „Liebe Magdalen, wenn ich dein Tun auch nicht verstehe und ungern billige, so will ich dich doch als ein Werkzeug des Ewigen betrachten, denn niemand kennt seine Absichten." Es gab viele Tränen und selbst die Küchenmeisterin hatte daran zu schlucken, als sie der Ehrwürdigen Mutter Segen empfing. Eine

Laienschwester nahm sie zu ihrer Betreuung mit und in Begleitung des Stiftskaplans und des Bürgermeisters von Klausen kutschierte die hohe Säbener Frau nach Brixen. Schon verschwammen vor ihren tränenschweren Blicken Türme und Giebel der Klosterburg, da hob sie noch einmal segnend ihre Hand.

Diesmal rückten die Plünderer, wie Frau Magdalena die Amtierenden gleich jenen, die Hand anlegten, das Kloster auszuräumen, nannte, den Wirtschaftsgebäuden an den Leib. „Der Schinder und sein Hund, ist alles ein Bund", grollte die Küchenmeisterin und stand vom Morgen bis zum Abend auf ihrem Posten. Sie war wieder das Schwarzer-Adler-Mariele geworden, die Wirtstochter aus Niederdorf. Dieses Sichwehren galt ihren geheimsten Absichten, ihrer unerschütterlichen Zuversicht, die in Anbetracht der tatsächlichen Vorgänge schon an Phantasterei grenzte. Sie konnte sich sehr gut vorstellen, daß sie im ausgeraubten, leerstehenden Stift kein Recht mehr hatte sich noch weiter zu behaupten, daß dann der Spitzhacke Tür und Tor aufgetan war. Bett und Stuhl und Eßnapf durften sie denen nicht entziehen, die anderswo kein Heim finden konnten, und die Maroden konnte sie nur verpflegen, so lange sie noch eine Pfanne hatte über das Feuer zu stellen. Dem Feind wollte sie dienstbar sein, daß er sie nicht bald entbehren konnte. An den Erfolg, an den Sieg des Guten, auf diese Art erkämpft, wollte von ihren Mitschwestern fast niemand glauben und auch Pater Bernhard von Elzenbaum sah nur Gefahren, darin die letzte Ordnung der Dinge sich auflösen werde.

Die Soldaten der neuen bayrischen Besatzung hatten im Vorjahr die Schlacht bei Preußisch-Eylau bestanden, die mit jener bei Friedland von Preußen den Schmachfrieden von Tilsit erzwang. Ihnen bereitete der Kampfgeist Frau Magdalenas ein wahres Gaudium. Doch auch Spott und Hohn dieser Kriegsleute konnten sie nicht abschrecken, sich um jedes einzelne Küchengerät herumzustreiten, um wenigstens für die äußerste Notdurft noch etwas zu retten.

In solch einer wüsten Stunde war auch Leutnant Steiningen zugegen. Die Soldaten, welche die zur Versteigerung bestimmten Gegenstände zu verladen hatten, um sie nach Klausen hinabzuführen, rafften aber auch alles, was ihnen unter die Hände kam, zusammen, manches auch für ihren eigenen Bedarf, wenn es ihnen nutzbar schien. Zudem machte ihnen das Geschelte Frau Magdalenas und das Gejammer der Laienschwestern einen großen Spaß. Bayrische Kraftsprüche prasselten auf die armen Klosterfrauen nieder, daß sich zuweilen auch die Küchenmeisterin einmal duckte, wenn sie auf die grobe Hacke nicht mehr den groben Stiel zu keilen wußte. Leutnant Steiningen aber bereitete dieser Tumult alles eher denn Spaß. Er hätte sich unbedingt an den Besatzungskommandanten gewendet, um diesem Treiben ein Ende zu bereiten, wenn dieser nicht am Morgen mit einer kleinen Abteilung seiner Leute zu einer Schießübung ausgerückt wäre.

Er sah, wie Frau Magdalena den wahllos Zugreifenden zu gleichen Händen eine irdene Schüssel und einen gußeisernen Hafen entriß. Mit ihrer hart erkämpften Beute beschwert, trat sie auf ihn zu und blieb dann mit einem harten Schnaufer vor ihm stehn. Sie tat ihrem kochenden Zorn sichtlich Gewalt an und beklagte sich mit Nachdruck, aber möglichster Ruhe: „Herr Offizier, ich kann mir schon denken, daß Ihr weit Schlimmeres erlebt habt, darum muß man es Euch zugute halten, daß Ihr hier zusehn könnt ohne dreinzufahren und eine gerechte Ordnung herzustellen. Eines aber muß ich vor Euch und denen sagen: Was hier auf Säben geschieht, ist keine Aufhebung mehr, das ist eine nackte Plünderung, ein gemeiner Raub und kann nie und nimmer der Wille des bayrischen Königs sein!"

Die Soldaten waren merklich stiller geworden. Einige wollten hören, wie die Erzürnte ihre Klage vorbrachte, und andere sahen ein, daß sie es gar zu arg getrieben hatten, und was diese Klosterfrau da von ihrem König sagte, war doch dem Nagel auf den Kopf getroffen. Nein, die war trotz Nonnenhaube ein zünftiges Frauenzimmer.

Überdies hatte ihnen der Leutnant einen nicht mißzuverstehenden Wink gegeben.

Der Küchenmeisterin aber gab Steiningen etwas gemessen zur Antwort: „Ich kann Eure Erbitterung verstehen, aber in den Vorgang der Versteigerung einzugreifen, habe ich keinen Auftrag. Mein Auftrag geht nur dahin ..."

„Unsere braven Bauern und getreuen Klosterleut in Schach zu halten!" unterbrach ihn Frau Magdalena heftig.

„Auch das", sagte Steiningen nun schroff, wandte sich um und ging. Nach wenig Schritten stieß er fast mit Michel Kammerlander zusammen. Im Ton des diensthabenden Offiziers fragte er den Ankömmling nach seinem Begehren. Kammerlander versuchte in wenig gedrängten Sätzen den Zweck seines Kommens zu erklären. Steiningen sah den Studenten an, — als solchen und mit Namen hatte sich der andere zu erkennen gegeben, — schien zu überlegen, dann gab er mit einem rätselhaften Lächeln eine den Michel Kammerlander recht seltsam dünkende Antwort. „Also Ihr wollt diese Novizin, Sabina von Festi, nach Innsbruck bringen? Hm, soviel ich aber weiß, werdet Ihr wenig Glück haben."

Damit gab er dem Studenten den Weg frei.

Als Kammerlander in einem schmalen Gang zum erstenmal vor der Novizin stand, es war auf Säben keine andere Sprechgelegenheit mehr geboten, kam es ihn weit schwerer an, sich kurz zu fassen. In acht Tagen müßte sie reisefertig sein, wenn sie sich seiner Obhut anvertrauen wolle. Sabina war wie vor den Kopf geschlagen und mußte sich zusammennehmen, ihre Verlegenheit zu verbergen. Wie seltsam hatte sie in den vergangenen Wochen nur dahingelebt? Und warum hatte sie Kammerlander nicht rechtzeitig von ihrem Vorhaben, auf Säben zu bleiben verständigt und ihm den weiten Weg erspart? Immer wieder ging eine Chorfrau, eine Laienschwester an ihnen vorbei. Sabina suchte rasch nach Worten, sich zu entschuldigen, und log bewußt, als sie ihm sagte, sie habe sich erst jetzt entschlossen, so lange es möglich sein würde, auf Säben zu bleiben, und nun erst könnte sie diesen Entschluß auch der Dame in Innsbruck brieflich mitteilen.

„Ihr wollt bleiben?" Nun war es an Kammerlander betroffen zu sein. So hatte dieser Leutnant recht behalten, merkwürdig, ein Fremder, ein Landfremder wußte bereits um ihren Entschluß. Kammerlander sah die Novizin forschend an. Eine leichte Röte gab ihrem Gesicht, das vorher auffallend blaß war, reizvolle Lebhaftigkeit. Das verwirrte ihn. Du lieber Gott, da stand die einzige, die letzte Novizin vom Säbener Kloster vor ihm, ein so schönes Mädchen, was sollte aus ihr werden?

„Aber einmal werdet Ihr dennoch, — wenn hier alles zu Ende ist, — werdet Ihr dann nicht doch nach Innsbruck kommen?" Nicht aus Neugier, aus Besorgnis richtete er die Frage an sie.

„Gewiß", sagte Sabina hastig und setzte dann hinzu: „Ich werde heute noch der Dame schreiben, mich bedanken und sie bitten. Euch, Herr Kammerlander, danke ich sehr, Ihr hattet so viel Mühe, und ich, — es waren auch die Ereignisse der letzten Wochen daran schuld, — verzeihet mir, bitte."

„Es gibt weder was zu danken noch etwas zu verzeihen", unterbrach sie Kammerlander, bemüht, ihr über eine Verlegenheit hinwegzuhelfen, die sie nicht zu verbergen vermochte.

„Ich möchte nur vom Herzen wünschen, daß Euer Bleiben hier", — nein das wollte er doch nicht sagen, daß es schön gewesen wäre, ihr Reisebegleiter zu sein. „Was immer kommen mag, wenn Ihr meiner bedürft, dann, bitte, lasset es mich wissen, es würde mir unendlich leid tun, wenn ich es versäumte, Euch dienlich zu sein."

Sabina reichte ihm flüchtig die Hand. „Ich danke Euch, behüte Euch Gott!"

„Lebet wohl!" Sabina konnte es nicht mehr hören.

Kammerlander stand im engen, schattseitig gelegenen Gang allein und ihm schien auf einmal, als wäre der Tag schon dahingegangen, so düster war es um ihn.

ABSCHIED

Nun stand es unwiderruflich fest, daß jene Säbener Frauen, die zu ihren noch lebenden Eltern oder Verwandten heimkehren konnten, in wenig Tagen die Abtei verlassen würden. Einige waren entschlossen, sich bei einem Bauern in der Umgebung Säbens nützlich zu machen, um zur kargen Pension ihr Brot nicht müßig und unverdient essen zu müssen. Die durch die Enteignung heraufbeschworene, gänzliche Verarmung des Stiftes machte die Abwanderung des größten Teils der Konventualen zu einer Notwendigkeit. Dieser Einsicht konnte sich auch Frau Magdalena nicht mehr verschließen.

In der kleinen Nähstube wurde fieberhaft gearbeitet, um aus den schwarzen Habiten der Benediktinerinnen, die denkbar einfachsten Frauenkleider anzufertigen. In dieser neuerlichen und alles weniger denn feierlichen Einkleidung mußten die ausgesetzten Nonnen wieder den Weg in die Welt hinaus zurückfinden, den sie einst glaubten, für immer hinter sich gelassen zu haben. Sabina hatte in diesen Tagen die Hände voll zu tun, denn sie war überaus geschickt und immer hilfsbereit. Die Chorgebete wurden noch nach den Tageszeiten eingehalten, wer aber über dies hinaus meist noch stundenlang in der Stiftskirche auf den Knieen lag, war die Chorfrau Benedikta Seit dem Weggang der Äbtissin wurde sie immer mehr und mehr von einer krankhaften Schwermut heimgesucht. Ihres Jammers Anfang und Ende war die Klage, Säben verlassen zu müssen, der unbedingten Berufung zum Klosterleben entrissen zu werden. Sie hatte nur mehr eine Bitte an den Ewigen, eh dies geschehen müsse, sterben zu dürfen. An eine Rückkehr in ihr Zuhause war nicht zu denken. Auf dem väterlichen Hof in Gröden hausten mit den Eltern noch ihre zahlreichen Geschwister und des Bruders Kinder, es herrschte Enge und zuweilen auch Not, wenn Feld und Ackerfrucht nicht gesegnet war.

Doch nicht nur Benediktas gefährdete Gesundheit, auch der Novizin blasses Aussehn machte Frau Magdalena Kummer. Dem Wundarzt, Michel Hinteregger, der täglich von Klausen heraufkam, die Maroden der einliegenden Besatzung zu betreuen, hatte sie es schon geklagt und meinte, diesen Kummer wenigstens könne ihr der Doktor abnehmen. Er aber gab ihr nur den Rat, die jungen Dinger sollten nicht zu viel in der Stube hocken, die brauchten jetzt ganz besonders Sonne und Wind, damit sie tüchtig durchgelüftet würden. Frau Magdalena gelang es auch, die beiden zu bereden, an schönen Nachmittagen sich mit ihrer Arbeit ins Gartenhaus zu setzen.

„Ich kann das nicht mehr ansehn, daß unsre beiden Jüngsten bei lebendigem Leibe abzusterben drohen. Dir, Benedikta, scheint vor allem nur mehr dein Wille zu gelten und nach neunmal nichts, kommt erst der Wille Gottes, dem sich viel weniger Fromme schon ergeben haben. Was in dich gefahren ist, Sabina, weiß ich nicht. Am Ende hättest du doch besser daran getan, mit dem Kammerlander Studenten nach Innsbruck hinauszufahren."

„Das kann ich immer noch tun, Frau Magdalena, Ihr sollt Euch meinetwegen nicht solche Sorgen machen", gab Sabina zur Antwort und nahm sich vor, mit allen Kräften zu versuchen, dieses Zustandes Herr zu werden, der zwischen innerem Aufruhr und Verlorenheit an etwas Unbestimmtes wechselte. Frau Benedikta schwieg, sie fühlte sich von dem Vorwurf tief getroffen und war nur noch unglücklicher.

Als die Küchenmeisterin wieder einmal bei den zwei seltsamen Heiligen, wie sie sie heimlich nannte, im Garten war, kam der allzeit quicklebendige Michel-Doktor daher. Das war ihr eben recht. Sein Kommen schien auch Sabina nicht unangenehm zu sein, sie grüßte freundlich und schob das Nähzeug, das sich auf der Bank recht breit gemacht, schnell zusammen, um Platz zu machen. Frau Benedikta aber war rasch aufgestanden und nur ungern, ja innerlich empört, gehorchte sie der Küchenmeisterin und blieb. Der Wundarzt lobte zuerst einmal recht vergnüglich den schönen Tag, das wunderbare Säbenerlüftl, erzählte dies und das. Den Klosterfrauen wußte er manch Tröstliches zu sagen, man möge nur nicht so verzagen, es könne noch einmal alles, alles anders werden. In Spanien sei nun auch die Unüberwindlichkeit Napoleons zu Schanden geworden und das Menetekel der unglücklichen Schlacht bei Baylen lasse die ganze Welt aufhorchen. Vom Reichstag, den der Kaiser Franz in Preßburg abgehalten, und von der Krönung seiner dritten, jungen Gemahlin, Maria Ludovika, zur Königin von Ungarn, wußte er zu berichten, was ein Durchreisender, der in Klausen beim Ganswirt genächtigt, den ganzen Abend lang erzählt hatte.

Sabina erhob immer wieder einmal lauschend ihr Gesicht und ließ die Arbeit für etliche Augenblicke ruhen. Frau Benedikta aber verschloß ihr Ohr sichtlich allen Dingen, die in der Welt draußen vorgingen. Zuweilen hob ein Seufzer ihre Brust, der nicht verbarg, wie lästig und nichtig ihr das alles war. Der Michel-Doktor merkte es und wußte gleich Bescheid. Die Kranken, die nicht gesund werden wollten, waren schon immer seine Plage.

„Ja ja, es wirbelt jetzt die Menschen ganz tüchtig durcheinander auf dieser wunderlichen Welt und viele müssen sich auf einmal wieder anders einrichten. Umwege aber sind keine Teufelswege und führen oft früher zum Ziel, als jene himmelhohen Abkürzungssteiglein, auf denen mehr als einer schon ausgerutscht ist und sich den Fuß verstaucht hat", versuchte der Wundarzt auf den Busch zu klopfen. Seine Rede hatte der Frau Benedikta wenigstens eine sanfte Röte ins bleiche Gesicht gezaubert.

„Hast dus gehört, du ewig verzagte, kleinmütige Seele!" rief die Küchenmeisterin.

Der Wundarzt unterbrach sie schnell.

„Nun, Frau Benedikta, wo wollt Ihr nun Euer Zelt aufschlagen?"

Voll Abwehr und mit bebenden Händen verzweifelt

weiter nähend, stieß sie die Worte hervor: „Am liebsten sieben Schuh tief unter der Erde!"

Frau Magdalena war entsetzt und empört zugleich. In Sabinas Herzen aber regte sich zum erstenmal ein echtes Mitleid und das Verlangen, der armen Mitschwester in ihrer Seelennot zu helfen. Nur der Wundarzt blieb kühl und gab mit Sachlichkeit seinen Rat:

„Ho ho, da wüßt ich schon was Bessers. Geht doch hinauf nach Garn, beim Klosterpächter auf dem Mitterhof, dort ist die rechte, echte Weltabgeschiedenheit, die wahrhaft heilige Ruhe zum beten und betrachten. Dabei seid Ihr dem Himmel auch noch ein Stücklein näher."

Jetzt hielt Frau Benedikta im Nähen inne und sah zum erstenmal den Doktor an. Magdalena war gleich Feuer und Flamme. „Das wär ein Ausweg, der Mitterhofer hat ohnehin schon zwei Kammern hergerichtet! Unsre Frau Columba vom aufgehobenen Karmeliterinnenkloster in Wien möcht so gern hinaufgehn, sie ist ja fremd hier und ärmer dran noch als wir andern. Die tät Euch auch gewiß nicht stören, kann sich das viele Schweigen nimmer abgewöhnen. Benedikta, seid Ihr mit des Doktors Vorchlag einverstanden, wie wärs mit Garn?"

„Lieber heut als morgen", flüsterte die Chorfrau mit einem Seufzer der Erleichterung. Am frohesten war die Küchenmeisterin und meinte, um wie vieles das Leben doch leichter wäre, wenn eines des andern Art besser erforschen könnte.

Der Bürgermeister von Klausen hatte es bei den Behörden in Bozen erwirkt, daß die Versteigerungen auf unbestimmte Zeit eingestellt wurden. Die Säbener Frauen aber hatten schon ihr Wanderbündel geschnürt, jede trug weit weniger fort, als sie einst gebracht hatte. Zum letztenmal versammelten sich die Chorfrauen und Laienschwestern in der Stiftskirche und Pater Bernhard hielt seine Abschiedsrede, richtete an die Töchter des heiligen Stifters seine letzten Ermahnungen.

„O! Welches fromme Herz sollte nicht den innigsten Wunsch äußern, daß doch der Geist unsres heiligsten Stifters, so wie in manchen andern Klöstern unsres Ordens, also auch in den hiesigen niemals abgenommen hätte, daß er vielmehr in seinem ersten Flor bis jetzt wäre erhalten geblieben. Aber ach, der Geist Benedikts ist aus den vier Mauern vertrieben, der Geist der Welt hat sich eingeschlichen und weil man nicht zuerst das Reich Gottes und seine Gerechtigkeit gesucht hat, so ist auch der Segen des Himmels gewichen. Haben wir nicht Ursache mit Daniel zu bekennen: Du bist gerecht, Herr, und wir leiden billig das Übel, so du über uns hast kommen lassen.

Du führtest uns aus Babel in das heilige Land, nun sollten wir wieder in jenes zurück! Meine lieben, geistlichen Töchter, soll dies nun wirklich geschehen, was Rats denn also in derlei Umständen? Wollet Ihr etwa in ein anderes Kloster, in ein anderes Institut übertreten, um Eure Andacht zu pflegen, Eure Gebete ungehindert zu Gott zu richten, Eure Geistesübungen fortzusetzen, den sinkenden Eifer durch fromme Beispiele unterstützen, um ohne Hindernisse zu Eurem Heil wirken zu können? Allein, Ihr wisset wohl selbst, was dermal für Klöster noch übrig sind und was man für Bedingungen von diesen fordert. Sie sollten Kindern und teils halberwachsenen Mädchen den neuesten Unterricht in der Religionslehre, in besonderen Arten der Höflichkeit, im Lesen, Schreiben, Rechnen, in schönen Handarbeiten, in französisch und italienischer Sprache und ich weiß nicht in was noch für Wissenschaften und Künsten erteilen. Wer aber, saget mir, wer oder wie viele von Euch haben wohl genug Talente, Geschicklichkeit und Lust zu so mühsamen Werken?"

O du lieber Himmel, rebellierte es zum andermal in Frau Magdalenas gekränktem Herzen.

Haben wir seit vielen Jahren nicht froh sein müssen, wenn brave, obgleich auch ungelernte Bauerntöchter zu uns gekommen sind? Oder wer möcht auch seine Kinder, winterslang auf unsern himmelhohen Berg in die Schule schicken?

Pater Bernhard aber fuhr in seiner Abschiedsrede fort: „Es wird Euch daher kaum etwas anderes übrig bleiben, als daß Ihr Euch entweder zu Euren Eltern und Verwandten, oder in solche Häuser begebet, die das öffentliche Zeugnis der Rechtschaffenheit und der guten Ordnung für sich haben. Vergesset es zu keiner Zeit, daß Ihr verlobte Bräute Jesu Christi seid. Die Zeit ist kurz und für manche, mögen sie alt oder jung, kränklich oder gesund sein, weit kürzer als sie meinen: die also weinen, betragen sich so, als weinten sie nicht, und die sich erfreuen, als freuten sie sich nicht, und die kaufen, als besäßen sie nichts, und die von dieser Welt Gebrauch machen, als brauchten sie dieselbe nicht, denn vorüber geht die Gestalt dieser Welt, dieser nämlich so falschen und betrügerischen Welt.

Keine vertraue darauf, daß sie stehe, sondern die zu stehen glaubt, flehe ohne Unterlaß zu Gott, daß sie nicht falle, und nehme von seiner gütigen Hand alles dankbar an; denn dies ist Gottes Wille an ihnen."

Das Schluchzen einzelner Chorfrauen wurde immer vernehmlicher und Pater Bernhard ertappte sich bei einem kleinen, eitlen Gefühl der Genugtuung, die nicht immer ihm gehorsam ergebene Schar noch einmal durch seine Vorhalte und Ermahnungen einmütig erschüttern zu können. — Doch nein, er wollte mehr als dies, er wollte seiner Eitelkeit entgegen, ihnen Bleibendes mitgeben auf den schweren Weg in die Welt zurück, in eine Welt, die sich so sehr gewandelt hatte. In diesem Sinne wollte er seine Abschiedsrede zu Ende führen.

„Bewahret das Andenken Vater Benedikts, des heiligen Stifters, der Mutter Scholastika und besonders des Gekreuzigten auf diesem heiligen Berge verehrungsvoll im Herzen. Zwar leget Ihr den schwarzen Benediktinerinnenhabit ab, allein hiemit wollet Ihr doch nicht die Erinnerung an Euren Tod und das letzte Gericht von Euch legen, sondern dafür besorgt sein, das Kleid der Unschuld auch in Mitte der Welt unbefleckt zu erhalten. Es werden viele Augen auf Euch gerichtet sein, Euch nach Eurem Betragen beobachten und nach den Pflichten Eures geistlichen Standes, der Euch zu einer größeren Vollkommenheit anhält, mit aller Strenge richten. Beobachtet die Regel, welche Euch der Heiland durch seine Apostel gibt: Seid klug wie die Schlangen und einfältig wie die Tauben. Seid klug im Umgang, mit Reden, in Glauben und Vertrauen, damit Ihr niemanden durch lieblose Reden, vermessenes Urteil, oder durch Verstellung schadet. Hingegen seid, wohin Ihr Euch immer begebet, aufrichtig gegen die geistliche und weltliche Obrigkeit, gehorsam und ehrerbietig. Lebet einfach, mäßig und sparsam, damit Ihr durch Eure wenigen Güter Eurer Seele sowohl, als den Armen Eures Ortes etwas zu Gute tun und Euch selbst nach dem Tode ehrlich könnt begraben lassen. Allein, weg mit dieser unguten Erinnerung es ist alles verziehen, vom Herzen verziehen. Habe Euch alle Gott wohl! Sein Engel begleite Euch auf allen Euren Wegen, bis wir uns einst dort wiedersehen und umarmen können, wo ewige Ruhe, Friede, Freude und Glückseligkeit sein wird!"

Als Pater Bernhard geendet hatte, verharrte er noch im Stillgebet, um die Ergriffenheit seiner Zuhörerinnen unmittelbar nachwirken zu lassen. Da aber das Schluchzen einiger Nonnen ein haltloses Sichgehenlassen zu werden drohte, stimmte die Subpriorin, Frau Veremunda den Aufgesang des 47 Psalm an:

„Groß ist der Herr und allen Ruhmes würdig, in unsres Gottes Stadt, auf einem heiligen Berg!"

Am nächsten Tag, nach der heiligen Messe, verließ Pater Bernhard von Elzenbaum in aller Stille, fast heimlich das Kloster Säben, um dem Abschied von Hand zu Hand entgehen zu können. Er war nun nichts weiter als ein Pensionär und sein nächster Weg führte ihn das Inntal hinaus, wo er im Kloster Fiecht, mit anderen Schicksalsgenossen das Kommende abwarten mußte.

Innerhalb der nächsten drei Tage verließ der größte Teil der Chorfrauen und einige Laienschwestern die Abtei. Einige fanden in den Dörfern Pardell, Latzfons und Velthurns ihr künftiges Daheim und behielten von dort aus niederblickend, als kleinen Trost, das geliebte Kloster Säben im Auge. Frau Columba litt an einer Erkältung, darum erbot sich die Novizin Sabina, Frau

Benedikta, die es keinen Tag lang mehr auf Säben erleiden wollte, nach Gran hinauf zu begleiten.

Zu aller Verwunderung verließ die Bejammernswerte trockenen Auges Säben, aber um so schmerzlicher litt sie nach innen. Wenn es Sünde war, so hatte sie schwer gesündigt in dieser letzten Nacht, in der sie bis zum Morgen, von kurzen Schlummeranfällen unterbrochen, auf den Knieen lag und den Tod erflehte, daß sie auf Säben sterben und begraben werden könne. Nach ihrem Weggang erzählte Frau Veremunda, sie hätte die Scheidende auf ihren letzten Gang in den Klosterfriedhof begleitet. Benedikta sei dann plötzlich am Ende einer Gräberreihe stehen geblieben und hätte mit der Hand auf ein Rasenstück hingewiesen und gesagt: „Heut nacht sah ich zwischen weinen, beten und halber Ohnmacht hier mein Grab, sah auf dem Kreuz auch meinen Namen stehen. Nun aber, weil ich noch lebe, weiß ich, daß Träume nur ein Trug sind."

Alle die es hörten, durchfuhr bis ans Herz ein kalter Schauer.

Beim abendlichen Chorgebet überschaute die Küchenmeisterin die kleine Schar Getreuer, für deren leibliches Wohl sie noch weiter zu sorgen hatte. Die Subpriorin, Frau Veremunda Grasin von Grasegg, die einzige und letzte Adelige des Stiftes, stand nun den wenigen Chorfrauen vor. Frau Idelfonsa, die Bibliothekarin, führte die Klosterchronik weiter. Die alte, ehrwürdige Chorfrau Placida Huberin, in ihren jungen Jahren war sie Lehrerin auf Säben gewesen, nun aber bresthaft und halb blind. Dann war noch die fromme Frau Juliane Witschin, die sich von Säben nicht trennen wollte.

Es war ein weiter und mühseliger Weg gewesen, bis Benedikta und Sabina vor dem Mitterhof in Garn standen. Um die kleine St. Andreas-Kirche mit dem Friedhof lagen noch bei fünfzehn Höfe wie weithin verstreutes Spielzeug. Die junge, durch Seelenleid auch körperlich geschwächte Nonne hatte sich oft lange Wegstrecken auf den stützenden Arm Sabinas verlassen müssen, um nicht zusammenzubrechen. Das Bedrückendste der langen Wanderung aber war für Sabina Benediktas Schweigen gewesen. Kein Lob der schönen Gotteswelt, der Gold und Purpurwunder des sich herbstlich verfärbenden Laubes, der reifenden Traubenpracht in den Weinbergen, es kam auch kein Wort der Klage über ihre Lippen und keines, mitteilenden Vertrauens. Nur dann und wann einmal, mühsamen Seufzern gleich: „Gott vergelt Euch tausendmal die Mühe, die Ihr mit mir habt, liebe Schwester in Christo." Aber ihre Herztür blieb verschlossen und Sabina vermochte nicht den Finger krumm zu machen, um vergeblich daran zu pochen.

Frau Benedikta zog sich gleich in die ihr angewiesene Kammer zurück und nur in ihrer großen Erschöpfung litt sie es, daß ihr geholfen wurde, das ungewohnte Kleid von sich zu tun, sich niederbetten zu lassen, als wäre sie ein kleines Kind. Das blonde, vor wenig Wochen erst noch kurzgeschorene Haar, begann sich über der Stirne und an den Schläfen sanft zu kräuseln, die Lider, bläulich, hauchdünn über den dunklen Augen geschlossen, zuckten empfindsam. Ein Kinderantlitz, makellos und dennoch vom frühen Leid gezeichnet und auf einmal wieder von Tränen überronnen. Sabina hielt die Hand der lautlos Weinenden und fühlte ihren sanften Druck. Dies kleine Zeichen war ihr nun mehr wert, als alle Worte, auf die sie auf dem langen Weg herauf vergeblich gehofft hatte. Sie wartete so lange, bis der neue Gast auf dem Mitterhof von einem tiefen Schlaf umfangen war.

So war es später Nachmittag geworden, als sie, von einem halbwüchsigen Buben des Mitterhofers begleitet, sich auf den Heimweg nach Säben begab. Der Garner Bub war ein echtes Wildgewächs und immer wieder einmal fand sich Sabina allein, bis er im letzten Augenblick der Ungewißheit wegweisend aus Strauch und Busch hervorbrach. Sabina fühlte sich in der Freiheit dieses Bergabwärtswanderns wie gelöst von so viel Bedrückendem, fast nicht mehr beschwert. Sie sah sich nach dem streunenden Buben nicht mehr um, gönnte auch ihm gerne die Freiheit und schritt rüstig aus. Ganz dem Erlebnis dieser ersten, großen Wanderung seit dem Eintritt in das

Kloster Säben hingegeben, trat ihr, von einem Hochsteig niederschreitend, Leutnant Steiningen in den Weg. Er mußte ihrer schon früher ansichtig geworden sein, denn sein Waffenrock war zugeknöpft, das Haupt bedeckt. Doch welch ein Wandel seit dem Tag, als er vom Sattel seines Pferdes herab Sabina zum erstenmal angesprochen hatte. Die Freude, die ihm ein jeder Wandertag bereitete, diesmal von einer unerwarteten, heimlich schon oft ersehnten Begegnung nun gekrönt, schien sich auf eine wunderbare Weise auch Sabina mitzuteilen. Sie war sich jener Befangenheit, die sie bisher jedesmal so sehr verwirrte, wenn sie Steiningen begegnete, auf einmal nicht im geringsten mehr bewußt.

Auf seine weit mehr freudige als erstaunte Frage, ob sie sich allein auf dem Weg nach Säben befinde, der wohl noch eine Stunde währen mochte, gab sie ihm lachend und gern Bescheid, wie es um ihren Begleiter stand, der eben wieder auf abseitigen Pfaden wandelte. Auch den Zweck ihres Bergganges fand sie nicht Ursache ihm zu verschweigen.

Auf die Bitte Leutnant Steiningens, ob er an ihrer Seite bleiben dürfe, da sie beide das gleiche Wegziel hätten, zögerte sie kaum merklich, nickte bejahend und merkte, wie eines sich dem andern im Gleichschritt anpaßte. Sie schwiegen, hörten da und dort ein Gezirp im Staudach, von fernher einen Bach rauschen und ihre eigenen Schritte. Steiningen war hochgewachsen und überragte die an seiner Seite Schreitende fast um Hauptes länge. Er sah auf sie herab, halb sorglich, halb bewundernd, sie schien zu schweben. Sabina fühlte seinen Blick.

Da begann er mit beredten Worten die Schönheit rings um Säben, dieses wunderbaren Erdenflecks, zu rühmen. Säben nannte er die Perle des Eisacktales. „Wisset Ihr, daß diese Landschaft, die ich jetzt täglich neu vom Herzen her erlebe, schon lange vor uns von einem Großen erlebt und mit dem Stichel festgehalten wurde?"

„Sie meinen einen Maler?" Sabina schämte sich ihrer Unwissenheit.

„Von keinem geringeren als Albrecht Dürer ist uns der

berühmte Kupferstich erhalten geblieben. Dort drüben im Layener Ried muß er gesessen und geträumt haben. Der Glücksgöttin zu Füßen liegt Klausen, mit dem Brixner Tor, Turm und Giebeln. Der Eisack, breit und schwer, wie flüssiges Erz sein Wasser. Der Tinnebach, schmal, wild in vielen Kurven schäumend, ausbrechend, wie ihr Garner Bub. Branzoll muß damals eine stattliche Burg gewesen sein, und droben auf dem Sonnenberg — Säben. Die Bischofsbasilika, der alte ragende Turm, ganz in die Wolken eingetaucht, kaum mehr erkennbar, das heutige Stift muß zu Dürers Zeiten eine umfangreiche Burgruine gewesen sein, die Brandstatt der alten Bischofsburg."

Sabina lauschte dem Lob der Heimat und vergaß, daß ein Fremder, ein Landfremder, einer von denen, die zu den Bedrückern ihres Volkes gehörten, zu ihr sprach. Er war ein Mensch, der ihre Sprache redete, Wort für Wort, ein eingeborner, längst vertrauter Klang, ein gleichgestimmtes Instrument, das mit dem ihren harmonisch sich vereinte. Und dann durchzuckte ihre Freude ein Schreckgedanke: O Gott, was war es nur, das zwischen ihnen stand? Dämonen der Macht, des Ehrgeizes, der Ländergier, der größenwahnsinnigen Sucht nach Weltbeherrschung. Dämonen, die Brüder eines Volkes, eines Stammes verwirrten und entmenschten, daß sie sich hassen und töten mußten. Nein, nein, sie wollte sich diesen Stimmen ihres Innern verschließen, sie wollte auf das hören, was der Mann an ihrer Seite sprach.

„Das Schönste aber, was uns Dürer hinterlassen, dünkt mir, ist der Name, den er seinem Bild gegeben hat: Das große Glück." Leutnant Steiningen verhielt den Schritt, sein und Sabinas Blick trafen sich.

„Das große Glück", sagte Sabina leise.

„Sobald ich nach München komme, sende ich Euch einen Druck des Dürer Bildes zur Erinnerung."

Da sprang der Garner Bub von irgend woher und blieb vor ihnen stehen. Er stutzte, maß Leutnant Steiningen mit einem unkindlich-bösen Blick und sagte: „Ja so, hast eh schon einen, der dich heimführt. Bhüt dich!"

Die beiden sahen sich an, und jeder wußte, was der

andere dachte, was den andern schmerzte. Sie beschleunigten ihre Schritte und schwiegen. Einmal zuckte Sabina jäh zusammen und Steiningen faßte schnell nach ihrer Hand. „Danke, es ist nichts, — es war nur ein Stein." Er ließ ihre Hand wieder frei. Sie barg sie in den schwer niederfallenden Falten des langen Rockes. Da begann Steiningen aufs neue zu erzählen, von seiner Kindheit in der Geborgenheit des Elternhauses, der Münchener Studienzeit, von seiner damaligen Begeisterung für Napoleons weltumspannende Ideen, die viele junge Deutsche mit ihm teilten. Er ließ Sabina Zeit zu einer Frage. Nein, sie schwieg. Er hatte „damaligen Begeisterung" gesagt, das Wort verriet ihr viel und mehr vielleicht, als er sich selber zugestand. Von München erzählte er wieder, von seinem Heimweh nach der Isarstadt, das ihn erst die schönen Bergwanderungen überwinden halfen — und der Aufenthalt auf Säben, setzte er hinzu.

Mit aufgeschlossener Herzlichkeit gab ihm Sabina aus ihrem Leben eine schlichte Schilderung. Von ihrer Kindheit erzählte sie, die sie im Vintschgau, auf einem halbverfallnen Stammschloß ihrer väterlichen Ahnen verlebte. Vom frühen Tod der Mutter, als sie mit zehn Jahren so gut wie ganz verwaist war. Der Vater, ein höherer Offizier, weilte nur mehr selten zu Hause. Mehrmals verwundet, hielten ihn nicht nur die Feldzüge, sondern auch die langen Aufenthalte in den Lazaretten von der Heimat fern. Kein Wunder, wenn man bedachte, daß Österreich seit 1788 Krieg führte. Die Tage seiner Heimkehr waren ihre schönsten Erinnerungen Freunde kamen, frohe Gäste, Feste wurden gefeiert und ließen die kargen Wochen, die sie mit einer alten Dienerin im alten Schloß allein verbrachte, gern vergessen. Sabina machte aus der Armut, in der sie aufgewachsen, kein Hehl. In einer glückhaft unbeschwerten Zufriedenheit war sie sich ihrer nie ganz bewußt geworden. Ein Jahr hatte sie froh und ahnungslos als Zögling im Kloster Säben verbracht, als der Vater an den Folgen einer früheren Verwundung unerwartet schnell verstarb und sie mittellos zurückließ. Vom Verkauf des verschuldeten Edelsitzes konnte nur mehr das mit entsprechendem Aufwand standesgemäße Begräbnis des Toten bestritten werden. So kehrte sie als eine andere nach Säben zurück. Ein alter Onkel mütterlicherseits besorgte ihre klösterliche Aussteuer.

Der Schmerz um das Verlorene, das plötzliche Alleinsein in der Welt, erweckte in ihr die große Sehnsucht nach Zurückgezogenheit. Es war auch eine Flucht aus dem beschämenden Bemitleidetwerden, gestand Sabina.

„Und fühlet Ihr Euch denn auch berufen?" Steiningen bereute, laut gedacht zu haben, die Frage war doch ungehörig.

„Im Augenblick kommt es leider nicht mehr darauf an. Ich bin von Haus aus in keine Sicherheit hineingeboren worden, doch will und werde ich bestehen, was mir bestimmt ist, wenn mich Gott nicht ganz verläßt."

„Ein echtes Soldatenkind!" sagte Steiningen und sah sie bewundernd an. „Meines Vaters Sohn zu sein, wäre einfacher für mich", und mit einem kleinen Lachen gab es Sabina zu, daß sie sich des Ernstes ihrer Lage wohl bewußt war.

„Aber seine Tochter zu sein, — ist beglückender für — in dieser Stunde auch für mich, ich werde sie nie vergessen, Larthia!"

„Larthia? Was meint Ihr damit, Herr Leutnant?"

Sabina war so erstaunt über dieses Wort, daß sie das heimliche und freudige Erschrecken über seine Courtoisie verbergen konnte, denn wie es öfter vorkommt, sie, das Kind dieses Landes, die Bewohnerin des heiligen Berges, hatte diesen Namen noch nie gehört.

„Das ist eine lange Geschichte, Fräulein von Festi, und wenn Ihr es mir erlaubt, werde ich sie Euch einmal erzählen, denn jetzt sind wir schon dort angelangt, wo Larthia einst lebte, vor langer, langer Zeit." So war es wirklich, sie standen im Stiftshof.

Sabina erwachte wie aus einem Traum und fühlte von der langen Wanderung keine Müdigkeit. Sie reichte Leutnant Steiningen die Hand und sagte: „Ich möchte gerne Eure Geschichte hören."

Eine Laienschwester ging vorbei und vor dem Eingang

des Regelhauses stand Frau Magdalena. Steiningen wagte nicht Sabinas Hand zu küssen, er sagte nur leise: „Gute Nacht, Larthia."

Sabina schien die Küchenmeisterin nicht zu sehen und wollte an ihr vorbei ins Haus. Da hörte sie Frau Magdalenas harte und fassungslose Stimme: „Sabina, du hast dem Leutnant die Hand gegeben, — das geht doch nicht, bei Gott, was fällt dir ein?"

„Liegt es in Eurem Sinn, den Leutnant zu beleidigen, ihn zu erzürnen, so wie die Dinge jetzt auf Säben stehn?" Das war sehr bestimmt gesprochen.

Magdalena fühlte sich auf einmal recht hilflos. „Wo bist du ihm begegnet?"

„Vor einer Stunde, unter Latzfons." In der rasch einfallenden Dämmerung sah Magdalena Sabinas Gesicht nur mehr verschwommen vor sich, den offenen Blick aber fühlte sie.

Zögernd gab sie den Weg frei und fragte im Weitergehen durch den schon finster gewordenen Gang. „Sag mir wenigstens, wie es unsrer armen Benedikta geht."

„Der weite, steile Weg ist ihr nicht leicht angekommen. Ich bin so lange bei ihr geblieben, bis sie eingeschlafen ist — und jetzt, ich glaub, es geht ihr um vieles besser", sagte Sabina und das Herz wurde ihr wieder schwer, so schwer, als hätte es ihr leid getan, daß sie nicht auch in Garn droben geblieben war.

DER UNBEKANNTE SOLDAT

Was sich in diesen Septembertagen in der großen Welt zusammenbraute, vibrierte mehr als anderswo im Herzen des Tirolervolkes. Gleich dem Gichtkranken, der die nahenden Wetter vorauszusagen weiß, so ahnt ein unterdrücktes Volk das Kommende, ersehnt die Freiheit, sammelt im geheimen alle Kräfte, um die Fesseln zu sprengen, wenn die Stunde der Entscheidung schlägt. Österreichs Vorbereitungen zum Krieg gegen Napoleon waren kein Geheimnis mehr. Der Wellenschlag, der großen Stürmen voranzugehen pflegt, hatte schon die Täler Tirols erreicht, umspülte auch den Fuß des heiligen Berges. In der kleinen Eisackstadt Klausen wurde bei geheimen Zusammenkünften die Abschrift einer getarnten Botschaft vorgelesen, die der kaiserliche Büchsenspanner, Anton Steger, an den Kaffeesieder Nessing in Bozen gerichtet hatte.

„Der Bräutigam hat sich endlich entschlossen, seine Braut abzuholen und ladet den Vater der Braut, sammt seinen lieben Brüdern im Etschland und auch die im Inntal ein, nebst dem Bärtigen, auf des Bräutigams Kosten so schnell als möglich nach Wien zu kommen."

Jedermann wußte, daß mit dem Bräutigam, Erzherzog Johann, des Kaisers Bruder, und mit der Braut das Land Tirol gemeint war. Mit Andrä Hofer, dem Bärtigen, wurden die Getreuesten der Getreuen zu einer Verabredung nach Wien gerufen.

Von diesen Vorgängen hatten die Frauen auf Säben keine Ahnung, denn wo eine bayrische Besatzung Hausherr war, konnte das Geheimnis nicht sorgsam genug gehütet werden. Frau Magdalena erlebte aber auch ohne dieses Wissen der erregenden Tage und schlaflosen Nächte genug, seit bayrische Bauingenieure auf Säben Vermessungen vornahmen und über Umbauplänen das Für und Wider eifrig besprachen.

Ihr war zu Mute, als stehe sie schon bis zum Hals im Wasser, in ihren schweren Träumen hörte sie die Mauern des Klosters stürzen. Nach außen hin war sie dieselbe geblieben, sicher im Zugriff all dessen, was zu tun sie für notwendig fand. Die Sorge um Sabina war in ihrem steten Sinnen und Trachten, Säben um jeden Preis zu retten, zurückgedrängt worden. Es rührte sie gewiß, wenn ihr der Bayer, den ihre Krankensuppen und Spitzwegersäfte wieder auf die Füße gebracht hatten, das einemal zwanzig Löffel, das anderemal die alte Apothekerwaage dahergebracht und dabei mit dem Finger auf dem Mund um Schweigen bat. Sie fragte auch nicht, woher diese

Dinge wieder zum Vorschein gekommen waren, ob sie bei der Versteigerung von bayrischen Soldaten erstanden worden, oder schon vorher unter ihnen einen Abnehmer gefunden hatten. Aber dies und anderes ging ihr nicht mehr sonderlich ans Herz, das nur von einem einzigen Drängen und unablässigen Mahnen erfüllt war. Vergebens sah sie nach einem vertrauten Menschen aus, mit dem sie hätte Pläne schmieden, oder einen Ausweg finden können.

Doch war nicht sie allein eine von Kümmernissen so Bedrängte. Ohne die tägliche Begegnung, den stummen Gruß, das Lächeln Larthias, der sagenhaften Geliebten, wäre auch Leutnant Steiningen seiner Tage immer weniger froh geworden. Er war ihr noch immer die versprochene Geschichte schuldig, wann endlich würde er sie ihr erzählen können? Zur Wohltat wurde ihm dieser Zustand zwischen Traum und Wachsein, die Sehnsucht nach dem „großen Glück", das unerreichbar hoch in den Wolken schwebte, wie auf dem Bilde Albrecht Dürers. Wenn diese Sehnsucht immer wieder wie ein leiser Schmerz an den Strängen seines Herzens zerrte, war er dankbar, weil sie ihn den quälenden Zwiespalt vergessen ließ, dem er nicht mehr zu entrinnen vermochte.

Die Briefe seines Vaters wurden immer zurückhaltender, voll kritischer, das Gewissen aufrüttelnder Betrachtungen, wenn er sich mit seinem Sohn über die Lage Deutschlands auseinanderzusetzen versuchte. Er schrieb, wenn auch in vorsichtigen Formulierungen, über die Absichten Preußens, sich mit Österreich zu vereinen, über das Wirken des Freiherrn von Stein in dieser Richtung. Die geheime Sorge der Mutter, die sich in nichtig kleinen Dingen rührend Ausdruck verschaffte, wurde vom Sohn nicht mißverstanden. Wodurch Steiningen aber am tiefsten aufgewühlt wurde, was ihn am schmerzlichsten verwirrte, das waren die Briefe eines Freundes aus dem Norden Deutschlands. Durch ihn erfuhr er in Bruchstücken von den Reden Fichtes an die deutsche Nation, die der Philosoph und Schriftsteller in Berlin vor seinen begeisterten Zuhörern hielt. Fichte war für Steiningen in seinen Studienjahren ein Begriff geworden. Sollte man nun wirklich auf der falschen Seite stehen?

Nichts ist niederdrückender, ja niederschmetternder, auch für den noch jungen, werdenden Menschen, als das Heraufdämmern solcher Erkenntnisse. Auf solche, wenn auch andere Art, erging es dem jungen, bayrischen Offizier nicht besser, wie der Küchenmeisterin, der schlichten Klosterfrau, wenn er sich gleich ihr vergeblich nach einem vertrauten Menschen, nach einem Freund umsah, der in der gleichen Lage, vielleicht zu raten wußte, oder einem Mut gemacht hätte, das unmöglich Scheinende zu wagen und aus der Reihe zu treten. War es schon so weit gekommen mit seinen Zweifeln, daß das Schmachwort „Fahnenflucht", seine Schrecken zu verlieren begann? Nein, dies war seines Vaters Meinung ganz gewiß nicht und auch nicht jene seines Freundes. An seine innere Haltung war der Appell gerichtet, die Augen offen zu halten und, bei Wahrung seiner Soldatenehre, als Mensch sich nicht mit Schuld zu beladen.

Das Fest Allerheiligen war sang- und klanglos vorbeigegangen und am Allerseelentag hielten die Säbener Frauen mit den Laienschwestern und der Novizin, im Klosterfriedhof einen stillen Umgang. Ein Kapuzinerpater aus Klausen hatte am Morgen in der Stiftskirche eine stille Messe gelesen. Im Friedhof das an diesem Tage übliche Totenoffizium zu beten, war nach den neuen, kirchlichen Verordnungen der bayrischen Regierung dem Seelsorger verboten. Auch Kerzen anzuzünden auf den Gräbern war nicht mehr erlaubt. Als Leutnant Steiningen droben an der Zinnenmauer stand, von wo eine hohe, steinerne Stiege in den Friedhof führte, und auf die stumme Totenfeier hinuntersah, war er über die lichtberaubten Gräberreihen sehr verwundert. In seiner Vaterstadt München brannten zu dieser Stunde auf den Gräbern seiner Großeltern Wachskerzen in den aufgestellten Leuchtern zum Gedächtnis der geliebten Toten. Ihrer zu gedenken, hatte es ihn in die Nähe des Klosterfriedhofs hingezogen. Nun aber fühlte er seine Stirne aufbrennen von der Röte des Unmuts und der Scham und wünschte sich weit fort. Da sah er Sabina unter den Frauen — und blieb stehen wie ein Gebannter. Über die Friedhofmauer ragten vom tiefer gelegenen Wäldchen dunkle Fichten hoch empor und lichtgelb verfärbte Lärchen glichen brennenden Riesenkerzen. Ein Ahorn warf den Frauen purpurrote Blätter vor die schreitenden Füße hin. Sabina bückte sich und hob eines auf, es glutete in ihren Händen, als trüge sie ein Kleinod aus dem Schatz des König Arostages vor sich her.

In der letzten Zeit litt der Kommandant der Säbener Besatzung an einem Fußübel. Der Wundarzt hatte ihm darum Bettruhe verordnet und wollte ihn im Klausener Spital einer eingehenden Behandlung unterziehen. So ergab es sich, daß Leutnant Steiningen das Kommando über die gesamte Säbener Besatzung übernehmen mußte. Er war nicht sehr erfreut darüber, vor allem nicht, weil er seine ihm so lieb gewordenen Wanderungen einschränken mußte. In diesen selten schönen Novembertagen mit der weiten, klaren Sicht, der Farbenpracht des scheidenden Herbstes, zeigte sich ihm die Landschaft in einem neuen, fast heroisch prunkenden Gewande, wie er es noch nie und nirgends so wunderbar erlebt hatte. — Doch brachte ihm auch anderseits der Zuwachs seiner dienstlichen Verpflichtung die genauere Kenntnis der gesamten umfangreichen Klostersiedlung mit ihren großen Gärten, Weinbergterrassen und Nutzäckern innerhalb der klösterlichen Umfriedung. Die Klausur der Säbener Frauen war allerdings auf ihre Zellen und zwei Tagräume auf das äußerste begrenzt worden. Der Zugang zu allen andern Baulichkeiten und ihre Nutzung, auch jene der Gärten, konnte den Besatzungssoldaten nirgends mehr verwehrt werden.

Allmählich aber gewöhnten sich die Säbener Frauen an das Nebeneinander mit den Soldaten auf gutem Grußfuß, legten aber auch die Befangenheit des Geduldetseins in jenem Maße ab, als sich ihre Selbstsicherheit gehoben hatte, im Bewußtsein ihrer Sendung, das Heiligtum auf Säben bis zur letzten Möglichkeit zu schützen und zu behüten. Leutnant Steiningen hielt gute Zucht und brachte seinen Soldaten, wenn auch mit einiger Mühe, jenen ritterlichen Anstand bei, der ein Zusammenleben zwei so verschiedener Berufselemente unter ein und demselben Dach erträglich machte. In wirtschaftlichen Belangen fand Frau Magdalena als Küchenmeisterin vom neuen Besatzungskommandanten weit größeres Entgegenkommen als vorher. Die Zubereitung der Krankenkost, so weit sie für Marode erforderlich, war ihr zur Gänze übertragen worden. Trotzdem aber vergaß sie keinen Augenblick darauf, daß jeder Tag auf Säben nur ein Geschenk von Gnaden der bayrischen Regierung war. Sabina griff überall zu, wo man ihre Hilfe nötig hatte, in der Küche, in der Nähstube, sie arbeitete mit Frau Veremunda an kunstvollen Stickereien, wenngleich derlei Aufträge nur mehr spärlich kamen. Ihr stand es auch zu, die kleinen Botengänge nach Klausen zu besorgen. Von den fünf Chorfrauen hatte noch keine den Fuß über die Gemarke des Klosters gesetzt. Im Leben der Klosterfrauen hatte sich nichts Einschneidendes verändert, denn für die Höfe hatten sich noch keine geldkräftigen Käufer gefunden. Ihre Abgaben mußten sie der bayrischen Regierung zinsen und gülten, sie taten es vom Herzen ungern und ballten dabei die Fäuste im Sack.

Als in diesen Tagen Sabina der Küchenmeisterin wie öfter, wieder einmal zur Hand ging, griff Frau Magdalena nach der Novizin ratenden Mithilfe, wie der Ertrinkende nach einem Strohhalm. Von Sabinas Jugend erhoffte sie sich mehr Verstehen als von der andern Chorfrauen wägendem Alter und ihrem noch immer nach der Ordensregel streng ausgerichteten Denken. Ihr unerschütterliches Vertrauen aber, daß Recht nun einmal Recht bleiben müsse, ließ sie alles, auch das letzte wagen.

„Sabina, hilf mir, rat mir und erschrick nicht über das, was ich dir sagen muß. Ich will nach Bozen zum Truppenkommandanten, will vor ihm einen Kniefall tun, ihm Vorstellungen machen und ihn bitten, daß unser Kloster erhalten bleiben und die Wallfahrt auf dem heiligen Kreuzberg und zu unsrer lieben Frau für das ganze Eisacktal gerettet werden möge. Ich überleb es nicht, wenn sie unsre Klostermauern einreißen, aus unsern Kirchen Waffenrumpelkammern und Pulvermagazine machen, wenn sie unsre Gärten, ja den Friedhof selber unterwühlen und unterirdische Kasematten bauen. Du aber mußt mir helfen, raten, Erkundigungen einziehen, wie ich es angehn muß, daß ich vorgelassen werde. Niemand auf Säben aber darf etwas davon erfahren, nicht den Gedanken! Auch nicht die Äbtissin in Brixen, schon gar nicht der Fürstbischof." Sabina war über den Plan Frau Magdalenas weder erschreckt, noch besonders erstaunt, sie griff den Gedanken wie etwas Selbstverständliches gleich auf. Endlich über etwas anderes sich den Kopf zerbrechen müssen und nicht Tag für Tag an die eigne, ungewisse Zukunft denken, immerzu nur zwischen Wollen, Können und Dürfen schwanken, oder — dem Rätsel eines seltsamen Namens nachsinnen müssen.

„Ich steh zu Euch, Frau Magdalena, gern und freudig, doch braucht es Überlegung. Man muß erfahren, wie der Kommandant gesonnen, ob er Bittstellern zugänglich ist. Ich will gern versuchen, in Klausen drunten mehr über ihn zu erfahren, daß Ihr nicht ganz ins Dunkle tappt. Die Ganswirtin weiß vielleicht etwas über ihn, dort ist er einmal abgestiegen, und der Wundarzt, Doktor Hinteregger, kommt viel herum, hört der Leute Gerede und kennt die Meinungen der bayrischen Soldaten über ihre Vorgesetzten."

Voll Hilfsbereitschaft war Sabina, voll Eifer handelnd einzugreifen, dem Leben, das im warten und sich gedulden zu versanden drohte noch einmal eine Richtung geben, sich nicht mehr treiben lassen vom zögernden Geschick. „Das vergeß ich dir im Leben nicht, Sabina. Du machst mir Mut, denn zuweilen ist mir doch, als wär es recht verkehrt, was ich da tun will. Du bist dem Klosterleben noch nicht so ganz mit Seel und Leib verbunden und weißt darum besser, wie man sich anstellen muß, um in der Welt da draußen etwas zu erreichen. So hat auch das noch seinen Sinn bekommen, daß du deine Profeß noch nicht hast ablegen können."

„Ob Sinn, ob nicht, das muß sich erst erweisen, Frau Magdalena. Jetzt aber will ich Euch helfen, so gut ichs nur vermag.“ Sabina war sehr ernst geworden, fast bedrückt, denn dunkel war ihr selber, was sie sagte.

Am übernächsten Tag schon hatte sie in Klausen drunten Dringliches zu tun und hielt sich länger auf als anderemale. Frau Magdalena sah immer wieder nach ihr aus, wer weiß, ob sie nicht gleich dies erstemal Entscheidendes erfahren hatte.

Doch wenig ermutigend war, was Sabina zu berichten wußte.

„Die Ganswirtin läßt sich für die Kochrezepte schön bedanken. Ich hab dann eine ganze Weile dies und das anschneiden müssen, bis wir auf den Truppenkommandanten von Bozen zu reden gekommen sind, der doch bei ihr einmal abgestiegen ist.“

„Und was hält sie von ihm?“ konnte Frau Magdalena es nicht mehr erwarten. „Ungern läßt sie ihm die Ehre, die man ihm nachsagt, daß er, wenn es darauf ankäm, ein gerechter Mann sei. Was aber den Umgang mit ihm betrifft, hat sie mir erzählt, laßt er überhaupt nur Mannsleut gelten. Bei seiner Einkehr hätte er an ihr vorbeigesehn, als gehöre sie nur zum Hennenvolk. Sie möchte mit dem überheblichen Gewalthaber nichts zu tun haben. Beim Michldoktor hab ich lange warten müssen“, erzählt Sabina weiter, da Frau Magdalena schwieg und nur bedenklich vor sich hinsah. „Da ist die Medizin für Frau Placidas trockenen Brusthusten, die müßte endlich helfen, meint er, sonst müßte man sich getrösten mit dem Spruch: Wer lang hustet, lebt lang. Ich hab ihm dann dies und jenes im Vertrauen vorgeklagt und halb und halb gestanden, wär ich nur eine Chorfrau, ging ich nach Bozen zum Kommandanten und tät ihn auf den Knieen, mit aufgehobenen Händen bitten, die Aufhebung unsres Klosters wieder zurückzuziehen.“

„Und — was hat er dir geraten?“

„Er hat darauf so lang und schallend laut gelacht, daß mir schon recht ärgerlich zu Mut geworden ist.“

„Warum? Wieso?“

„Ja, — das ist, — es hat damit eine ganz eigene Bewandtnis.“ —

„Sag es mir nur, Sabina, ich weiß, der Michldoktor hat zuweilen eine recht grobe Aussprach, aber sag es mir nur, wir sind ja allein“, drängte Frau Magdalena.

„Der Doktor sagt, wenn der Militärgewaltige von Bozen in der Stadt zu tun hat, ob hoch zu Roß, ob zu Fuß, ganz gleich, wenn ihm von aller Weite eine Klosterfrau entgegenkommt, kehrt er gleich fluchend um und verwünscht den ganzen Tag, denn er schwört Stein und Bein darauf, daß ihm der Anblick einer Klosterfrau Unglück bringe.“

„So ein Narr, so ein ausgemachter Narr“, stammelte Frau Magdalena, doch gab sie es noch nicht auf ... „Wie wär es, man dürfte eben nicht als Klosterfrau, nicht im Habit“, da aber wurde sie von der Novizin nur bedauernd unterbrochen. „Das ist es ja, Frau Magdalena, der Doktor sagt: Bittstellerinnen hätten beim Kommandanten überhaupt kein Glück, höchstens eine in Not geratene Frau eines Offiziers, oder Soldaten, — oder — mit ganz besonderen Empfehlungen, — auf langem Wege — und nur selten. —“ Hier zögerte Sabina wieder, denn was der Michldoktor wirklich sagte, was er als seltenes Wunder des Erfolges ihrer Jugend, ihrer Schönheit zutrauen wollte, war wirklich ungehörig und verschwieg sie lieber.

„Das ist aber hart, — ach Sabina, wir sind recht arm daran“, sagte Frau Magdalena ganz vernichtet, stand auf und suchte mit schleppenden Schritten ihre Zelle auf.

Am nächsten Tag, in den frühen Nachmittagsstunden, saßen Frau Idelfonsa und Sabina im Klostergarten über ihre Stickrahmen gebeugt. Das helle Taglicht und die warme Sonne wollten sie nützen, da es in ihrer kleinen Nähstube um diese Zeit schon düster und merklich kühl war. Frau Magdalena hatte sich zu ihnen gesellt, sie wollte sich nur eine kurze Rast gönnen. Seit der letzten, schlaflosen Nacht fühlte sie sich auf einmal gut um ein Jahrzehnt älter geworden.

Da kam Leutnant Steiningen. Die drei Frauen höflich

grüßend, übergab er der Küchenmeisterin eine von ihm bestätigte Rechnungstellung zurück. Es wurden einige freundliche Worte getauscht, wie es etwa bei Nachbarn üblich ist, die zwar keine Freundschaft miteinander pflegen, aber umsomehr bedacht sind, Unstimmigkeiten zu vermeiden. Ganz unvermittelt richtete Sabina an Frau Magdalena eine Bitte — und nie, wenn sie in ihrem spätern Leben an diese Stunde zurück dachte, konnte sie begreifen, woher ihr der Mut gekommen war.

„Frau Magdalena, der Herr Leutnant weiß eine Geschichte von Larthia, die einst vor langer Zeit auf Säben gelebt hat; bitte, darf uns der Herr Leutnant diese Geschichte erzählen? — Ich denke, weil heute vielleicht der letzte Tag ist, daß wir im Garten ..."

Schweigen. Leutnant Steiningen starrte Sabina an, sie aber hielt ihren bittenden Blick beharrlich, ohne Scheu auf Frau Magdalena gerichtet.

„Ich glaub nicht, daß der Herr Leutnant Zeit haben wird, uns einmal Geschichten zu erzählen", sagte Magdalena endlich mit lahmer Abwehr, sie wußte wirklich nicht, wie ihr geschah. Was konnte das schon für eine Geschichte sein, die des Bistums und der späteren Klostergründung kannten sie doch alle. Am Ende war es so ein Heidenzeug, von dem sie auch schon einmal etwas faseln gehört hatte. Doch blieb ihr gar nicht Zeit, Bedenken zu äußern, denn Leutnant Steiningen schien auf einmal kurz entschlossen und bereit zu sein, Sabinas Bitte mit der wenn auch nur halben Zustimmung der Küchenmeisterin zu willfahren.

„Wenn es mir erlaubt ist, nehme ich mir gerne Zeit, nachdem ich merke, daß auch die ehrwürdigen Frauen die Geschichte des König Arostages und seiner Tochter Larthia, noch nicht kennen."

Sabina hörte den eignen Herzschlag in ihren Ohren tönen, als schwängen auf einmal von den Türmen Säbens alle Glocken. Frau Idelfonsa, als Bibliothekarin der Abtei, eine stets sachlich interessierte Bücher- und Geschichtenfreundin, wies mit einer höflich einladenden Gebärde ihrer Hand auf die Bank ihnen gegenüber und sagte: „Bitte, Herr Leutnant." Steiningen nahm dankend Platz und bemerkte, ihm scheine Ort und Stunde eben recht stimmungsvoll, wenn auch die Pracht des Herbstes schon verblichen sei. Um das Geschehen aus jener längst vergangnen Zeit gleichsam in Bildern noch einmal heraufzubeschwören, brauche man die Weite unter freiem Himmel, den Hintergrund der Landschaft, die unverändert wie vor mehr als zweitausend Jahren heute noch bestand. Und dann erzählte er die Geschichte Larthias, von keiner Frage, keinem Wort des Staunens, Schauderns, oder mitleidigen Bedauerns der Säbener Frauen unterbrochen. Als Steiningen zu Ende war, setzte er noch hinzu, daß ihm dies Wissen aber erst hierzulande durch einen glücklichen Zufall zuteil geworden war, als er, in den vergangnen, heißen Sommertagen Kühle suchend, so manche Stunde in der bischöflichen Bibliothek zu Brixen zugebracht hatte. Es sei auch eine seltsame Fügung gewesen, die gerade ihn, ohne daß er wollte, nach diesen alten Schriften greifen ließ. „Damals hatte ich keine Ahnung, daß ich selber in allernächster Zeit diesen heiligen Berg ersteigen werde und Larthia", er hielt erschrocken inne, denn Sabinas flehender Blick war beschwörend auf ihn gerichtet. Frau Idelfonsa, vom Gehörten tief beeindruckt, sah zum überragenden Spitzdach des mächtigen Vierkantturms hinauf, der sich am Rande des höchsten Abgrundes erhob, wo einst der Isistempel stand, auf dessen Altar bis zur Weltenwende den Göttern geopfert wurde.

„Ein wenig wird uns immer schaudern, wenn wir droben stehen, in das wilde Geschluchte hinunterschauen und an Larthia denken müssen", sagte Frau Idelfonsa.

„Mein Gott, eine Selbstmörderin, wie es Brauch war bei den Heiden!" wollte Frau Magdalena die Geschichte abtun, der sie in ihrer endgültigen Hoffnungslosigkeit nichts abgewinnen konnte.

„Hätte Larthia es erdulden sollen, ein gemeines Beutegut zu werden? Hätte sie die Sklavin, die Geliebte eines Römers, eines Feindes werden sollen, eines Mannes, der ihr Volk verfolgte, unterjochte?" rief Sabina, die Königstochter leidenschaftlich verteidigend. Jetzt aber war sie es, die sich von Leutnant Steiningens beschwörendem Blick getroffen fühlte und den ihren senkte, im Innersten erschrocken und verwirrt. Steiningen hatte sich rasch erhoben, er wollte der Novizin noch etwas sagen. Mit Recht und zutreffender Beziehung hätte er sie diesmal Larthia nennen dürfen, doch hielt sie den Kopf beharrlich über ihre Arbeit gebeugt, daß ihm Blick und Angesicht verborgen blieb. Er wünschte den Säbener Frauen einen guten Abend und verließ den Klostergarten. „Jetzt haben wir ihm nicht einmal gedankt", bedauerte Frau Idelfonsa. Sabina schwieg, sie hatte Mühe, ihre Bestürzung, das Beben ihrer Hände zu verbergen.

Und dennoch hatte die Erzählung Leutnant Steiningens in Frau Magdalena so gut wie in Sabina selber, einen Entschluß herangereift. Sie waren in den nächsten Tagen viel beisammen, schienen sich in Freundschaft eng vertraut geworden zu sein. Die Subpriorin fand es unbillig, daß man ihr offenbar etwas zu verheimlichen versuchte. Frau Magdalena war oft unberechenbar, Sabina viel zu jung, für ernsthafte Überlegungen nicht reif genug und an die strengen Satzungen des Klosterlebens noch nicht gebunden. So hatte auch Frau Veremunda, die Grasin von Grasegg, ihren Kummer.

Das Militärdepot auf Säben war in einem düsteren, gewölbten Erdgeschoß untergebracht und wurde nicht im besonderem bewacht. Es bestand hauptsächlich aus Kleidungsstücken, und wer hätte sich für bayrische Uniformen interessieren mögen. Die Klosterfrauen gewiß nicht, und die Bauern der Umgebung sahen sich deren leicht genug. Es kam auch nicht selten vor, daß die Eingangstür zum Depot offen stand. Einmal, als der Leutnant Steiningen vorüberging, sah er, was ihm schon öfter Ärger bereitet hatte, die Tür zum andernmal, wenn auch nur handbreit, offen stehen. Er wollte nachsehen, ob und wer sich drinnen zu schaffen machte, oder ob jemand vergessen hatte abzusperren.

Wenn er noch nie erschrocken war, in einem Ausmaß erschrocken, daß er zu erstarren vermeinte, weil er nicht fassen konnte, was vorzugehen schien, so geschah es ihm in diesem Augenblick. Die Novizin, Sabina stand vor ihm — und hielt, in ein weißes Tuch eingeschlagen, ein umfangreiches Bündel an sich gedrückt. Ihr Gesicht leuchtete in fahler Blässe aus dem Halbdunkel des Gewölbes, der flackernde Blick suchte wie irr nach einem Ausweg, der Mund bebte, unterdrückte den Schreckensschrei und rang nach Worten. Steiningen starrte unentwegt Sabina an, noch immer seinen Augen, selbst seinem Verstand mißtrauend. Dann hörte er ein heftig hervorgestoßnes, heiseres Flüstern: „Herr Leutnant, ich will nicht stehlen, nein nein, ich bring die Uniform zurück, in zwei Tagen, in drei gewiß. — Ich flehe Euch an, es hängt für uns alles davon ab, — alles. — Ich bring die Uniform zurück, bitte, bitte! Ich — ich —" Steiningen unterbrach sie: „Geht, geht, — man kommt." Er schloß die Augen, er wollte nichts gesehen haben, nichts wissen, nichts, nichts. — Sabina machte zwei, drei Schritte an ihm vorbei und wankte. Da riß sie Leutnant Steiningen an sich, um ihren Sturz zu verhindern, sie aufzufangen, hielt sie aber dann in seinen Armen mit einer wilden Leidenschaft des Zorns und der Verzweiflung, als wolle er sie mit Gewalt von etwas abhalten, das ihm unsinnig schien, unfaßlich. Sabine ächzte. „O Gott!" riß sich von ihm los und eilte weg. Steiningen trat in das Gewölbe hinein, lehnte sich an einen hohen Uniformstapel, wischte sich mit der bloßen Hand den Schweiß von Stirn und Nacken und schüttelte immer wieder voll Unverstehen den Kopf. Es währte lange, bis er wieder einen klaren Gedanken fassen konnte.

Es ging schon gegen Mitternacht, als er sich noch immer schlaflos auf seinem Lager hin und her wälzte. Für die kommende Nacht wollte er zwei neue Wachtposten aufstellen. Nein, es müßte diese Nacht schon, zur Stunde mußte es geschehen. Er stand auf und in voller Adjustierung begab er sich rings um Säben auf eine Nachtpatrouille. Alles schien im tiefen Schlaf zu liegen, selbst im Marodenzimmer brannte kein Licht. Nur hinter den hohen Fenstern der Stiftskirche ein fahles, geisterhaftes

Flackern, der winzige Ölbrand der ewigen Ampel. In der alten Bischofskirche, in der die Militärgottesdienste abgehalten wurden, herrschte tiefes Dunkel. Etwas beruhigter kehrte Steiningen zurück und begab sich endlich zur Ruhe.

Und bald hernach schlich sich ein bayrischer Soldat aus dem Klosterbereich von Säben, stieg nach Klausen hinunter und wieder in eilender Hast den Villandererberg hinan. Der Himmel war sternenlos, der halbe Mond im Zunehmen, von schweren Novembernebeln ganz verhangen. Über den Zargenbach führte der Weg nach Dreikirchen hinauf. Dort rastete der unbekannte Soldat zum erstenmal. Vielleicht wollte er frommen Sinnes die drei Kirchenheiligen des Ortes grüßen, St. Gertrauden, Sankt Magdalena und St. Nikolaus. Dann stieg er, am verstreuten Bergdorf Barbian vorbei, gegen Kolmann niederwärts, manchmal zögernd, wie ein des Weges Unkundiger, durch die rabenschwarze Nacht. Manchmal hart verschnaufend, hastete er weiter bis zur Eisackbrücke; von dort wieder am rechten Ufer des Eisack aufwärts, befand er sich auf der alten Heerstraße des Kuntersweges. Ein scharfer Nachtwind brach auf und riß mit wenigen, heftigen Stößen die schweren Nebelwolken auseinander und über die Alpenwelt am Eisack ergoß der helle Halbmond auf einmal verschwenderisch sein Licht.

Den einsamen Wanderer aber schauderte.

Zu beiden Seiten des rauschenden Flusses steilten sich hohe Porphyrfelsen von phantastischen Formen, dann wieder drohten überhängende Kolosse den Wanderer unter sich zu zermalmen. Auf den Windungen des Kuntersweges, bald zur rechten, bald zur linken Seite des Eisack, erreichte der Soldat Ober- und Unteratzwang. Stunde um Stunde war verronnen und immer noch fern das Ziel. Wieder verband eine Brücke die beiden Ufer, der Weg zur linken Seite führte nach Völs, der zur rechten über den Ritten hinauf. Diesen schlug der Wanderer ein und erreichte in einer guten halben Stunde Deutschen, die einzige Poststation zwischen Bozen und Kolmann. Hier wurden die Pferde gewechselt, aber zur

Stunde lag alles in tiefer Ruhe. Auf einem der Einschichthöfe am Ritten ertönte der erste Hahnenschrei. Der Mond ging unter. Im Osten begann der Tag zu grauen. Zur Rechten, auf einem hohen Porphyrkegel, war schon die Ruine der Feste Stein am Ritten zu erkennen. Die Sage erzählte, jeden Tag könne man um die dritte Nachmittagsstunde das Weinen einer Jungfrau hören, die unsichtbar zwischen den Ruinen herumwandle. Dem aber, der sie erlöse, würde sie sich in ihrer Schönheit und Anmut zeigen und ihn für sein Lebtag glücklich machen.

Der Tag hing her, das Tal weitete sich und das rauhe Gefels trug wieder die ersten Rebhänge auf seinem Rücken. Die Ruine Zwingenstein hob sich aus den Frühnebeln wie eine Geisterburg, ihr gegenüber aber erhoben sich stolz und ungebrochen, die Burgen Steinegg und Karneid. Auf dem Trittstein des Kirchleins St. Justina, vor dem Ausgang des Kunterswegs, hielt der müde Nachtwanderer eine kurze Rast. Einen weinroten Apfel nahm er aus der Tasche seines Soldatenrockes und ein Stück Brot, bekreuzigte sich und verzehrte sein Frühmahl. Dann stieg er wieder niederwärts, wechselte vom linken Ufer des Eisack über die gedeckte Brücke noch einmal auf das rechte Ufer hinüber und stand dann auf der Anhöhe über dem Bozener Boden.

Der alles überragende Filigranturm der Pfarrkirche, das Wahrzeichen Bozens, schien dem unbekannten Soldaten Wegziel nach mühseliger Wanderung und trostreicher Anblick zu sein. Aber noch war er nicht satt vom Schauen und ließ seine Blicke über Eppan und seine burgengekrönten Hügel hinausschweifen, zur Rechten hinüber, zum Aufstieg nach Meran, zur Linken, etschabwärts die Talmündung in das Trientinische hinunter und den Bozener Talkessel umkreisend, die unzähligen Burgen, in ihrem Hintergrund die phantastisch geformten Gebirgszüge aus Kalk und Porphyrgestein. Eine Welt von solch erhabener Schönheit, der selbst ein trüber Novemberregen nichts anhaben konnte. Der Wanderer schien alle Müdigkeit überwunden zu haben und eilte flüchtigen Schrittes nach der Stadt.

In der Bozener Pfarrkirche sahen die Frühmeßleute vor dem Gnadenbild Maria im Moos einen bayrischen Soldaten knieen, aufgelöst in Andacht, mit verschlungenen Bethänden und flehend emporgerichtetem Gesicht. Ein seltener und seltsamer Anblick. Mancher dachte bei sich, es gebe auch unter den Bayern gute und fromme Mannsleut, möchten sie nur das Kommandieren lassen, hätt kein Mensch etwas gegen sie. Der Soldat aber mußte es gewahr worden sein, daß er beobachtet wurde, er erhob sich und verließ rasch die Kirche. Er stapfte ungeachtet des regen Getriebes geradeaus zum Truppenkommando und betrat das Haus. Im ersten Stockwerk angelangt aber stürzte er in das Vorzimmer und sah dort einen Unteroffizier mit Schreibarbeit beschäftigt.

„Ist jemand beim Kommandanten drinnen?" Die Ordonnanz sah erschrocken den Soldaten an, der, aschgrau im Gesicht und furchtbar erregt, die Frage schreiend an ihn gerichtet hatte.

„Nein, niemand", gab der Unteroffizier ganz verdattert zur Antwort und dachte nichts anderes, als daß irgendwo ein großes Unglück geschehen sein müsse. Doch ehe er es hindern konnte, hatte dieser außer sich geratene Kamerad, ohne Meldung und die geringste aller vorgeschriebenen Formalitäten, das Dienstzimmer des Truppenkommandanten betreten. Zuerst war Stille, die Ordonnanz lauschte mit angehaltenem Atem. Dann vernahm man Stimmen, aber unverständlich blieb der Wortlaut. Der Eindringling mußte sich gemäßigt haben.

„Herr Kommandant, ich komme von Säben, vom Kloster Säben bei Klausen, das von der bayrischen Regierung aufgehoben worden ist!"

„Was kümmert das mich, was dich? Ohne angemeldet zu sein, kommt man da hereingetrampelt! Ordonnanz!" schrie der Gewaltige, ein guter Fünfziger, martialisch, zornbebend. Die Ordonnanz kam herein, schlug die Fersen zusammen, stand stramm, war ganz grün im Gesicht und brachte kein Wort heraus.

„Herr Kommandant, die Ordonnanz kann nichts dafür, ich hab sie überrumpelt, ich bin an ihr vorbeigerannt, ich kann mich ja nicht melden, ich weiß doch gar nicht, wie man das macht."

„Du weißt nicht, was? Ein Soldat des bayrischen Königs weiß nicht ..." Nun war auch der Truppenkommandant nahe daran, die Sprache zu verlieren. „Ich bin kein Soldat des bayrischen Königs, — ich bin die Küchenmeisterin der Abtei Säben."

„Was? — Ein Weibsbild?"

„Ja, die Chorfrau Magdalena Toldin."

„Und die bayrische Uniform?"

„Hab ich aus dem Depot unserer Besatzung auf Säben gestohlen."

„Wozu die Maskerade, von allen anderm ganz zu schweigen, wozu?"

„Herr Kommandant, selbst wenn man mich als Klosterfrau hier vorgelassen hätte, wenn ich im Habit hier hereingekommen wär, Ihr wärt zu jener Tür hinausgegangen. — Man weiß doch, daß Ihr Klosterfrauen nicht leiden mögt, nicht anschaun, geschweige denn anhören tätet."

Der Kommandant stieß ein paar harte Atemzüge von sich, sah auf seine Stiefelspitzen nieder, fühlte voll Unbehagen, daß sein Zorn schon im Verrauchen war. Fast mußte er sich Mühe geben, um bedrohlich zu erscheinen. Da stand ein Soldat vor ihm, schmächtig, bleich, aber kaum eingeschüchtert, und war eine Klosterfrau.

„Und nur, um sich über die bayrische Besatzung zu beklagen, führt man so etwas auf, Diebstahl, Mißbrauch, Täuschung, Verunglimpfung! Oder hat einer meiner Braven wohl eine Säbener Jungfrau schief angeschaut?"

„Nein, Herr Kommandant, das hat keiner jemals getan, Eure Bayern sind ordentliche Mannsleut, hab seit den Versteigerungen nichts mehr über sie zu beklagen."

„Was will sie dann in Dreiteufelsnamen!"

„In Dreiteufelsnamen will ich nichts, — in des Dreieinigen Gottesnamen, alles!"

Jetzt warf sich Frau Magdalena, der unbekannte Soldat von Säben auf die Knie und die Schleusen ihrer Redegewalt waren aufgetan, rauschten wie ein Sturzbach nieder, spruchreich und gleichnishaft. Mit der Urkraft des unverbildeten Volkes, dessen echtes Kind die Säbener Nonne war, vermochte sie zu überzeugen, zu erschüttern, aufrecht, ohne Furcht, voll unbegrenzten Vertrauens, daß Recht Recht bleiben müsse. Voll inbrünstigen Glaubens, beharrlich kämpfte sie, das Heiligtum ihres Volkes zu retten, daß es ihm erhalten bleibe zu seiner Tröstung, in den Wirren dieser Zeit, zu seiner Erbauung und Heiligung.

„Und stünde der König Maximilian von Bayern selber jetzt vor mir, ich könnt nichts anders sagen, ihn nicht anders auf meinen Knieen bitten, die Aufhebung unsres Klosters gnädiglich zurückzuziehen. Ich tät nicht zittern und nicht zagen, sondern nur auf seine Menschlichkeit vertrauen, so wie ich Euch vertrau, Herr Kommandant!" beschloß Frau Magdalena ihre Rede und erwartete knieend, offenen und unverzagten Blickes seine Antwort.

Der Kommandant hatte sich abgewendet, war vor eines der hohen Fenster hingetreten und sah auf den Platz hinab, wo es, von geschäftig sich regenden Bozenern und herumflanierenden Fremden nur so wimmelte. Ohne sich umzusehen, begann der Kommandant aufs neue zu fragen: „Wie seid Ihr in diesem Aufzug unbehelligt bis nach Bozen gekommen?"

„Zur Nachtzeit, über den Ritten."

„Habt Ihr schon daran gedacht, wie Ihr nach Säben zurückkommt, so — am hellen Tag?"

„Ich hab nur an zwei Dinge gedacht, an einen guten Ausgang, oder daß man mich verhaften und einsperren wird."

„Und sollte Eure Sache gut ausgehn, was dann?"

„Dann hätt ich in der Bindergasse eine Verwandte, die mir zum Heimgehn gern ein Gewand leiht."

Jetzt schnarrte des Kommandanten Stimme und immer noch sah er auf den Platz hinunter. „Ordonnanz! Führt diesen verpfuschten Soldaten in die Bindergasse, bis vor das Haus, wo seine Verwandte wohnt!"

Frau Magdalena stand auf, ihre Stimme bebte.

„Herr, gnädiger Herr, — vergelts Euch Gott, — ich —"

„Geht doch, geht! Ihr wißt ja, ich will mit Klosterfrauen nichts zu tun haben!"

Frau Magdalena lächelte, voll Nachsicht, wie mit einem Kinde. Dann ging sie mit großen Schritten neben dem Unteroffizier her. In ihr war so viel verhaltener Jubel, daß sie sich gar nicht bewußt war, daß sie eine bayrische Soldatenuniform auf dem Leib trug und nicht ihren Benediktinerinnenhabit. Sie übersah es auch, daß im Hof der Kommandantur Leutnant Steiningen eben schweißbedeckt aus dem Sattel sprang, den unbekannten Soldaten von Säben anstarrte, als wäre er ein neues Weltwunder. Sie übersah es ganz und gar, wie derselbe Leutnant sein Pferd einem herbeieilenden Stallburschen überließ und sich auf die Kommandantur begab.

GROSSER GOTT WIR LOBEN DICH

Blaß und übernächtig war Sabina am Morgen dieses Tages in der kühlen, weiträumigen Klosterküche gestanden und hatte der Schwester Josefa die Anweisungen der angeblich erkrankten Küchenmeisterin weitergegeben. Sie bedauerte auch, nicht mithelfen zu können, da sie die Pflege der Erkrankten übernommen habe. Diese, mit Frau Magdalena getroffene Vereinbarung konnte Sabina allerdings nur bis zum späten Nachmittag hin aufrecht erhalten. Frau Veremunda fand es nämlich hoch an der Zeit, die erkrankte Chorfrau aufzusuchen und bei ihr nach dem Rechten zu sehen. Wie sehr aber war sie erstaunt, ja bestürzt, als sie sich in Frau Magdalenas Zelle umsah und dort nur deren Pflegerin allein vorfand. Nun mußte Sabina alles gestehen, das heißt, alles gestand sie nicht, und das war gut so.

Die Aufregung der Subpriorin war beängstigend. Daß Frau Magdalena ohne Erlaubnis, ohne Wissen ihrer Ordensoberin diesen mehr als gewagten, für eine Klosterfrau ganz und gar ungehörigen, ordenswidrigen Schritt unternommen hatte, war so unerhört, daß unabsehbare Folgen nicht nur für sie selbst, sondern für alle eintreten mußten, denn sie alle würde man der Mitwisserschaft, der Beihilfe bezichtigen. Daß aber die Küchenmeisterin sich auch noch für diesen, in jeder Hinsicht gefahrvollen Gang des einzigen Schutzes, ihres Ordenshabits entledigt und in gewöhnlichen Frauenkleidern sich aus dem Kloster entfernt hatte, dazu noch im Dunkel der Nacht, war unfaßbar und in der ganzen, bald hundertdreißig Jahre alten Geschichte der Abtei Säben noch nicht vorgekommen.

Auf den sanften Hinweis Sabinas, daß man von Schuld und Vergehen gewiß nicht mehr sprechen werde, wenn dieser für Frau Magdalena gewiß recht schwere Gang, dem Kloster zum Heil gereichen werde, hatte Frau Veremunda nur ein ungläubig bitteres Lachen. Sie hatte auch für Sabina, die eigenwillige und ungehorsame Mithelferin, harte Vorwürfe. Ja, sie habe längst schon geahnt und befürchtet, daß von dieser in einem Kloster ungehörigen Freundschaft zwischen ihr und Frau Magdalena nichts Gutes entstehen würde.

Da man aber zu irgendeinem Entschluß kommen mußte, wurde zum andernmal auf Säben und diesmal ein geheimer Generalkonvent einberufen, an dem vier Chorfrauen, drei Laienschwestern und die Novizin teilnahm. Sabina berichtete, daß Frau Magdalena bei gutem Ausgang ihres Unternehmens die Nacht bei ihrer Verwandten in Bozen verbringen und am andern Tag wieder zu Fuß über den Ritten heimkehren will.

„Und bei üblem Ausgang, wie es nicht anders vorauszusehen ist?" wollte Frau Veremunda wissen. „Bei üblem Ausgang, — wird sie noch länger bei ihrer Verwandten in Bozen verbleiben und einen zweiten Bittgang wagen", sagte Sabina auf das geratewohl hin, ob man ihr nun Glauben schenken wolle oder nicht. Was Frau Magdalena bei einem üblen Ausgang ihres Unternehmens wirklich drohte, schienen die Säbener Frauen nicht im entferntesten zu ahnen.

Mit einem von Verzweiflung ganz zerfurchten Gesicht,

starrte Frau Veremunda vor sich hin und wußte immer noch nicht Rat und Hilfe. Frau Idelfonsa teilte die Empörung der Subpriorin nicht, aber sie war nicht minder besorgt. Im Grunde genommen, zwang ihr die tapfere Tat der Küchenmeisterin nur Achtung ab. Frau Juliana jammerte immer wieder: „Daß es so weit hat kommen müssen, daß man zu solchen, unsinnigen Mitteln gegriffen hat!" Im Herzen der Greisin Placida aber hatte nichts anderes als Erbarmen Platz. „An einem Tag über den Ritten und am andern Tag wieder zu Fuß über den Ritten zurück, kennt ihr den Weg? — Ich kenn ihn, meine Lieben! Und habt ihr schon bedacht, die gute Magdalena geht doch schon dem Sechziger zu, leidet an geschwollenen Füßen vom vielem Stehen beim Herd, wißt ihr was das heißt, sich auf einen solchen Marsch machen? Du lieber Gott, erschwachen und ermatten wird sie uns!"

Nun war das Wort gefallen, das auch Frau Veremunda, die Verantwortliche, wieder aufrüttelte. Nach kurzem, erregtem Hin und Her wurde beschlossen: Sabina sollte sich gleich in der Frühe auf den Weg nach Kolmann begeben, dort Frau Magdalena erwarten und dann mit ihr per Post nach Klausen zurückfahren. Mit dem nötigen Fahrgeld wolle man sie gerne versorgen.

„Und wenn unsre Küchenmeisterin nicht kommt, wenn sie noch in Bozen bleiben muß?" machte Schwester Josefa auf diese Möglichkeit aufmerksam. Darauf wußte Sabina einen Rat, wenigstens zum Schein: „In diesem Falle könnte ich ja der nach Bozen fahrenden Post das Geld mitgeben, daß man es für Frau Magdalena in Deutschen hinterlegt, damit sie von dort heimfahren kann. Ich aber geh zu Fuß nach Säben zurück, von Kolmann herauf ist es nicht so weit." Der Vorschlag wurde angenommen. Die erregten Gemüter beruhigten sich ein wenig und der geheime, achtköpfige Generalkonvent wurde mit dem üblichen Gebet beendet. —

Sabina stand vor dem Fenster ihrer Zelle und sah in den düsteren Klosterhof hinab. Es begann zu dämmern. In einer nicht zu überwindenden Angst, Leutnant Steiningen zu begegnen, wagte sie nicht mehr vor die Türe zu treten. Sie hätte vor Scham vergehen müssen. Nichts konnte sie von dieser Schmach befreien, wenn Frau Magdalenas Gang nach Bozen vergeblich war. Sollte aber das Wunder geschehen sein und Säben gerettet werden, dann ... Dies allein würde ihr gestriges Tun vor seinen Augen wenigstens zum Teil rechtfertigen können. Da sah sie im Vorhof draußen einen Reiter aus dem Sattel steigen. Es war Steiningen.

Von den Schatten der Dämmerung schon eingehüllt, erkannte sie zwar nur mehr den Umriß seiner Gestalt, die ihr vertrauten Bewegungen. Dem Leibburschen, der sich seines Pferdes annahm, rief er noch etwas nach, sah dann umschlüssig um sich und ging seinem Quartier zu. Sabina preßte ihre eiskalten Hände an die heiße, schmerzende Stirne. Sie trat vom Fenster zurück und war entschlossen, diesen Abend ihre Zelle nicht mehr zu verlassen. Man rief auch nicht nach ihr, hatte man Erbarmen mit einer Unglücklichen, oder strafte man sie mit Nichtachtung? Was lag daran!

Am Morgen, nach der Messe, machte sich die Novizin wegbereit. Diesmal gab sie nicht viel auf ihr Außeres, im Gegenteil. Sie trug das schwarze Kleid ohne die weißen Hals- und Ärmelrüschen, wand sich ein grobes, dunkles Schaltuch um die Schultern und setzte statt der zierlichen Novizenhaube ein wahres Ungetüm von einer Altweiberhaube auf. Der feuchtkalte Novembermorgen berechtigte einigermaßen zu dieser Vermummung. Frau Veremundas Ratschläge, alles zu tun und zu lassen, wie es ihr aufgetragen war, beherzigend, verließ sie Säben.

An den beiden Herrentürmen vorbei, atmete sie erleichtert auf, die Gefahr einer Begegnung mit Leutnant Steiningen lag hinter ihr.

„Mein Gott und Herr, gib, daß Frau Magdalena ihr Werk vollbracht hat! Rette sie vor der Schmach des Scheiterns! Rette sie und uns alle aus dieser neuen Not!" Ein Stoßgebet nach dem andern sandte Sabina zum Himmel. „Rette auch mich, daß ich wieder einmünden kann in den gewiesenen Weg und heil werden kann von der Wirrnis des Herzens!"

Sie war früh genug von Säben weggegangen und hätte nicht so zu eilen brauchen, aber wie gehetzt rannte sie den Villandererberg hinan. Nur etliche Kinder begegneten ihr, die in Klausen die Winterschule besuchten, dann blieben auch diese aus und die Welt schien ohne Menschen zu sein. Aber dann mußte sie sich erschöpft und atemlos auf eine Rastbank retten, die an einer Feldwegkreuzung stand. Ein alter Kastanienbaum gab im Sommer kühlen Schatten, jetzt war er kahl, aber auch unter seinem kraftvollen Geäst fühlte sich Sabina beschützt. Die Wiesen hatten ihr Grün verloren, die Äcker waren abgeerntet, die Weinstöcke von ihrer süßen Last befreit, entlaubt, die Lieder der Wimmetleute verklungen, ihr Lachen verstummt. Welch ein trüber, trauriger Novembertag. Sabinas Herz war von einem bittern Weh erfüllt. Seit sie Säben verlassen hatte, beschlich sie ein Gefühl, als wär sie schon halb verstoßen. Und mußte sie, wenn alles fehlschlug, in der Welt, in die man sie aussetzen wird, nicht als Diebin gelten? Sie hörte Schritte wegaufwärts kommen und stand rasch auf und hastete ängstlich weiter. Die Schritte hinter ihr aber beschleunigten sich. Nur widerstrebend und der Not ihrer Atemlosigkeit gehorchend, verlangsamte sie ihren Gang, zog das dunkle, schwere Tuch enger über der Brust zusammen und spürte ihr Herz heftig schlagen. Sie war doch in allen jungen Jahren nie furchtsam gewesen. Es war ein Mann, der es so eilig hatte. Sie wandte ihr Gesicht zur Seite, als ob es auf den Brachäckern und in den verlassenen Bataunen etwas besonderes zu sehen gäbe. Und dann blieb ihr Herz mit einem Schlag stehen. „Fräulein von Festi!"

Sabina taumelte an den Feldzaun, hielt sich mit einer Hand daran aufrecht. „Oh! Warum verfolgt Ihr mich? Ich bring Euch die Uniform doch ganz gewiß zurück, — Frau Magdalena kommt heute noch —" um Gottes Willen, das durfte sie doch nicht verraten.

„Ich weiß, sie wird mit der Abendpost zurückfahren."

„Mit der Abendpost? Ihr wißt?" stammelte Sabina.

„Ja, ich habe dies veranlaßt. Wenn die tapfere Frau

auch bei Nacht und Nebel zu Fuß über den Ritten nach Bozen marschiert ist, wie ein richtiger Soldat, so sollte sie wenigstens heimwärts fahren können, zudem sie ja nicht mehr die Uniform trägt."

„Ihr wißt, — Herr Leutnant, — Ihr wißt auch das? Ihr wart in Bozen?"

Steiningen nickte, wurde nun aber sehr besorgt.

„Fräulein von Festi, Ihr zittert, Ihr friert! Bitte, laßt uns ein Stück Weg aufwärts gehen, das wird Euch wieder erwärmen. Ihr beeiltet Euch zur sehr, ich hatte Mühe nachzukommen."

Sabina gehorchte, raffte sich zusammen und Leutnant Steiningen erzählte ihr, wie man ihm am vergangenen Morgen gemeldet habe, daß sich nach Mitternacht ein Mann der Besatzung davongeschlichen habe. Nun gut, das kam zuweilen vor. Aber, daß dieser Soldat nicht mehr zurückgekehrt, und die Besatzungstruppe dennoch vollzählig zum Rapport erschien, das wurde bedenklich. Daraufhin sei er im Eilritt nach Bozen und eben in der Kommandantur angelangt, als jener geheimnisvolle Soldat im Begriff war, diese glückstrahlend in Begleitung einer Ordonnanz zu verlassen.

„Auf der Kommandantur habe ich dann alles weitere erfahren und den Auftrag bekommen, dafür zu sorgen, daß die Chorfrau Magdalena Told ordnungs- und standesgemäß nach Säben zurückkehren kann."

Sabina hatte sich etwas beruhigt und war bemüht, ihre Gedanken in eine Bahn des Möglichen und Wirklichen zu lenken. „Ihr glaubtet, — daß ich —", fragte sie leise. „Allerdings, ich hätte es Euch zugetraut, Ihr habt ja schon am Vortag nicht viel weniger gewagt. Ich war sehr erschrocken, aber — umso glücklicher, als ich Frau Magdalena erkannte."

„Und Frau Magdalena?"

„Die sah nichts, erkannte mich nicht, die sah nur ihr gerettetes Säbener Kloster!"

„Wie glücklich wird sie sein — und die andern, wie glücklich", sagte Sabina ergriffen. Leutnant Steiningen blieb stehen. „Und Ihr, Fräulein von Festi?"

„Ich? — Ich bin es auch."

Sabina wurde wieder unsicher und fragte etwas hilflos: „Soll ich nun doch bis Kolmann weitergehen, oder?"

„Frau Magdalena kommt erst abends, so werdet Ihr wohl wieder nach Säben zurückgehen müssen."

Da wandte sich Sabina schweigend um und Steiningen blieb ihr zur Seite. Einmal ließ er seinen Blick auf ihrem merkwürdigen Kopfschmuck ruhen, dann über den dunkeln, rauhen Umhang niedergleiten und mußte lächeln. „Ich habe Euch trotzdem gleich erkannt, auch wenn Ihr Euch nicht umgesehen hättet. Ich stand herüben beim Herrenturm."

Sabina schwieg, nur eine leichte Röte blühte auf ihren erst noch blassen Wangen auf. Ein kleines Wegstück weiter schien sie sich auf etwas zu besinnen. „Ich habe Euch sehr viel zu danken, das heißt, wir alle, ich aber ganz besonders."

„Ihr, mir? Wirklich?"

„Ja, Ihr wart voll Nachsicht gegen mich, voll Verstehen und — Ritterlichkeit."

„Nein!" entgegnete Steiningen fast schroff. „Voll Nachsicht und Verstehen war ich nicht, ritterlich, zugegeben — und — ich bereue es!"

Sabinas Blick verriet das heftige Erschrecken, das ihr ans Herz griff. Ihren Dank wies er zurück, er glaubte ihr nicht. Sie war sehr froh, daß er wieder ruhig und sachlich wurde. „Bis zur offiziellen Widerrufung des Aufhebungsbefehls werden noch einige Wochen vergehen, die amtlichen Formalitäten sind langwierig. Die Besatzung aber wird aller Wahrscheinlichkeit nach früher abgezogen werden und meine Tage auf Säben sind gezählt."

„Daran habe ich noch nicht gedacht!" Sie rief es nicht laut, kaum hörbar und dennoch war es unverkennbar ein Ausruf der Bestürzung.

„Ich aber habe daran denken müssen seit dem Augenblick, als ich Euch in unserm Depot vor mir stehen sah."

Sabina mußte stehen bleiben, weil ihr die Füße nicht mehr folgen wollten. Das Schaltuch entglitt ihren Händen und ihre hohe, schmale Gestalt stand wie eine edle, reifende Frucht, die ihre rauhe Schale sprengt.

„Und dennoch?“ fragte sie leise.

„Und dennoch. — Aber glaubet es nicht, daß ich es aus Nachsicht getan habe, aus Gram und Zorn tat ich es und ließ den Dingen ihren Lauf!“

„Ja, — eine Nacht lang ließet Ihr den Dingen ihren Lauf und am Morgen rittet Ihr nach Bozen.“ Die Worte kamen nur mehr wie ein Hauch von Sabinas Lippen. Leutnant Steiningen mußte tief Atem holen.

„Ja seht, nun seid Ihr doch noch darauf gekommen, Fräulein von Festi!“ Auch seine Stimme war gedämpft, aber voll bitterer Ironie. Sabina wollte lächeln, ein Lächeln vortäuschen. Wie ein grotesker Rahmen umgab die unförmige Haube ihr auch in dieser hilflos lächelnden Verzerrung schönes Gesicht. Da packte sie Steiningen über dem rauhen Gewirk des Umhangtuches, in das sie sich wieder eingehüllt hatte, an den Armen, schüttelte sie wie einen Baum im Herbst, der Früchte zu schenken hat. „Warum sind wir so feige und reden vorbei? Säben ist frei, ist gerettet, da habt Ihr viel und da habe selbst ich ein weniges dazugetan, aber sollten wir zwei darum verloren gehn? Für das verloren gehn, was uns zusteht, für unsere Bestimmung? Sabina, seid Ihr Euch dieser Bestimmung noch immer nicht bewußt, auch in diesem Augenblick der Entscheidung nicht?“ —

Sabina ließ sich packen und schütteln, sah ihn fassungslos an, fassungslos, und dennoch brach ein Strahl unnennbaren Glückes aus ihren Augen, aber sie schwieg, ihr Mund stand halb offen, aber er brachte das Wort nicht hervor, das der Bote ihres Herzens sein wollte. Da rief Steiningen verzweifelt: „Larthia! Stoßt du den Fremden zurück, den Feind deines Volkes?“

„Der bist du nicht!“

Sabina neigte sich zu ihm hin, barg ihr Gesicht, ihre Tränen an seiner Brust.

„Nenne mich Ludwig“, bat er.

Sie flüsterte seinen Namen. Der Nebel wurde immer dichter und schwerer, als wollte er das ganze Land von oben her ertränken. Er hüllte auch die beiden ein, näßte ihre Kleider, während sie Hand in Hand nach Klausen hinunter gingen.

In ihnen aber war es Licht und lauter Jubel, wenngleich sie schwiegen. Einmal blieb Steiningen stehen und seine Hand schob über Sabinas Stirne die Altweiberhaube weit zurück. „Es ist dir nicht gelungen, dich vor mir zu verstecken", sagte er glücklich lächelnd und erfreute sich an ihrem unbedeckten Haupt, an der Fülle blonden Haares, das unter seiner Hand leise knisterte. —

Als ihnen vor Klausen des öftern Leute begegneten, lösten sich ihre Hände und Sabina vermummte sich wieder.

Auf dem Weg nach Säben hinauf begannen sie erst Notwendiges zu besprechen. Es schien alles so unendlich einfach zu sein, sie liebten sich und würden nie mehr von einander lassen. Wenn sie auch wußten, daß jede flüchtige Begegnung, ein stummer Gruß, ein heimlicher Händedruck, ihnen mehr bedeuten mußte als glücklicheren Liebespaaren frühe Erfüllungen, so hatten sie sich mit dieser Bescheidung schon abgefunden, nicht ohne darin auch ihren tieferen Wert zu erkennen. „Könnten wir jetzt doch heimgehn, irgendwohin heimgehn, am liebsten zu meinen Eltern, die nun auch die deinen sind."

Steiningen fühlte trotz allen Glückes die Beklemmung, der Geliebten noch keinen anderen Schutz bieten zu können, als bis auf weiteres noch das Geduldetwerden in einer Gemeinschaft, der sie Enttäuschung bereiten mußte.

„Ja, heimgehn, — das ist noch ein weiter Weg, der über Grenzen führt", sagte Sabina, auch sie überkam die Trauer der frühverwaisten, Heimlosgewordenen.

„Grenzen, immer wieder Grenzen auf dieser grenzenlosen Erde. — Nun wird es doch noch so weit kommen, daß ich die Eroberer hassen und den Krieg verabscheuen lerne!"

Sabina gab darauf keine Antwort, aber ihre Hand griff nach der seinen, als wollte sie Schutz suchen und Schutz bieten vor etwas Feindlichem, das beide bedrohte. Im dichten Nebel verbarg sich die Klosterburg mit all ihren Türmen und Giebeln. Sie waren schon auf den Weg längs der zinnengeschmückten Ringmauer eingemündet. Niemand begegnete ihnen, die Menschen schienen sich gleich Winterschläfern vor dem feuchtkalten Novembertag verkrochen zu haben. Der Stiftshof war wie ausgestorben. „Werden wir uns heute noch einmal sehen, Sabina?"

„Vielleicht, — in Gedanken ganz gewiß, Ludwig."

Die Chorfrauen empfingen die Novizin mit einer Flut erstaunter Fragen, warum sie schon zurückkomme. Ehe sie ihnen es erklären konnte, begann Frau Veremunda, in ihrer sich wieder angestauten Erregung mit neuerlichen Vorwürfen. Sabina ließ alles über sich ergehen und sagte dann mit betonter Ruhe: „Frau Magdalena wird mit der Bozner Abendpost in Klausen eintreffen."

Woher sie das wisse, war die fast gleichzeitig gestellte Frage aller.

„Von Leutnant Steiningen, der war gestern in Bozen."

Die Chorfrauen sahen sich kopfschüttelnd an. Dann erzählte Sabina, was sie von Steiningen erfahren hatte und setzte bedeutungsvoll hinzu: „Der Kommandant hat sich Frau Magdalenas Bitten und Vorstellungen angehört und ihr versprochen, die Zurückziehung des Aufhebungsbefehls für Säben zu erwirken."

Daraufhin schlug Ungunst und Gunst der Säbener Frauen schneller um wie das Wetter im April. Fast stürmisch fühlte sie sich von den Frauen Idelfonsa und Juliana umarmt und Frau Veremunda, die stolze Grasin von Grasegg ließ sich herab, die erst so geschmähte Novizin, schwesterlich zu küssen. O wenn sie wüßte, dachte sich Sabina mit dem stillen Triumph des Geliebtwerdens im Herzen. Nur Frau Placida saß wortlos in ihrem alten Lehnstuhl, ein dankbares Lächeln auf dem Greisenantlitz.

Frau Veremunda aber richtete ihr Wort nun feierlich an die Novizin: „Eines versprech ich dir, Sabina! Deine Profeß soll die schönste sein, die je auf Säben gefeiert worden ist!"

Sabina starrte die Subpriorin an, löste wortlos das unterm Kind gebundene Haubenband und das Ungetüm glitt über ihren Rücken auf den Boden hinab. Die Feuchtigkeit des Nebels hatte Sabinas Blondhaar stark gewellt, ein wenig war es auch zerwirrt. Sie lächelte. Es war das Lächeln, wie es kleinen Wiegenkindern eigen ist, die Lust und Schmerz in ihrer Äußerung noch nicht zu trennen wissen. Sie aber hatte das Gefühl, als trüge sie auf einmal eine Maske.

Als sie am frühen Abend, noch eh die Dämmerung einfiel, nach Klausen hinunter ging, um Frau Magdalena zu erwarten, hatte man ihr Schwester Josefa zur Begleitung mitgegeben. Am Ausgang des Stiftshofes trat ihnen Leutnant Steiningen entgegen und bat, beim Postmeister in Klausen für ihn einen Brief abzugeben. Mit freundlicher Zusage nahm Sabina das versiegelte Kuvert entgegen. Schwester Josefa, voll drängenden Eifers nach Klausen hinabzukommen, war einige Schritte vorausgegangen und übersah es, daß Leutnant Steiningen und Sabina zu einem innigen Händedruck noch Zeit gefunden hatten. Der Brief wog schwer in ihrer Hand, denn er war an Steiningens Vater adressiert. Wenn man ihr am Morgen Schwester Josefa zur Begleitung mitgegeben hätte, würde dieser Brief nicht geschrieben worden sein. Hängt unser Leben, unsre Zukunft wirklich von solch kleinen Zufällen ab? Oder sind sie nur das Flußbett, darin die strömenden Wasser laufen, unser Schicksal abrollen muß, auf höhere Weisung in den kleinsten Ursachen vorbestimmt?

In den nächsten Tagen und Wochen erlebte Sabina alles was auf Säben geschah wie im Traum. Frau Magdalena war weit bescheidener von Bozen zurückgekehrt, als jene vermutet hatten, die ihre strengen Richter geworden wären. Sie verwaltete ihr Küchenamt nur noch mit größerer Umsicht, galt es doch für des Leibes Notdurft der in Bälde wieder zurückkehrenden Klosterfrauen vorzusorgen. Lange genug, das wußte Frau Magdalena im voraus, wird sie sich mit dem Küchenmeister Schmalhans in den Haaren liegen müssen. Die beiden Chorfrauen Columba und Benedikta hatten die Garner Wildnis schon verlassen und waren nach Säben heimgekehrt. Seit den Tagen der glücklichen Wendung war die junge

Chorfrau völlig gewandelt. In unfaßlich kurzer Zeit an der Seele neu erstarkt, hatte Benedikta die krankhafte Schwermut überwunden und — ein Bild blühender Gesundheit, lebte sie zur Freude aller, wenn auch mit Inbrunst ihrer Berufung hingegeben, als die froheste unter ihnen. Frau Magdalena gegenüber blieb sie befangen, seit sie erfahren hatte, unter welchen Umständen das Säbener Heiligtum auch für sie gerettet wurde. Von Sabina rückte sie merklich ab, die Novizin war ihr fremd geworden. Was sie selbst betraf, wußte sich Frau Magdalena darüber bald zu trösten. „So ist sie eben, eine kleine, wunderliche Heilige." Bald nach den Garner Pensionärinnen, traf auch die Priorin, Frau Therese, Caritas, die Apothekerin und Ignatia, die Organistin ein. Als der größere Teil der Besatzung und die Maroden abgezogen wurden, kam auch die Äbtissin, Mutter Candida, mit fünf Chorfrauen zurück. Manch aufgekauftes Klostergut wurde von umsichtigen Wohltätern wieder zurückgebracht. An Mobilarien, an denen großer Mangel herrschte, lief da und dort eine hochwillkommene Spende ein. Unwiederbringlich waren die Musikinstrumente. Steiningen tat in aller Stille auch das Seine, daß manches wieder aufgebracht werden konnte, was durch Besatzungssoldaten verschleppt worden war.

Als aber der erste, feierliche Gottesdienst in der Stiftskirche wieder alle vereinte, dachte niemand mehr an den Mangel, den man im ausgeraubten Stift zu erleiden hatte, und ihre hochgestimmten Herzen wußten nur mehr Dank zu sagen für das Wunder, das geschehen war. Frau Magdalena hielt das, was sie getan, längst nicht mehr für ihre Tat. Und dieses Wissen machte sie bescheiden. Die Angst vor dem Mißlingen, eine wahre Todesangst, hatte sie damals in den Rausch des Wagens versetzt, ein bei Licht betrachtet richtiges Narrenstück aufzuführen, und dies war das Wunder, das sie durch Gottes Gnade, kraft ihres Glaubens hatte vollbringen dürfen. Noch ahnte sie nicht, daß die Kehrseite dieses Wunders, das Geheimnis des unbekannten Soldaten von Säben, in Bozen drinnen schon in mancherlei Leute Mund war. —

Mußten auch die Glocken noch stumm bleiben, die Kerzen auf dem Altar gezählt sein, waren Messgeräte und Altarschmuck nur mehr blecherner, billiger Plunder, umso kräftiger griff Frau Ignatia nach Beendigung des Gottesdienstes noch einmal in die Tasten der Orgel und stimmte den Jubelgesang an: Großer Gott wir loben dich. —

Alle sangen mit, die Jungen und die Alten, mit ihren klaren und mit den brüchigen Stimmen. Selbst Frau Magdalena, die Sangesunkundige, holte aus sich heraus was sie vermochte und wenn ihr wieder ein Ton daneben ging, tröstete sie den lieben Gott und sich selber: „Du Allerbarmer, hör auf meinen Jubel, meinen Dank und nicht auf die falschen Noten."

Eine aber schwieg und vermochte es nicht in den Jubel miteinzustimmen. Sabinas Schultern schüttelte ein Weinkrampf. Jeder Tag konnte ihr die Trennung von Ludwig Steiningen bringen, die grenzenlose Einsamkeit. Der dritte Adventsonntag war vorbei, bis spätestens Neujahr sollte der Rest der Besatzung abgezogen werden. Großer Gott wir loben dich, — es zerwürgte ihr die Kehle. „Das große Glück", schon begann es sich in bitteres Leid zu verkehren.

Frau Benedikta war die erste, die Sabinas Weinen bemerkte. Mit angstvoll geweiteten Augen sah sie auf die Novizin. Mit dem feinen Gespür einer dieser Welt ganz und gar abgekehrten Seele ahnte sie, das waren nicht Tränen andachtsvoller Ergriffenheit, das war der Welt Lust und Leid, war Versuchung, vielleicht schon Abtrünnigkeit. Die andern, als sie Sabinas Ergriffenheit gewahr wurden, glaubten es besser zu wissen und waren gerührt. Vor Glück weint unsere Novizin, denn sie wird die erste sein, die vor diesem Altar wieder den Schleier nehmen wird. —

In der gleichen Stunde hoben sie zu Verdings droben des Valentin und der Bärbl neugebornes Bübl über das Taufwasser. Es war gesund und kräftig und die Wehmutter behauptete, so weit sie etwas von Kindern verstehe, müsse dieser Bub hundert Jahre alt werden. Kathrin, die Jugendfreundin der Bärbl, stapfte gleich nach der

Taufe zum Säbener Kloster nieder und schob dort der Pförtnerin eine reichliche Menge Weizenmehl, Butter, Zucker und Eier in die Winde und bat, sie möchten ihr doch als Gegengabe Anisküchlen backen. Sie hätte zu derlei Feinzeug nicht die richtigen Hände und genug Geduld, dafür wäre ja die Säbener Klosterkuchl allzeit her berühmt gewesen. Die Bärbl, das mußte sie noch anbringen, hätte es diesmal reichlich verdient, etwas besonderes unter die Zähne zu bekommen.

So hatte Frau Magdalena gleich wieder eine Sonderarbeit bekommen und rief sich Sabina zu Hilfe. Wie öfter in letzter Zeit, wenn Sabina in der Küche einen Auftrag bekam, mußte sie sich über den seltsamen Zufall verwundern. Als ob Frau Magdalena es geahnt hätte, wie sehr ihr diese Lehrzeit noch einmal zu Gute kommen würde. Wie nun Sabina in währender Arbeit erfuhr, daß die Kindbetterin aus Verdings schon zwei ihrer Neugebornen beweinen mußte, und nun zum drittenmal der Herrgott doch endlich ein Einsehen zu haben schien, daß es am Leben bleibe, mühte sich Sabina, die duftigen Dinger aus Eiklar, Zucker und Anis mit besonderer Sorgfalt zu bereiten.

Da man aber auch bei einigem Einfühlungsvermögen, wie es Frau Magdalena kaum abzusprechen war, doch nicht immer des andern Gedanken zu erraten vermochte, war die Küchenmeisterin ganz richtig erschrocken, als sie zufällig sehen mußte, daß ihrer Gehilfin eine tauglitzernde, schwer niederfallende Zähre in den schaumig gerührten Teig hineintropfte.

„Sabina! Was ist denn los mit dir? Nein nein, vom Salz deiner Tränen steht nichts im Rezept!" rief sie und schüttelte dabei verwundert den Kopf.

„Verzeiht, es ist so über mich gekommen, — mir ist um der Verdingserin drittes Kindl bang. Es wär doch nicht auszudenken, — ach", seufzte Sabina. Doch kaum ausgesprochen, ward sie sich dieser Lüge schamvoll bewußt. Nicht an der Bärbl ihr drittes, an ihr erstes dachte sie, an ihr erstes, das sie ersehnte, das leben sollte, Gott geb's in nicht allzuferner Zeit.

Frau Magdalena mußte sich ernstlich zusammennehmen, ihre eigene Rührung nicht zu zeigen. Das gute Kind, du lieber Gott, sag mir doch einer was er will. Eh man eine Klosterfrau wird, muß man das mitmachen, daß man nachher fest im Sattel sitzen kann, wär doch manche von uns auch gern eine Mutter gewesen. Laut aber sagte sie:

„Weißt du was, Sabina? Trag doch du die Kücheln nach Verdings hinauf. Schau dir dann das Poppele an und wünsch ihm ein langes Leben. Lauf dich nur noch einmal tüchtig aus, mit dem neuen Jahr beginnt deine Vorbereitung zur Profeß, da gibt es dann keine großen Sprünge mehr."

„Gern, Frau Magdalena, geh ich nach Verdings hinauf", sagte Sabina und hatte nun acht auf ihre Tränen, daß sie im Verließ blieben.

Aber in ihrem Herzen jubelte es: „Großer Gott wir loben dich! Noch einmal werden wir ein Stück Weg zusammen gehen, noch einmal Hand in Hand, vor der weiß Gott wie langen Trennung."

EIN HERZ ERLEIDET LIEBE

Es war in der ersten Woche des Januar 1809, als sich Leutnant Steiningen im Sprechzimmer der Abtei Säben von der ehrwürdigen Mutter Aebtissin verabschieden wollte. Der Rest der Besatzung, der bereits marschbereit war, sollte bis Abend in Brixen eintreffen und dort weitere Order abwarten. Mutter Candida aber war zum andernmal wieder leidend und ließ sich darum durch ihre Vertretung, die Priorin, Frau Therese und Frau Benedikta entschuldigen und dem scheidenden Offizier ihre Segensgrüße übermitteln. Steiningen stand den Frauen durch das Sprechgitter getrennt gegenüber, denn es waren die strengen Regeln der Klausur bereits wieder geltend gemacht worden. Nachdem die Worte höflichen Dankes für beiderseitiges Entgegenkommen ausgetauscht worden waren, stand nichts mehr im Wege, daß sich der bayrische Besatzungsoffizier nun für immer hätte empfehlen und entfernen können. Diesen Augenblick konnte besonders Frau Benedikta fast nicht mehr erwarten, denn ihr war, als stünde sie auf Kohlen.

Nun aber geschah was sie ahnte und befürchtete. Leutnant Steiningen erklärte mit militärischer Knappheit, daß die Novizin, Fräulein Sabina von Festi, seine Verlobte sei und er den Vorzug habe, sie mit ihrem Einverständnis, als seine Braut betrachten zu dürfen.

Diese Mitteilung empfanden die beiden Nonnen weit empfindlicher als alles was geschehen war, seit derselbe Offizier der Aebtissin das Aufhebungsdekret überreichte. Leutnant Steiningen wartete mit höflichem Anstand auf ihre Erwiderung, und als diese nicht erfolgte, in Anbetracht ihrer ungeheuren Bestürzung nicht erfolgen konnte, gab er die noch weiteren, ihm notwendig erscheinenden Erklärungen ab. „Ich habe mein Enthebungsgesuch vom Militärdienst eingereicht, um die letzten Prüfungen an der Münchner Universität abzulegen und mich mit Fräulein von Festi vermählen zu können."

Die beiden Chorfrauen standen noch immer wie zu Salzsäulen erstarrt. Steiningen fuhr fort: „Dies kann immerhin im schlimmsten Falle noch ein halbes Jahr dauern. Ich bitte, bis dahin meiner Braut, als Pensionärin, die Fürsorge und den Schutz des Stiftes zu gewähren. Ich werde die Euch, ehrwürdige Frauen, soeben gemachte Eröffnung und die meine Braut betreffende Bitte für die ehrwürdige Mutter Aebtissin noch in einem Schreiben hinterlegen und die finanzielle Frage ebenfalls schriftlich vereinbaren."

Die Priorin und Frau Benedikta waren noch immer keines Wortes mächtig. Sie deuteten mit einem Neigen des Kopfes ihren Gruß an und wollten das Sprechzimmer gleichsam fluchtartig verlassen. Leutnant Steiningen aber hob die Hand und sagte sehr höflich und bestimmt:

„Verzeihung, ich bin noch nicht zu Ende!" Die Priorin blieb stehen und wandte ihm fragend ihr blasses Gesicht zu. Frau Benedikta aber war nicht mehr zu halten. Der schwere Habit rauschte und zwischen Tür und Angel verschwand der Zipfel eines schwarzen Nonnenschleiers.

„Ich möchte mich von meiner Braut noch verabschieden dürfen, — ich warte hier."

„Bitte", sagte die Priorin leise und verließ das Sprechzimmer. Steiningen mußte lange warten. Er hätte auch die ganze Nacht gewartet, beharrlich, bis zum Morgen, ohne sich zu wundern, ohne die Geduld zu verlieren. Dann kam Frau Therese zurück und stammelte: „Herr Leutnant, Ihr werdet im Gästezimmer erwartet."

Steiningen beeilte sich, den Weg dorthin fand er nun ohne Weisung. Es war derselbe Raum wie damals und die mehr als bescheidenen Möbelstücke standen alle wieder an ihrem Platz und es roch, genau wie damals, wiederum nach hausgekochter Seife und Weihrauch, nur er war nicht mehr zu Gast geladen. Aber Larthia kam wieder und trug diesmal in bloßen Händen früh erblühte Primeln aus dem Treibhaus des Klostergartens.

„Sabina!" Steiningen küßte ihre stumm dargereichten Hände mit den Blumen.

„Sie sind alle wie vor den Kopf geschlagen — und wäre nicht Frau Magdalena . . ."

„Ja, wenn sie nicht wäre, ich würde dich heute noch von hier wegbringen, lieber noch in das Ungewisse. — Doch ich komme bald, in wenig Wochen, in ganz kurzer Zeit und bringe dich zu meinen Eltern."

„Ich weiß, Ludwig, ich weiß." — Es war unnötig darüber mehr zu sagen. Durch die Briefe seiner Eltern, die heimlich in ihre Hände gelangten, wußte sie alles über seine Vorhaben, seine Pläne, über die Trennung, die nur begrenzt schien, und die große Verheißung ihres Glückes. Und dennoch, jetzt, in seinen Armen kam eine unerklärliche Bangnis über sie. „Ludwig, man spricht so viel vom Krieg, unsre Klosterbauern erzählen merkwürdige Dinge."

„Ich glaube es nicht. Eh sich Deutschland nicht endlich erhebt, kann Österreich es nicht wagen, Napoleon den Krieg zu erklären. Ich glaube es nicht, wir haben noch Zeit, und ich will sie nützen, jeden Augenblick. Du wirst staunen, wie schnell ich wieder hier bin."

„O Ludwig, ich werde gar nicht staunen, wer so wartet, wie ich warten werde, jeden Tag und jede Stunde."

Der Raum war kalt, ungeheizt, und vor den Fenstern grellte Schnee in der Sonne. „Ludwig, jetzt mußt du gehn, es wird nur immer schwerer. Ich darf dich bis zum Haustor hinunter begleiten."

„Du darfst." Steiningen verzog den Mund zu einem bittern Lächeln.

„Ja, Ludwig, laß uns dankbar sein, auch für das und alles, für jeden Augenblick." Als sie auf der Torschwelle standen, sagte Sabina: „Ich will dir nicht nachsehn, so laß uns scheiden, Blick in Blick, als ob du schon wieder da wärst."

„Leb wohl, mein tapferes Mädchen — leb wohl!"

Für den Rest dieses Tages blieb Sabina sich selbst überlassen. Dann aber kam eine gar bittere Zeit. Man mußte sich auf Säben an einen ungebetnen Gast gewöhnen, an eine herbe Enttäuschung. Die Tracht der Novizinnen hatte Sabina abgelegt. Der Gehorsamspflicht nach der klösterlichen Hausordnung wurde sie nicht entbunden, solange sie auf Säben verweilen mußte. Der Bewegungsfreiheit wurden enge Grenzen gesetzt, der gute Ruf der Abtei mußte gewahrt bleiben. Der Weg nach Säben und die Dörfer der allernächsten Umgebung blieb ihr offen und Sabina gab sich zufrieden, nur die Briefzensur wies sie höflich und bestimmt zurück. Frau Benedikta schien zu schaudern, sooft sie der Abtrünnigen begegnete. Am tiefsten hatte es Frau Magdalena getroffen, aber an ihrer mütterlichen Fürsorge Sabina gegenüber hatte sich nichts geändert. Der Jänner verging, es wurde Februar. Sabina wartete von Tag zu Tag, oft empfand sie diese Zeit des Wartens, dies Leben ohne Zweckerfüllung als kaum mehr erträglich.

Leutnant Steiningen war in Innsbruck stationiert und harrte voll Ungeduld auf die günstige Erledigung seiner Eingabe um Enthebung vom Militärdienst. Doch trotz der guten Verbindungen seines Vaters, der sich nicht nur aus persönlichen Gründen für die Entscheidung seines Sohnes einsetzte, war noch nichts erreicht worden.

Die Verwandten der Braut, die der Bräutigam zu sich nach Wien geladen hatte, um die Hochzeit zu besprechen, waren ebenso wie der Andrä Hofer, Wirt in Passeier, der Kaffeesieder Nessing aus Bozen, und Peter Huber, Wirt in Bruneck, mit der Weisung des Erzherzogs Johann und dem Angriffsplan des Staatsarchivars, Freiherrn von Hormayr, auf vielerlei Umwegen wieder nach Tirol zurückgekehrt. Hofer hatte über Salzburg kommend, die Patrioten aus dem Pinzgau, Brixen und Zillertal aufgesucht und mit den Wirten im Inntal überall Fühlung genommen. Endlich daheim litt es ihn aber nicht lange, die Füße unter dem eigenem Tisch auszustrecken. So machte er sich alsbald wieder auf den Weg ins Vintschgau und spann den roten Faden der Volkserhebung bis in das Nons- und Sulztal.

Indessen aber hatte Napoleon schon im Jänner, in einem Schreiben aus Paris, wohin er in einem achttägigen Eilritt aus Spanien zurückgekehrt war, dem König Maximilian Joseph von Bayern seine Aufträge erteilt. Die Festungen Passau, Kufstein und Burghausen sollte der König mit tüchtigen Besatzungen und für drei Monate mit Lebensmitteln und Munition versehen.

„Wenn Österreich sich anstrengt, so muß es Bayern ebenfalls tun, um sich vor seinem ewigen Feind zu schützen", schrieb Napoleon unter anderm an seinen königlichen Vasall. „Da der Krieg der Verteidigung Eures Gebietes gilt, wäre es mir erwünscht, wenn Eure Majestät 40.000 Mann stellen könnte. Ich wünsche genau zu wissen, wie viele Tage Eure Majestät benötigt, um Ihr Heer auf Kriegsfuß zu setzen." An die Könige von Sachsen und und Württemberg waren ähnliche Forderungen gestellt worden. Mit diesem Befehl Napoleons waren auch die Hoffnungen Steiningens zu nichte gemacht, ehe er ahnen konnte, warum man Eingaben wie die seine beim bayrischen Kriegsministerium gar nicht mehr ernst nehmen konnte.

Seit die Säbener Besatzung abgezogen war, sprach man in und um Klausen schon ungescheut über die baldige Ankunft der österreichischen Truppen. Auch beim Rößlwirt saßen die dort immer gern gesehenen Patrioten öfter beisammen und niemand verwunderte sich mehr darüber, wenn es auch an einem Werktag geschah. Diesmal hatten sich die beiden Latzfonser, Martin Rautter und Bartlmä Eisenstecken mit dem Dr. Gasteiger aus Villanders und dem Wundarzt Michael Hinteregger zusammengefunden. Gekommen waren sie wegen des Michl Kammerlander, der sich auf dem Weg von Innsbruck nach Bozen befand und beim Rößlwirt zusprach. Zum Studieren fand der Brixener Student keine Ruhe mehr und er war der Meinung, nachher, wenn es geschafft wär, könne man sich zum Stubenhocken wieder Zeit nehmen. Sein Vater war im Herbst gestorben und so brauchte er nur mehr auf sich allein Rücksicht zu nehmen. Er brachte ihnen Hofers Weisungen, die dieser in Wien von Hormayr empfangen hatte. Kammerlander diktierte sie dem Dr. Gasteiger Punkt für Punkt, wie er sie im Gedächtnis wohl verwahrt hielt, weil er für den Fall des Aufgegriffenwerdens nichts Geschriebenes bei sich haben wollte. „Nach Hormayrs Order sollte schon am 12. März losgeschlagen werden, umso dringlicher aber warnt Erzherzog Johann, daß dies erst ins Werk gesetzt wird, wenn die österreichischen Truppen da sind", berichtete der Student. Dr. Hinteregger plagte sich mit seinem Reggele, das wieder einmal nicht brennen wollte, und machte dabei seine Bemerkung: „Ich weiß nicht, der Hormayr mag ein guter Patriot sein, ein ganz feuriger, aber er drängelt und quängelt mir zu viel herum, weiter will ich nichts gesagt haben." Kammerlander zuckte, sich selber nicht schlüssig darüber, die Schultern und fuhr fort: „Die Kaiserlichen kommen von Kärnten herauf über das Pustertal und von Salzburg über das Inntal herein. Feindliche Durchzüge in Tirol müssen auf jeden Fall aufgehalten werden. Die bayrischen Kassen soll man nicht fliehen lassen."

„Kann mir denken, daß die Füß kriegen, wenn sie Lunte riechen!" rief Eisenstecken und seine Augen funkelten.

„Brücken zum Abtragen herrichten, Steinlawinen bereit halten."

„Das braucht uns nicht erst der Herr Archivarius zu sagen, er hat es wohl von uns erst ghört, wie man das macht!" spottete Rautter. Doch Kammerlander ließ sich nicht aus dem Konzept bringen.

„Wenn die Österreicher kommen, Glocken und Böller bei Tag, Kreidenfeuer bei Nacht. Mit dem Überfall auf die Festung Kufstein soll es beginnen. Da die bayrischen Magazine schlecht versorgt sind, sollten sich die Wirte tüchtig eindecken, daß die österreichischen Truppen gut verpflegt werden können."

„Leicht gesagt, aber trotzdem gern getan, wenn es einmal so weit ist", meinte der Rößlwirt. „War der Sandwirt auch beim Kaiser?" wollte Gasteiger wissen. „Das nicht, wär wegen des bayrischen Gesandten am Wienerhof zu gewagt gewesen. Der bartige Tiroler soll ihm ohnehin schon aufgefallen sein", gab Kammerlander Bescheid und sah auf die Stubenuhr. Zum diskutieren hatte er wenig Zeit. „Es haben sich schon mehr Tiroler ein Bart wachsen lassen, die in Wien drunten aufs Losschlagen warten", lachte Eisenstecken.

„Kurz und gut", brummte der Wundarzt, „die verdammte Flickschusterei wird bald wieder angehn."

Rautter sah ihn ein wenig schief an, beim Michldoktor kannte man sich zuweilen nicht ganz aus. Dann kamen die Männer noch auf Napoleon zu sprechen, seine blitzartige Rückkehr nach Paris gab der ganzen Welt eine Denkaufgabe, nicht am wenigsten den Tirolern. Gasteiger mutmaßte, daß selbst die Pariser nicht mehr samt und sonders der Meinung huldigten, daß der Krieg in Spanien für die Franzosen so etwas Glorioses sei, wie der Napoleon noch immer glauben machen will. Kammerlander gedachte der Badenser und Hessen, die im Joch Napoleons über die Pyrenäen marschierten und sich von den verzweifelten Spanien abschlachten lassen mußten. Die Kapitulation bei Baylen, das Blutbad von Saragossa, die gänzliche Zerstörung dieser Stadt, konnte man im Buch der französischen Geschichte doch nicht mehr gut als Ruhmesblatt gelten lassen.

„Leute, ich sag euch nur das eine", rückte der Wundarzt

noch einmal mit seiner Meinung heraus: „Spanien ist dem Napoleon nicht mehr so wichtig; was er gewollt, hat er schließlich doch erreicht, wenn es ihn auch weit teurer zu stehn gekommen ist, als er sichs ausgerechnet hatte. Jetzt aber gehört seine ganze Liebe Österreich, das hats ihm angetan. Darum ist er so heimgelaufen, daß er sich erst noch umziehn kann und zu unsrer Hochzeit zurecht kommt."

„Magst recht haben, Michldoktor, wir werden ihn schon zu spüren bekommen, wenn er von Wälschland herauf wieder anrückt, dort legt ihm keiner ein Spreißl übern Weg, aber nur her da!" rief Eisenstecken grimmig. Da kam aber der Johann Niederhauser herein und das Gespräch der andern kam nicht mehr in Fluß. Der Niederhauser merkte es und spielte auch gleich den Beleidigten, denn im Grunde genommen hatte er viel früher als die andern Morgenluft gewittert.

„Meine lieben Herrn Doktoren und Großgrundbesitzer, die Zeit ist um, wo uns das Maul verbunden gewesen ist. Mir könnt ihr nichts mehr verheimlichen, ich weiß viel mehr, als ihr meint und selber wißt!"

„Bestreitet dir ja niemand, was bist denn wieder einmal so giftig?" sagte der Rößlwirt. „Weil es wahr ist. Aber, wenn ihr aus dem Guglhupf, den uns der Hormayr in Wien drunten gebacken und als einen schönen Gruß nach Tirol geschickt hat, a par Zibeben wollt, ich kann aufwarten damit!" „Ja laß halt kosten", spottete der Rautter. Und der Niederhauser setzte sich in Positur. „Daß sich bald alle Mächte in Europa gegen den Napoleon zusammentun, das Licht wird euch ja schon aufgegangen sein. Sogar die Spanier schicken Aufrufe nach Österreich! Wahr aber ist auch, daß sich der bayrische König vom Napoleon auf und auf angschmiert sieht und Österreich seine Allianz angeboten hat!"

„Das ließ sich hören", meinte Gasteiger, wenn auch etwas ungläubig. „Ja, meine lieben Herrschaften, aber Österreich hat abgelehnt! Für was brauchen wir die Bayern? He?" Eisenstecken sprang auf und schrie, den Niederhauser verhöhnend: „Leut! Der erste Kaiserliche ist schon da und wir hocken noch herum!" Der Rößlwirt spielt den Begütigenden: „Aber Bartl, so meint es der Niederhauser ja gar nicht. Vergangenen Sommer erst ist es gewesen, da, auf demselben Platz ist er gesessen und hat gsagt: Laßt die alten Geschichten, der Napoleon regiert, und wenn er will, sind wir morgen chinesisch. Ists wahr, Kammerlander, du warst ja auch dabei, kannst dich noch erinnern?"

„Recht gut, Rößlwirt, so was vergißt man nicht gleich wieder", sagte der Student angewidert und stand auf, er wollte trachten davonzukommen, neben dem Schreihals war kein vernünftiges Wort mehr anzubringen.

„Zugegeben, ganz ohne weiteres zugegeben, freilich hab ich damals das gesagt, und warum? Daß ihr euch mit eurer ewigen Meuterei nicht noch um Hals und Kragen redet!"

Kammerlander reichte dem Wirt und seinen Gästen die Hand, den Niederhauser übersah er geflissentlich und sagte, er müsse etliche Häuser weiter, und noch nach Säben hinaufgehen.

„Willst am End gar eine Klosterfrau verführn?" kicherte der Winkelschreiber. Kammerlander kehrte ihm den Rücken und erklärte dem Wirt, er habe der Novizin, der er schon einmal einen Brief mitgebracht, von der Baronin Bormio etwas auszurichten.

Das war für den Niederhauser aufs neue Wind in seine Segel und er schrie belustigt: „O Mandele, da kommst haushoch zu spät, die Bayernbraut hat schon einen andern!"

Kammerlander war schon auf halbem Weg zur Tür, wandte sich um und fragte verwundert: „Was meint Ihr denn mit dem blöden Witz?"

„Er meint etwas, das weder zum lachen, noch zum spotten ist", sagte Gasteiger unwillig und setzte hinzu: „Das junge Ding hat sich in den bayrischen Leutnant verliebt, der droben im Kloster Besatzungskommandant gewesen ist."

„Oder er hat sich in sie verliebt, die Bayern haben ja auch Augen im Kopf", fand die Sache vor Eisenstecken, allerdings nur den Niederhauser zum Trotz, auf einmal Gnade. Kammerlander wußte nicht, was er darauf sagen sollte. So wie die Dinge nun standen, war der Auftrag den er übernommen hatte, für ihn nun höchst peinlich geworden. Mit der Begründung, daß es für ihn höchste Zeit sei, verließ er den Rößlwirt und ging recht nachdenklich gegen Säben hinauf.

„Ja ja, die Bayernbraut, der Name wird ihr bleiben, denn der feine Herr Leutnant wird nicht so bald wiederkommen, selbst wenn er noch wollte", lachte Niederhauser schadenfroh. „Von mir aus kann er wiederkommen, aber zuerst müssen wir sie der Ordnung halber einmal landaus jagen", stellte Dr. Gasteiger fest. „Wenn wir sie dabei nicht alle erschlagen!" rief Eisenstecken voller Rauflust. Es schien keiner mehr daran zu denken, daß sie dem Niederhauser zuerst nicht trauen wollten. In diesem Belang fand sich alles, trotz persönlicher Mißhelligkeiten immer mehr zusammen.

„Schon gut, schon recht, liebe Mander", knurrte der Wundarzt, „aber daß ich mir das vom Bayern erschlagen allweil wieder anhorn muß, — ist grad als wenn man euch, Sonntag wie Werktag, zum Heuziehn anstellen tät. Einmal möcht auch unsereins vom Leutschinden seine Ruh haben."

„Gut, dann reden wir von was anderm, zum Beispiel vom Säbener Soldaten, habt ihr noch nichts ghört davon?" Der Niederhauser war nicht klein zu kriegen, hatte immer noch einen Trumpf in der Hand.

„Was ist denn das schon wieder?" Gasteiger wurde neugierig.

Die beiden Latzfonser sahen sich an und schwiegen. Der Michldoktor stutzte, auch darüber hatte er etwas schlagen gehört, ähnlich wie über die Bayernbraut. Es schien, auf Säben droben hatten sie auch ihre Geheimnisse. Widerwillig horchte er auf das, was der Niederhauser zu erzählen wußte.

„Daß die Kuchlmeisterin, die Frau Magdalena in Bozen drinnen den Kniefall getan und mit ihren bald sechzig Jahren dem Kommandanten das Herz roglicht gemacht hat, ist ja für niemanden mehr ein Geheimnis. Es heißt in Frauenkleidern hätt sie sich davongemacht und wär vor dem bayrischen Militärgottobersten demütiglich erschienen. Ja, aber es wird nicht immer so gesungen, wie notiert ist."

„Kümmert uns das, was sie anghabt hat? Tut das der guten Sach einen Eintrag?" fragte Martin Rautter abweisend.

Der Bartlmä Eisenstecken aber stand auf und sagte: „Gehn wir, Martin, auf Märlein sind wir ausgewachsenen Mannleut nimmer neugierig!"

„Aber geht, so gar nichts neugierig seid ihr, auch wenns für ausgewachsene Mannsleut wär!" Dem Niederhauser tat es um die beiden Zuhörer sichtlich leid.

Die beiden Latzfonser hatten dem Wirt und dem Doktor einen Gruß zugenickt und standen schon unter der offenen Stubentür, als der Rautter zurückrief: „Weißt, Niederhauser, das ist so, wenn zwei Bauern beisammen sind, fressen sie entweder alles auf, oder werfen es lieber gleich weg!" Und die Tür schlug hinter den beiden recht kräftig zu.

Niederhauser kicherte: „Weil sie es eh schon wissen und nicht gern hörn. Aber die beiden Herren Doktores wissen es noch nicht, Ha ha ha! Sonst täten sie sich auch so schamhaft davonmachen. Ja, die Frau Magdalena, wer hätt das für möglich gehalten, Hosen hat sie angehabt, die Klosterfrau, ja Hosen, eine bayrische Uniform!"

„Ein schneidiger Teufl, wenn das wahr ist", tat Gasteiger ungerührt.

„Das ist schon bald mehr als schneidig, und der Truppenkommandant hat natürlich kein Geheimnis draus gemacht, der hat ja auch seine Gaudi dran ghabt und wirds noch oft erzählen, wenn er lang lebt!"

„Dann darf er dir freilich nicht unter die Hände kommen, wenn du einmal beim Bayernerschlagen bist, sonst ist's mit dem Erzählen aus!" sagte der Wundarzt und stand ebenfalls auf. Gasteiger tat desgleichen. „Nimm mich mit, Michel, ich hab keine Zeit mehr aufzuhorchen, wenns noch interessanter wär. Pfüet dich, Rößlwirt." Für den

Niederhauser aber fiel ihm im Weggehen auch noch etwas ein. „Ja ja, Hans, bei dir kann man auch sagen: „Der Fuchs kann seine Haut verliern, nie aber sein Laster!" Vor der Tür draußen hörte der Wirt den Michldoktor herzhaft auflachen.

„So, jetzt hast deine Birn", sagte er zum Niederhauser, der einen roten Kopf bekommen hatte.

Indessen war Kammerlander in Säben droben angelangt und wartete im Besuchszimmer auf das Fräulein Sabina von Festi, wie er von der Pförtnerin etwas rügend berichtigt worden war, als er nach der Novizin Sabina von Festi gefragt hatte. Also hatte die Sache seine Richtigkeit. Merkwürdig, er hatte diesen Leutnant schon vergessen und konnte sich nun auf einmal an ihn erinnern. Er wurde damals etwas hochmütig von ihm nach seinem Begehren gefragt. Deutlich sah er ihn vor sich stehn. Das Fräulein von Festi kam nun herein und riß ihn aus seinen Gedanken. Das war aber nicht mehr jene Novizin, die er vor einem halben Jahr zum erstenmal gesehen hatte. Sabina trug ein graues Kleid und hatte eine helle, frischgeplättete Wirtschaftsschürze vorgebunden. Sie war unverkennbar ein vornehmes Fräulein, das aber sein Brot nicht müßig aß. Das Haar, nun unbedeckt, trug sie noch immer schlicht frisiert, mehr klösterlich als modisch. Ihr ganzes Wesen schien ihm reifer, auch die Gestalt, schöner war sie geworden und dennoch von einem Hauch Besinnlichkeit, fast Schwermut wie verhangen, irgendwie in die Ferne gerückt. Ihr Blick maß ihn erstaunt, auch ein wenig ungeduldig. Er mußte sie ungebührlich lange angestarrt haben.

„Verzeiht, ich komme im Auftrag der Baronin Bormio."

Sabina konnte ein leichtes Erschrecken nicht verbergen. „Oh! Ich habe der Dame lange nicht mehr geschrieben. — Ich hoffe, daß sie sich wohlbefindet, daß sie sich über mein Schweigen nicht schon gekränkt hat."

„Ich habe sie bei bester Gesundheit verlassen und bin von ihr beauftragt, Euch diesen Brief und dies hier zu übergeben."

Sabine nahm zuerst den Brief entgegen, dann, — nur

zögernd, ein kleines, ledernes Beutelchen, dessen Inhalt seltsam hell und lockend klimperte.

„Die Baronin legte Wert darauf, daß beides persönlich in Eure Hand gelange."

„Mir, dies? — Das ist doch — ich vermute es ist — "

„Es sind zehn Dukaten in Gold, und ich möchte sie nur bitten, gnädiges Fräulein, mir den Empfang hier zu bestätigen." Mit diesen Worten legte Kammerlander ein vorgeschriebenes Blatt auf den Tisch, darauf, wie er sah, auch ein etwas zerbrechliches Schreibzeug stand. Sabina begriff es noch nicht ganz, was ihr geschah. Zehn Dukaten in Gold, so viel Geld hatte sie in ihrem Leben noch nicht gesehen, geschweige denn besessen. Sie legte die ihrem Anblick noch verborgenen Dukaten auf den Tisch zurück und griff nach der Feder.

„Bitte, gnädiges Fräulein, erst nachzuzählen. Erlaubet." Kammerlander öffnete das Beutelchen und ließ die goldenen Münzen mit vorgeschützter Hand den Tisch hinrollen. Sie trugen das Bildnis des Kaisers Franz I. Es waren österreichische Dukaten, ein kostbar gehorteter und gehüteter Schatz. Er schob sie in einer Zweierreihe zurecht und zählte sie vor ihren Augen ab. „Zwei, vier, sechs, acht, zehn." Dann verwahrte er die Dukaten wieder, reichte sie ihr zurück und deutete bittend auf das Blatt Papier, das ihrer Unterschrift harrte. Sabina aber legte die Dukaten auf den Tisch zurück und sagte nun sehr bestimmt: „Nein, so viel Geld kann ich nicht annehmen, ich muß zuerst wissen, was es damit für eine Bewandtnis hat. Ich bitte Euch um etwas Geduld." Sie riß hastig den Briefumschlag auf. Gerade dies hatte Kammerlander in seiner Gegenwart vermeiden wollen, denn er wußte, daß diese zehn Dukaten ein Erinnerungsgeschenk anläßlich ihrer feierlichen Profeß sein sollten.

„Bitte, dies ist gewiß nicht nötig. — Wenn Ihr erlaubt, darf ich mich empfehlen, ich habe heute noch einen weiten Weg vor mir", versuchte er einzuwenden. Sabinas Bitte aber war noch viel dringlicher: „Verzeihet, ich will mich sehr beeilen." So mußte Kammerlander zusehen, wie Sabina von Festi während des Lesens immer blässer und verlegener wurde, dann aber, als sie den Brief wieder zusammenfaltete, auf einmal sehr entschlossen war.

„Herr Kammerlander, es tut mir so leid, daß Ihr Euch bemühen mußtet, aber ich kann dieses Geschenk wirklich nicht annehmen. Bitte bringt es der Baronin wieder zurück. Ich habe kein Recht darauf, ich bin nicht mehr Novizin und werde keine Profeß ablegen. — Ich bin verlobt — und nur mehr Gast dieses Klosters."

„Verzeihet, gnädiges Fräulein, ich kann das Geld jetzt nicht mehr an mich nehmen. Ich komme wahrscheinlich auf längere Zeit nicht mehr nach Innsbruck zurück. Meine Wege aber sind sehr unsicher, wenn man mich aufgreift und Golddukaten bei mir findet, hält man mich für einen österreichischen Spion. Aber ich beschwöre Euch, gnädiges Fräulein, behaltet diesen kleinen Schatz, es werden unruhige Zeiten kommen, Ihr könnet einmal schnell verreisen müssen, Kleider brauchen, oder sonst in eine Notlage geraten. Kurzum, es hat alles seinen Sinn im Leben, glaubet mir, auch dieses Geschenk!"

„O Gott, begreift Ihr denn nicht, das ist doch ein Betrug, wenn ich es annehme!" rief Sabina fast zornig.

„Nie und nimmer ist das ein Betrug! Vertrauet Euch der Baronin an, schreibt ihr, mehr braucht es nicht. Ich habe alles auftragsgemäß in Eure Hände gegeben. Lebet wohl!" Kammerlander floh förmlich aus dem Zimmer, verließ das Kloster und eilte nach Klausen hinunter. Auf der Eisacktaler Straße hoffte er, würde ihn gewiß ein Bauerngefährt oder ein Weinfuhrmann ein Stück Weg mitnehmen.

Ratlos und bestürzt nahm Sabina den Brief und die Dukaten an sich und begab sich auf ihr Zimmer. Sie bewohnte nicht mehr ihre Zelle. Dann begann sie, gleichsam als wäre es ihr befohlen worden, an die Baronin Bormio einen Brief zu schreiben, zerriß ihn wieder und begann aufs neue. Nein, sie war gewiß nicht in der Verfassung, sich einem fremden Menschen anvertrauen zu können. Nach wie vor stand ihr diese Dame fern, trotz der noblen Geste ihres ansehnlichen Geschenkes. Da kam ihr der Gedanke, die zehn Dukaten einfach der Äbtissin einzuhändigen und dann der Baronin Bormio alles zu gestehen. Aber heute nicht, jetzt nicht. Vorerst wollte sie mit Frau Magdalena sich beraten. Sie eilte in die Klosterküche. Dort fand sie nur die alte Schwester Josefa. Diese wußte nicht Bescheid, wo die Küchenmeisterin zu finden sei. Sabina suchte in den Vorratsspeichern, im Garten bei den Frühbeeten, bis sie es wagte, an Frau Magdalenas Zelle anzuklopfen. Ein schwaches, wie von Tränen ersticktes „Ich komme schon", war zu hören.

Dann trat Frau Magdalena aus der Zelle, verstört, tränenüberströmt.

„Laß uns auf dein Zimmer gehn."

Zum erstenmal, seit Sabina die Küchenmeisterin kannte, brauchte diese Trost und Zuspruch, wie nur jemand es braucht, der nahe daran ist, an der Menschen guten Meinung zu verzweifeln.

Die frommen Säbener Frauen hatten es nun doch erfahren, der Äbtissin selber war es zu Ohren gekommen, daß Frau Magdalena als bayrischer Soldat verkleidet, den Weg zum Kommandanten nach Bozen unternommen hatte. In Männerkleidung, in Hosen sich davongeschlichen hatte, schamlos sich unter die Leute, vor eine Obrigkeit gewagt, und sich selbst geschändet hatte. Gegen die Regel des heiligen Benediktus hatte sie sich vergangen, wie keine andere Nonne dieses Ordens durch die Jahrhunderte herauf. Hatte man sich auch stillschweigend damit abgefunden, daß sie um die Zurückziehung des Aufhebungsbefehls zu erreichen, den Ordenshabit abgelegt und ein weltliches Frauenkleid angezogen, fand man auch gerechter Weise Lob und Dank für ihre Tat, so konnte man sich doch niemals abfinden mit der bitteren Wahrheit dessen, was wirklich vorgefallen war.

Ungeheuerlich aber, daß es von Frau Magdalena bisher geheim gehalten wurde, daß man es von außen her, von halb besorgter, halb gehässiger Seite erst erfahren mußte. Um diesen hohen Preis könne auf der Rettung des Kloster Säben kein Segen mehr liegen.

Daß auf dem allem, um das Frau Magdalena viel Wochen lang gerungen, um das sie mit Freuden ihr Leben hingegeben hätte, nur mehr Unsegen liegen sollte, traf die Verklagte am schwersten. Noch ehe sie von Sabina nur einigermaßen beruhigt werden konnte, wurde sie und auch die ehemalige Novizin, zu einer rasch einberufenen Konventsberatung gerufen. Also wurde über die Retterin des Klosters Gericht gehalten.

Die Laienschwestern waren nicht beigezogen worden. Frau Placida lag im Sterben, lag, dieser Welt schon entrückt, in stiller, gottseliger Auflösung begriffen dahin. Frau Benedikta dankte, daß es so war und sie am Sterbebett die Wache übernehmen konnte. Sie hätte den Anblick der beiden Unheilsgestalten nicht ertragen können, zu ferne lag ihr Irdisches und Menschliches. Sabina von Festi wurde über ihre Mitwisserschaft des geplanten und des ausgeführten Unternehmens befragt. Daß Frau Magdalena die Entwendung der Uniform aus dem Militärdepot, so wie sie es in Bozen vor dem Kommandanten getan hatte, auch vor der Äbtissin auf sich nahm, war für sie selbstverständlich geworden. Als aber Sabina mit ihrem Eingeständnis Frau Magdalena zu entlasten glaubte, hatte sie damit nur das Gegenteil erreicht. Die Äbtissin sah sich in ein schreckliches Lügengewebe gleichsam mitverstrickt, weil sie sich auch in dieser Stunde mit ihnen eins und für sie verantwortlich fühlte.

Sie glaubte feststellen zu müssen und tat es in tiefster Erschütterung, Frau Magdalena habe gelogen, um die Novizin zu schützen.

Die Novizin aber hatte die Tat, dort wo sie zur Schuld wurde, durch die Herbeischaffung der Uniform überhaupt erst ermöglicht. Und hier unterlief der Anklage ein Irrtum. Es wurde der Verdacht ausgesprochen, daß die gewesene Novizin, den bayrischen Leutnant mit ihrer Gunst bestochen habe, um die Uniform ungehindert entwenden zu können.

Es war ein seltsames Gericht, das da auf Säben tagte.

Die ehrwürdige Mutter Candida auf dem Äbtissinnenstuhl als Ankläger, ihr zur Seite die Priorin und Subpriorin als Beisitzer, ganz im Banne der schweren Anschuldigungen.

Und rings herum auf den Wandbänken des Kapitelsaales saßen die zwanzig Chorfrauen, fassungslos nicht nur über das Geschehene, sondern auch des harten Gerichtes wegen. Nun aber war Sabina von Festi das echte Kind eines tapferen Soldaten, sich dessen in diesem bedrohlichen Augenblick auch ganz bewußt. Wie vor einem Militärtribunal schilderte sie kurz und überaus prägnant den ganzen Hergang, das Dazwischentreten Leutnant Steiningens im Depot, seine ritterliche Haltung, seinen Ritt nach Bozen. Von dem allen erfuhr auch Frau Magdalena zum erstenmal. Um Klarheit zu schaffen und denen zu helfen, die in ihrem frommen Übereifer in die Irre gingen, gab Sabina auch ihr Teuerstes preis und gestand, daß zwischen ihr und Leutnant Steiningen erst nach seiner Rückkehr von Bozen, als er sie auf dem halben Weg nach Villanders hinauf eingeholt hatte, das erste Wort von Liebe gesprochen wurde.

Die Äbtissin war auf diese Eröffnungen hin sichtlich erschüttert, kam aber trotzdem nur zu dem einen und letzten Schluß, daß die Abtrünnigkeit der Novizin zum größeren Teil dem Schuldkonto Frau Magdalenas mitangelastet werden mußte.

Dagegen wehrte sich Sabina noch einmal ganz energisch.

„Es liegt hier keine Schuld vor, ehrwürdige Mutter! Ich hatte noch kein Gelübde abgelegt. Die Liebe zu Leutnant Steiningen wäre mir auch ohne diese Vorkommnisse offenbar geworden. Wie anders könnte ich darüber denken, als daß sie Gott selber mir und ihm ins Herz gesenkt hat? Meine Liebe, ehrwürdige Mutter, ist reiner als Eure Gedanken sein können, wenn Ihr sie in Euren Vorstellungen als Sünde betrachten müßt. Um eines, ehrwürdige Mutter, möchte ich Euch noch aus ganzem Herzen bitten, nicht zu vergessen, daß mich mein Verlobter Eurem Schutz und nicht Eurem Gericht anbefohlen hat!"

Eine bedrückend lange Zeit war Stille im Kapitelsaal.

Da sprang die kleine Frau Cäcilia auf, lief durch den Saal nach vorne und warf sich vor der Äbtissin auf die Knie. Alle waren starr vor Staunen.

Cäcilia war die unscheinbarste aller Säbener Frauen, die in ihrer kindhaft einfältigen Art kleine Heiligenbildchen und angefrümte Votivtafeln malte, auf Glückwunschbriefe Rosen und Blumenranken pinselte und aus Wachs kleine, puppenhafte Jesukindlein bosselte. „Um Christi willen, schmäht doch unsre Retterinnen nicht! Sie haben besseres verdient! Denkt denn niemand daran, was uns Frau Magdalena gestanden hat, wie sie in Bozen vor Unsrer lieben Frau im Moos gekniet ist? Sie hat gebetet, es möchte sie doch auf der Stelle lieber gleich der Schlag treffen, eh sie was Unrechtes tue. Und der Schlag hat sie nicht getroffen! Und uns soll auf einmal nimmer recht sein, was dem Herrgott und Unsrer lieben Frau recht gewesen ist?"

Jetzt stand die Äbtissin auf, stieß ihren Krückstock kräftig auf die Hohlstufe vor ihrem Sitz, daß es nur so hallte.

„Genug, Cäcilia! — Schweig!" Dann bändigte sie ihre zornige Stimme und wandte sich an die andern, an alle:

„Und schweigen ist nun alles was wir können, schweigen über das was vorgefallen ist, schweigen, ungeachtet der bösen Nachreden. Und so möge dies, wenn auch nie und nimmer von mir gutgeheißen, dennoch im Namen Gottes verziehen sein!"

Diesmal ließ sich die Greisin nicht in ihre Zelle zurück führen. Sie verließ den andern voran, wenn auch mit harten Stockstößen sich behelfend, den Kapitelsaal.

Als letzte folgte die kleine Klostermalerin den andern. „Genug, Cäcilia!" so war sie von der Äbtissin angeschrien worden. Und sie hatte seit dreißig Jahren, seit sie auf Säben lebte, überhaupt zum erstenmal etwas gesagt. Das war doch wunderlich.

ANNO 1809

„Sabina! Geliebtes Mädchen!

Wenn ich doch bei Dir sein, mit Dir sprechen könnte!

Kann dieses kühle Blatt Papier, das meine Hand mit Schriftzeichen bedeckt, Dir das mitteilen, was mich bewegt, was in Worten zu einander gesagt, uns beiden im Leid auch Trost sein könnte?

Nun ist das, was wir befürchtet haben, eingetroffen! Der Ausbruch des Krieges zwischen Frankreich und Österreich ist jeden Tag zu erwarten. Du schreibst mir von den Proklamationen der bayrischen Regierung, die das Tiroler Volk zur Ruhe und Ergebenheit mahnen. Im krassen Widerspruch zu diesen stehen jene, die aus Wien kommen. Kein Zweifel, daß die treuen Tiroler auf die Stimme ihres angestammten Erzhauses hören werden. Wie bitter aber bereue ich, die Stunde versäumt zu haben, in der ich Dich noch in die Obhut meiner Eltern hätte retten können, in der Du noch guten Gewissens die Wahl hättest treffen können, die Wahl zwischen Deinem Volk und Deiner Liebe zu mir.

Ja, Sabina, denn dieses wissen wir von einander gewiß: So gut ich Soldat meines Königs bin und sein muß, weil er weder mich noch einen andern in der Stunde der Gefahr seines Schwures entbinden kann, so gut bist auch Du die Tochter Deines Vaters, der ein tapferer Offizier des kaiserlichen Heeres gewesen ist. Wir können nur mehr auf die Gunst des Glückes, oder auf die Gnade des Himmels hoffen, nenn es jeder, wie er es zu fassen vermag. Möge dieser Unheilssturm vorübergehen ohne uns zu verderben! Was in mir vorgeht, kann ich diesem Blatt Papier, das ich so sehr beneide, weil Du es in Deinen Händen halten wirst, dennoch nicht anvertrauen. —

Zerstörte Hoffnungen für die nächste Zukunft, Sehnsucht, Bangnis, die ungewisse Dauer unsrer Trennung, all dies erleidet meine Liebe zu Dir. Aber diese Liebe allein hilft mir, es zu ertragen, denn in ihr lebt die unzerstörbare Hoffnung auf unser glückliches Wiedersehen und die endliche Vereinigung. Wessen Sieg es auch sein wird, einmal muß er den Frieden bringen und dieser Friede wird uns wieder zusammenführen. Daß Du, mein Teuerstes, auf Säben weilst, auf dem heiligen Berg, der auch meinem Herzen auf so wunderbare Weise eine Heimat geworden ist, das gibt mir Gewähr, daß Du dort am besten behütet sein wirst. Bitte, verlasse Säben nicht, ehe ich komme und Dich vielleicht in eine veränderte Welt heimführen werde, aber wo wir zusammen atmen, wird immer das Eiland unsrer liebenden Herzen sein, ob wir im Land der Sieger oder Besiegten leben."

Immer wieder las Sabina diesen Brief. Sie las unter Tränen und mit dem Lächeln der Hoffnung die Worte des Abschieds für ungewisse, vielleicht lange Zeit, die Worte voller Verheißungen. Das unerbittliche Schicksal stand über ihnen, sie konnten gleich Gefangenen, nur mehr ausharren und hoffen. Sie hatte ihm noch nie geklagt, wie einsam sie seit seinem Fortgang auf Säben lebte, in welcher Bitternis unausgesprochenen Verstoßenseins. Sie hatte es ihm verschwiegen, daß ihr selbst die Zuflucht zur einzig verstehenden Seele, zu Frau Magdalena, der mütterlichen Freundin, um eben dieser Freundschaft willen versagt blieb. Der Küchenmeisterin war verboten worden, mit der ehemaligen Novizin mehr als das allernotwendigste zu sprechen. In der festen Zuversicht, daß ihr Aufenthalt in der Abtei nicht mehr von langer Dauer sein werde, hatte sie Ludwig Steiningen auch die letzten, leidigen Vorkommnisse im Stift mit keinem Wort verraten. Wie gut hatte sie daran getan, wie nichtig schien das alles in Anbetracht der kommenden Ereignisse, die lawinengleich über viel tausend Menschen niederzustürzen drohten. Ohne zu bedenken, daß ihr an diesem späten Nachmittag kaum noch erlaubt werden würde nach Klausen hinabzugehen, begann sie den Antwortbrief zu schreiben.

Antwort? Gab es eine andere als die eine? „Ich liebe

dich, liebe dich über alle Not hinaus!" Wie manches hätte sie ihm zu vertrauen gewußt, das für sie beide nur leidvolle Wirrung bedeutete, weil es sein Herz mit Ingrimm und das ihre mit heimlichen Jubel erfüllen müßte. Vor wenig Tagen erst hatte der Torglhofer an der Säbener Klosterpforte einen Laufzettel abgegeben. Es war ein Aufruf voll großer, glühender Worte, daß selbst die Säbener Frauen in heller Begeisterung den Kampf um des Landes Freiheit begrüßten und in diesem Sinne einen wahren Gebetssturm ins Werk setzen wollten.

Sabina wußte, daß diese Aufrufe in großen Päcken von durchfahrenden Postillonen in das Gras geworfen, von Vertrauten aufgehoben und bis in die höchsten Bergdörfer hinauf verteilt wurden. Sie wußte, daß die Mühlbacher Klause von den Pustertalern, der Kuntersweg von den Rittenern gesperrt, das Staatsgut in Beschlag und die bayrischen Beamten in Verwahrung genommen werden sollten. Sie wußte auch, daß in Salzburg die landflüchtigen Tiroler ungeduldig auf den Einmarsch der Kaiserlichen warteten, mit ihnen zurückkehren und auf tirolischem Boden mitkämpfen wollten. Hatte man ihr heute in Klausen drunten den Brief Ludwigs nicht zögernd und mit sichtlichem Mißtrauen eingehändigt? Mußte sie nicht fürchten, daß die Briefe vielleicht geöffnet werden? Mußte sie nicht schon aus dem Mund Halbwüchsiger den Spottruf „Bayernbraut" hören? Noch andere Fragen drängten sich Sabina auf, daß ihre Schreibhand auf einmal wieder auf dem noch unbeschriebenen Blatt hilflos liegen bleiben mußte. Stünde ihr Vater, wenn er noch lebte, nicht längst schon beim kaiserlichen Heer im Felde? Würde er ihre Liebe zu Ludwig billigen, könnte er es? Mein Gott! Wenn er noch lebte, wäre sie nie mehr nach Säben zurückgekommen! Immer wurden ihr Tun, ihre Entschlüsse, von Umständen und Ereignissen verhängnisvoll bestimmt. Ist das mein Leben! O Gott, es ist mein Leben!

„Mein teuerster, geliebter Freund!

Gleich Dir kann ich nur hoffen, und da ich nicht weiß, nicht wissen kann, wie sich unser Schicksal gestalten wird, darf ich glauben, glauben, daß der Tag kommen wird, der uns wieder zusammenführen und für immer vereinen wird. Wenn Tirol wieder frei ist, werde ich Dir mit Freuden auch in ein anderes Land folgen, — wenn es zum andernmal unterliegen muß, dann laß mich heimflüchten zu Dir!

Die Zeit, die Du auf Säben weiltest und wir uns jeden Tag sehen durften, wenn ich ihrer gedenk, und das tue ich im Wachen und Träumen, kann ich nicht fassen, was indessen schon geschah, will nicht daran denken, was noch geschehen könnte. Nein nein, ich denke an das Bild jenes Meisters Dürer, das Du mir damals, auf unserm ersten, unvergeßlichen Heimweg nach Säben geschildert hast, — ‚Das große Glück', — das über Klausen und Säben schwebend, stille hält.

Kehre zurück, und es wird auch für uns beide alles gewonnen sein!

Ich kann nur lieben, lieben, denn ich wage nicht, Gott in dieser bedränglichen Zeit für unser Heil alleine Tag und Nacht zu bestürmen."

Und dann eilte Sabina ohne Erlaubnis nach Klausen hinab.

Busch und Staudach am Weg, die Fruchtbäume in den Gärten und auf allen Berghängen standen am Ende ihrer Prangzeit im vollen Blust und der grüne Rasen wurde weiß vom Blütenschnee, so oft ein jäher Aprilsturm ihre Äste zauste. Auf den Feldern, in den Weinbergen aber sah man nur Frauen und halbwüchsige Kinder an der Arbeit. Da und dort griff auch ein Greis noch rüstig zu. Schweren und stolzen Herzens zugleich, ahnte Sabina wo das Mannsvolk war, wo es beratend in den Hinterstuben der Wirte saß, oder sich irgendwo zum Abmarsch zusammen rottete, auf geheimen Pfaden geheime Order weiter gab. In Klausen drunten aber sah sie dann deren genug, sie standen auf den Plätzen herum, füllten die Gaststuben und trugen allenthalben ein feierlich ernstes Gehaben zur Schau. Unbekümmert aber teilten sie sich ihre Vermutungen und die neuesten Nachrichten vom Heranrücken der Kaiserlichen mit. Jedermann wußte Bescheid, denn die Ohnmacht der bayrischen Behörden erwies sich von Tag zu Tag immer mehr. Dort fühlte man längst das unterirdische Beben des Vulkans, auf dem man stand. Die Berichte der bayrischen Regierungsstellen an den König verheimlichten nichts mehr. Aus Napoleons Hand hatte Maximilian Joseph Tirol empfangen. Es zu erhalten, blieben ihm selbst im Notfall nicht mehr als fünf Bataillone, zwei Eskadronen, ein und eine halbe Batterie. Die bayrischen Divisionen standen dort, wo es Napoleon für nötig fand.

Als Sabina ihren Brief beim Postmeister abgegeben hatte, übergab ihr ein junger Klausner ein Bündel Flugschriften und sagte: „Da, nehmt nur auch was davon nach Säben hinauf und sagt den Klosterfrauen, sie sollten fest beten, daß wir die Bayern wieder los werden. Wenn wirs diesmal nicht gewinnen, könnt leicht sein, daß sie noch einmal ausziehen müssen!"

„Ja, ich will es gern ausrichten, gebt nur her", tat Sabina recht herzhaft und gab sich den Anschein, als spüre sie in solcher Rede nicht den kleinsten Stachel. Dann aber lief sie wie gejagt wieder Säben zu. Erst unter dem hohen Hollerstrauch blieb sie wie immer, auch diesmal stehen und warf einen Blick auf die Gazetten. Kaiserliches Manifest: „An meine Tiroler!"

Sie mußte sich auf jenen seltsam geformten Stein niedersetzen, der zum Markstein ihres Lebens geworden war und starrte immer noch auf das Manifest. „Wenn mein Vater noch lebte", flüsterte sie leise vor sich hin, „dann wäre ich nicht hier, so elend, so erbärmlich elend!" Keine Träne sprang ihr ins starrende Auge, aber das Herz, das doch hätte aufjubeln müssen, schlug in ihr so dumpf wie fernes Grabgeläute. Da trabte einer niederwärts, Klausen zu, kam gleich an ihr vorbei, es war nicht mehr Zeit aufzustehen.

„Ja, ja das ischt schon hart für enk, aber wir können nichts dafür, es muß sein." Der das gesagt hatte, war schon wieder weiter gegangen, schien es eilig zu haben. Sabina sah ihm nach. Es war der Torgler, der Klosterpächter. Der hatte sie gewiß nie Bayernbraut geheißen.

Jetzt tropfte eine schwere Zähre auf das kaiserliche

Manifest nieder. Im Stift angekommen, übergab sie der Pförtnerin das ganze Bündel Papier. Alle wurden zusammengerufen, auch Sabina konnte sich diesmal nicht ausschließen. Wie aus weiter Ferne kommend hörte sie die befeuernden, beschwörenden Worte des Kaisers, die Frau Veremunda in freudiger Ergriffenheit vorlas:

„Auf, Tiroler, auf! Sie ist da, die Stunde Eurer Erlösung!

Den Kaiser Franz rufen noch einmal die Pflichten für das Kaiserhaus, für die Monarchie zu den Waffen, die nun, nachdem ringsum alles entwaffnet, unterjocht, einverleibt und zerstückelt ist, wie ein Fels aus der Sündflut hervorragt, als der europäischen Freiheit einzige und letzte Wehrmänner! Schon sucht der Erzherzog Karl die Felder des Sieges, schon erblickt Ihr an Euren Landmarken die schwarzgelben Fahnen unter dem Erzherzog Johann, dem jeder Fleck Eurer Erde bekannt und teuer ist, der keinen höheren Stolz kennt, als ganz der Eurige zu sein!

Unmöglich, daß wieder eine Trennung werde wie 1805.

Wer fühlt nicht tief und lebendig, es gelte diesmal und zwar für immer, die Erhaltung oder den Fall des ganzen Kaiserreiches?

Auf die tirolischen Alpen, von Maximilian und Karl V. der Schild und das Herz Österreichs genannt, haben unsre Fürsten gebaut und vertraut, bauen und vertrauen auch wir im unüberwindlichen Verein mit Salzburg und Innerösterreich, — Meister des Schicksals von Deutschland und Italien. Die Höhen und Pässe Tirols müssen gehalten werden bis auf den letzten Mann. Damit müssen wir gewinnen und ersetzen, was etwa anderwärts mißlingen mag.

Der Feind soll an unsrer Treue und Eintracht erfahren, was einst das weltbeherrschende Rom an den Parthern, was die Araber in Asturien, die Türken an Skanderbegs Epirus, was Frankreich in den Cevennen, in der Vendée und letzthin auch noch durch eine Handvoll Montenegriner, was es vor Saragossa und in der Sierra Morena erfuhr."

Von Bruch des Preßburger Friedens hörte Sabina lesen, vom Bruch der Landesverfassung, und die Worte fielen wie Keulenschläge auf sie ein. Niemand achtete ihrer, sie war wie ausgestoßen im Kreis der Begeisterten, der Getreuen. Nach den vier neu eingetretenen Novizinnen, verließ Sabina als letzte den Kapitelsaal.

Zur selben Stunde las Dr. Gasteiger aus Villanders, in der Besuchsstube des Bürgermeisters, einigen dort versammelten Patrioten den Aufruf Erzherzog Johanns vor:

„Tiroler!

Ich bin da, das Wort einzulösen, das ich Euch am 4. November 1805 gab: daß gewiß die Zeit kommen werde, wo mir das hohe Vergnügen zuteil werden wird, mich wieder mit und unter Euch zu befinden!"

Die kraftvoll begeisterten Stimmen der Männer arteten im engen Raum zu einem Getöse aus. Diese Hochrufe hätten die Weite unter dem freiem Himmel gebraucht.

„Gedenket auch Ihr der Worte, die Ihr in eben jener bitteren Abschiedsstunde zu Sterzing und zu Bruneck zu mir gesprochen habt, die mein Trost gewesen sind und meine Hoffnung, und die nicht durch meine noch durch Eure Schuld, sondern nur durch anderwärtige, beispiellose Unfälle nicht gleich damals in Erfüllung gegangen sind."

Jetzt schwiegen die Männer, eingedenk jener bitteren Tage und erhoben ihre Köpfe erst wieder, als Gasteiger mit lauter Stimme jene glänzend argumentierten Sätze des „Warum" vorlas:

„Warum ist dieser Krieg ein allgemeiner, notwendiger, heiliger Krieg? Warum wird er geführt? Darum, daß nicht eine an sich schon übergroße Macht auch noch allein bewaffnet bleibe und die andern alle ungerüstet, folglich ohnmächtig. Darum, daß nicht zuletzt alle einem dienen und zwar einem, welchem ursprünglich keiner zu dienen verpflichtet war.

Darum, daß noch ein Recht, daß noch eine Freiheit und Selbständigkeit, daß noch mehr als ein einziger Wille, daß noch eine Zuflucht und Rettung auf Erden sei; — darum, daß nicht alle Deutschen, daß nicht endlich auch der Österreicher, der Ungar, der Böhme gezwungen werden, anstatt für den eigenen Herd, für das eigene Heil — künftig als blinde Werkzeuge fremder Herrsch- und Habsucht zu bluten; dereinst auch gegen Rußland zu ziehen, die Türkei anzufallen, oder gar undeutschen Emporkömmlingen Throne in anderen Weltteilen zu erkämpfen! Darum wird dieser Krieg geführt!"

Nein, dies brauchte man den Tirolern nicht zweimal zu sagen.

Fünf Tage später, am 9. April brach Marquis von Chasteller, der vom Kaiser Franz I. ernannte Oberbefehlshaber für Tirol, in Begleitung seines Intendanten von Hormayr, mit siebentausend Mann von Oberdrauburg auf und ließ sich in Lienz, Innichen, Bruneck und von Ort zu Ort feiern und umjubeln. Dem biederem Volk war überall zu Mute, als wären mit der Ankunft der Kaiserlichen die Erzengel selber vom Himmel herabgestiegen, ihnen Hilfe zu bringen. Chasteller wie Hormayr erlagen dieser Versuchung zu leicht, sich in der Gunst einer hingebungsvoll bewundernden, restlos vertrauenden Menge länger zu sonnen, als ihrer eigentlichen Aufgabe dienlich war.

Am gleichen Sonntagmorgen, an dem die Kaiserlichen Oberdrauburg verließen, gab Andreas Hofer und Martin Teimer vom Sandwirtshaus aus die Order zur allgemeinen Erhebung. Hofer selber zog am gleichen Tag noch über den Jaufen nach Sterzing. Dort, auf dem Sterzinger Moos, kamen nach der Bezwingung der Bayern auch die ersten Franzosen, der Vortrab des Corps Bisson, das von Mantua herauf nach Augsburg ziehen sollte, ins Treffen. Gleichzeitig entflammte im ganzen Inntal der Aufruhr.

Am 15. April endete mit der siegreichen Schlacht am Berg Isel die erste Erhebung Tirols. Chasteller aber, auf den die Tiroler in oft verzweifelter Stimmung vergeblich gewartet, traf erst am Abend dieses Tages in Innsbruck ein und stieg in der Hofburg ab.

Ohne ihn, ohne die so sehnlich erwartete Hilfe der Kaiserlichen, hatten die Bauern diesen Sieg ganz allein erfochten. Das Nahen der kaiserlichen Truppen war ihnen Signal zum Angriff geworden, ihr Kampfesmut ertrug es nicht mehr, noch länger auf die Zögernden zu warten.

Das Bauernheer hatte in fünf Tagen zwei Generäle, siebzehn Stabsoffiziere und hundertunddreizehn Oberoffiziere, 3860 Bayern und 2050 Franzosen gefangen genommen. Fahnen, Waffen, Geschütze, achthundert Kavallerie- und Zugpferde, Geld und Munitionsvorräte wurden erbeutet.

Wenige Tage später zog Intendant Hormayr mit General Fenner von Brixen kommend, von den Eisacktalern umjubelt, in Klausen ein. Hormayr umarmte und küßte die bäuerlichen Anführer und Landstürmer, lobte und pries sie als die wahren Helden des Vaterlandes.

Solches war den biederen Landleuten noch nie widerfahren. Im Gefühl ungewohnter Ehrung schamrot geworden, gerührt über so viel Leutseligkeit, war im Augenblick vergessen, mit welcher Bangnis sie auf den vom Kaiser abgesandten Kommandanten und seine Truppen gewartet hatten. Im Trubel des festlichen Empfanges übersahen sie auch, daß Chasteller mit leeren Kassen gekommen war und Hormayrs überall vorangesagter Triumphzug eigentlich der Aufbringung bedeutender Darlehen galt, weil von der Hauptoperationskasse noch immer kein Geld eingelangt war. Mit der eilends betriebenen Aufhebung der bayrischen Kirchenvorschriften aber eroberte der Intendant auch die Herzen jener mit einem Schlag, die noch zögerten, den Mann zu feiern, der ein von ihnen befreites Land betretend, einem Monarchen gleich, Gnaden erteilte und Strafgerichte vollzog.

Die Glocken dröhnten, die Böller krachten, das befreite Land jubelte. Wohl hielt der bayrische Major Aicher noch immer die Festung Kufstein, deren Besatzung durch flüchtende Bayern verstärkt worden war; die Stadt Kufstein aber hatte er preisgeben müssen. Das übrige Inntal war frei. Innsbruck quoll über vom siegfeiernden Bauernvolk, so weit es nicht, besonders im oberen Inntal, den Feind über die Landesgrenzen hinauf verfolgte. Überall aber, auch in den Südstädten des Landes, Bozen, Meran und Trient, wurden die bayrischen Schilder herabgerissen und manch bayrischem Beamten wurde übel mitgespielt. Es waren nicht immer die besten und die im redlichen Kampf auch tapferen Tiroler, die an jenen ihre Fäuste erprobten.

Als Hormayr beim Rößlwirt seine Konferenz mit den Bauern beendet hatte, zog er mit General Fenner nach Bozen weiter. Dort brachte er innerhalb weniger Stunden von der Bozener Kaufmannschaft ein Darlehen von 100.000 Gulden auf, das ihm in bar eingehändigt wurde. Beim Rößlwirt aber ging es noch eine gute Weile hoch her. Auch der Dr. Hinteregger saß zufrieden unter den Bauern, nachdem er einige Leichtblessierte verarztet hatte. Die Verluste an Toten waren gering und sie wurden mit rühmendem Gedenken von den hochgemuten Siegern auf dem Altar des Vaterlandes geopfert, daß selbst den Angehörigen der Gefallenen die Tränen des Schmerzes im Feuer der Begeisterung versiegte.

Als gegen Abend hin Michl Kammerlander mit einem Studienfreund und Kampfgenossen von Innsbruck kommend in Klausen einlangte, war sein erster Gang zum Rößlwirt, wo er, wenn schon nicht mehr Hormayr, so doch noch einige Bauernkonferenzler anzutreffen hoffte. Nun hatten die Gäste noch einmal Wasser auf die Mühle bekommen und das Fragen und Erzählen ging aufs neue an. Besonders jene, die nicht mit dabei waren, wollten wissen, was sich während der Kampftage im Inntal alles begeben hatte. „Ists wahr, daß der Ditfurth hin ist?" schrie ihnen ein Bauer die Frage zu. Da wurde Kammerlander ernst und gab gemessen zur Antwort: „Hin? — Ein Vieh ist hin, — ein Mensch stirbt, — und ein Soldat fällt. Der bayrische Oberst, Freiherr von Ditfurth, ist nahe bei der Triumphpforte vom Pferd herabgeschossen worden. Von drei Kugeln getroffen, hat er sich auf einer Tragbahre überall dorthin tragen lassen, wo es am gefährlichsten war. Als auch seine Träger weggeschossen wurden, hat er sterbend, bis zum letzten Atemzug noch Befehle erteilt und die Seinen beschworen auszuharren."

Da nahm der Martin Rautter von Latzfons den Schützenhut vom Kopf, schlug ein Kreuz und sagte: „Herr, gib ihm die ewige Ruh, er hats verdient." Die andern machten es ihm nach und Kammerlander erzählte nun gern wieder weiter: „Der Purtscheller mit seinen Stubaiern, der Kronenwirt von Hall und der Speckbauer von Rinn mit ihren Unterinntalern, die haben sozusagen die ganze Innsbrucker Garnison aufgerieben. Die nicht tot, verwundet, oder gefangen worden sind, wird man wohl an den Fingern der zwei Händ abzählen können."

„Und das ist am 12. April gewesen, drei Tag vor der Berg-Isel-Schlacht und noch allweil kein Kaiserlicher zu sehn!" unterbrach Bartlmä Eisenstecken den Studenten ergrimmt.

Erhabenes und weniger Erhabenes wußte Kammerlander und sein Freund zu erzählen, denn im Rausch des unverhofften Sieges ließ mancher Ungehobelte allzugern das rauhe Gesetz des Krieges gelten. Besonders für die Innsbrucker Juden hörten viele die Stunde der Vergeltung schlagen, denn man konnte es ihnen nicht verzeihen, daß sie vor allen andern die beschlagnahmten Kirchenschätze und Kleinodien ersteigert hatten und damit einen schwungvollen Handel trieben. Ihre Häuser wurden geplündert, die Kassen erbrochen, überall nach geheimen Schätzen gefahndet und was nicht verschleppt werden konnte, kurz und klein geschlagen, nur an ihnen selber vergriff sich niemand, und die Überfallenen kamen mit dem Schrecken davon, was des Leibes und Lebens Sicherheit betraf. Die Häuser der Uffenheimer, Bernheimer und des Jonas Nathan von Hohenems wurden völlig ausgeplündert, die kostbaren Mobilarien vernichtet.

„Beim Bernheimer haben die Plünderer drei reichbestickte Rauchmäntel, sechs Levitenröcke, wohl ein Dutzend Messgewänder und wertvolle Paramente gefunden. Da sind wir vom Studentenkorps just dazugekommen, sonst wären die Kostbarkeiten gewiß noch einmal den Weg allen Fleisches gegangen, denn das Gelichter, das wir dort tätig fanden, war aus den Vorstädten gekommen", berichtete Kammerlander und gab dann noch ein besonderes Stückchen zum besten. „Einmal hab ich mich in der Altstadt drinnen als Patrouillengänger halb krumm gelacht. In der Schlossergasse ist es gewesen, kommt aus einem Haus ein Höllenlärm, ich lauf hinein und treff ein halb Dutzend Bauernburschen an, wahre Kraftlackl.

In der Wohnung zur ebenen Erde habe ich nur mehr

Kleinholz angetroffen und eben waren sie daran, auch noch den Kamin einzureißen. Ihren erregten Reden nach, suchten sie nach einem verborgenen Schatz. Auf mein Abmahnen hörten sie mit keinem Ohr und mit Gewalt war bei einem gegen sechs nichts auszurichten. Schon krachten die Mauerbrocken zu Boden, auf eins zwei, hatten sie in der Kaminwand ein ordentliches Mannloch ausgebrochen. Da zeigte sich der verborgene Schatz. Ein armes Jüdlein saß im Kamin drinnen, auf und auf voll Ruß, schwarz wie die Nacht, nur das Weiß seiner angstvoll geweiteten Augen leuchtete und sein gellendes Gezeter verschlug einem völlig das Gehör. Die Burschen aber begannen auf einmal noch viel lauter zu schreien, brüllten: „Der Tuifl! Der Tuifl, der leibhaftige Tuifl!" Mit einem Satz rumpelten sie alle türaus, auf und davon. Wenn der Segen Abrahams auch für einen Christenmenschen wirksam ist, kann es mir im Leben nicht mehr allzu übel ergehn, so oft hat ihn der dankbare Jude auf mich herabbeschworen, als ich ihn bei einem Bekannten ordentlich untergebracht hab."

Als die Lacher wieder zu Atem gekommen waren, richtete Kammerlanders Freund an sie die Frage, ob sie von der Kraftprobe des Stubaiers schon gehört hätten. Nein, davon wüßten sie nichts, er soll nur erzählen: Ja, da hätt einem Bauer aus Fulpmes zu Innsbruck in der Hofgasse drinnen, die eiserne Tür eines jüdischen Kaufladens gar so gut gefallen. Mit Kennerblick hätte er ihre Länge und Breite gemessen und nach einiger Überlegung das eiserne Ungetüm mir nichts, dir nichts aus den Angeln gehoben. Mit einem Ruck, die Tür über den Kopf gestemmt, sei er damit den vierzehn Stunden langen Weg heimzu gegangen. Das Mitgebringe paßte in den Türstock seines Hauses hinein, als wäre es dafür gemacht worden, so wenig hatte den Bauern sein gutes Augenmaß getrogen. Da sei es aber dem Kuraten zu Ohren gekommen und der habe sich die unglaubliche Sache gleich angeschaut. Der Seelenhirt begann dann dem Bauern das Wilde herabzuräumen und hielt ihm vor, ein Christenmensch dürfe auch im Siege nicht rauben, ja, auch eines Juden Habe müsse estimiert werden, und wenn er das Diebsgut nicht wieder an Ort und Stelle zurückbrächte, würde er ihn von dieser Sünde nie und nimmer lossprechen. Da hob der Bauer die eiserne Tür zum andernmal aus den Angeln und trug sie den vierzehn Stunden langen Weg nach Innsbruck hinaus. In der Hofgasse drinnen hing er sie wieder säuberlich ein und machte sich auf den Heimweg. Es sei ihm dabei so ring und leicht gewesen, als wären ihm Flügel gewachsen, soll er erzählt haben.

„Wenn das der Napoleon erfährt, wird er sagen: mit solchen Leuten ist leicht Krieg führn", lachte der Michldoktor.

„Darum sind wir des Kinkel und Bisson auch ohne Chasteller Meister geworden", meinte Gasteiger schmunzelnd.

Über den Einzug Chastellers wußten die beiden Studenten noch manches zu erzählen, da sei es dann schon viel ordnungsgemäßer und ziemlich offiziell hergegangen, die Ansprachen und Huldigungen wollten kein Ende nehmen. Eines aber, sagte Kammerlander, werde er sein Leben lang nicht vergessen, und erzählte es in seiner mehr besinnlichen Art: „Ich bin mit viel andern Leuten vor dem Taxisschen Posthaus gestanden, wie sie den bayrischen Löwen heruntergeholt und gleich darauf das österreichische Wappen mit Taxusgewinden verziert, jubelnd am alten Platz wieder angebracht haben. Aber nicht die Lauten sind es gewesen, deren Freud einem ans Herz gegriffen hat. — Umsomehr aber war es das Glück der Stillen, der wahrhaft Ergriffenen, wenn sie so dagestanden sind, und den Blick und die Hände erhoben wie zu einem Heiligenbild hinaufgebetet haben: „O du mei guldener Vogl! O du mein liaber Koaser Franz!"

Da war eine gute Weile alles still in der Stube beim Rößlwirt, bis der Wundarzt der allgemeinen Ergriffenheit eine sehr sachliche Erwägung gegenüberstellte: „Ja, wenn es doch mit solcher Biederkeit allein schon getan wär, wenn nicht alles noch vom glücklichen Waffengang der österreichischen Truppen abhängen würde. Die Kaiserlichen marschieren durch bayrisches Land, stehen in

München und ganz Deutschland hält den Atem an, erwartet den Augenblick, wo es den Spieß umdrehn kann und ihn nicht mehr gegen das eigene Brudervolk richten muß, aber es wird leider Gottes noch weiter gerauft und weiter gekriegt werden müssen."

Da wurden gleich etliche Gegenstimmen laut:

„Der Erzherzog Karl ist schon über Regensburg hinaus! Und unser Erzherzog Johann hat bei Caldiero feste Stellung bezogen! Der wird die Italiener schon richtig aufpulvern, daß sie gegen den Napoleon wieder eine Schneid kriegen."

„Weiß nicht, Michldoktor", rief einer, „du bist überhaupt gegen den Krieg!"

„Ganz recht, hast es genau erraten, ich bin überhaupt gegen den Krieg. Ihr braucht ja nicht hinschaun wenn sie die armen Teufl vor einem hinlegen mit den zermerschten Knochen, mit den zerfetzten Arm- und Beinstumpfen, wenn ihnen das Gedärm aus dem Leib quillt, wenn sie verblutet sind, verdurstet im Wundbrand. — Ich aber muß hinschaun, muß in dem Elend herumwühlen, muß mehr Schinder wie Helfer sein. Und darum bin ich überhaupt gegen den Krieg. Denkt von mir was ihr wollt."

Der Doktor war aufgestanden und wünschte allen eine gute Nacht.

Kammerlander hatte sich entschlossen, beim Rößlwirt zu nächtigen, und wollte den Wundarzt heimbegleiten.

Den Zurückbleibenden hatte die Rede des Michldoktor merklich einen kleinen Dämpfer aufgesetzt, und weil jeder Tag Neues brachte und sie des Neuen gewärtig sein wollten, gingen alle langsam heimzu und der Rößlwirt kam zu seinem wohlverdienten Feierabend.

Am nächsten Morgen stapfte Dr. Hinteregger zu ungewohnt früher Stunde nach Säben hinauf. Die Pförtnerin war etwas verwundert, als er das Fräulein Sabina von Festi zu sprechen wünschte. Er brauchte nicht lange zu warten, so stand Sabina vor ihm, keinen Tropfen Blut im Gesicht. Den Schüttelfrost, der sie durchschauerte, suchte sie zu unterdrücken. „Ruhig, Fräulein Sabina, nur ruhig, nicht so verschreckt dreinschauen, — er lebt!" Mit lächelndem Gesicht tätschelte der Wundarzt väterlich begütigend Sabinas eiskalte Hand. Sie aber brachte kein Wort hervor. „Mir hat es gestern abend einer gesagt, der ihm zur Flucht verholfen hat, — weil er ihn gekannt hat — und wer Leutnant Steiningen kennt", —

„Zur Flucht verholfen? Wer?"

„Das müsst Ihr wohl verstehen, Fräulein Sabina, daß sich einer nicht verraten will, könnt ihm nur übel bekommen, ein Freiheitskämpfer hilft einem Bayern zur Flucht. Lasset es Euch genug sein, daß Steiningen davongekommen ist. Wer einmal Glück hat, wird es öfter haben. Jetzt müßt Ihr Euch noch gedulden, bis Nachricht kommt. Das hab ich Euch sagen müssen, in aller Frühe. Und jetzt, liebes Fräulein Sabina, tut Euch einmal ordentlich ausschlafen, das arme Herz einen Raster tun lassen, vernünftig sein, nichts anders denken, als, er lebt, — nicht einmal verwundet ist er."

„Herr Doktor, wie kann ich Euch danken, wie?" stammelte Sabina.

„Mit vernünftig sein und auf Eure Gesundheit achten. Kummer ist ein zweiflügelig aufgerissenes Tor, wo das ganze Seuchengesindel ein und ausgeht wie es ihm paßt. — Wie geht es sonst, — ich mein da im Stift?"

„Es geht, Herr Doktor."

„Hm hm, — aber wenn es einmal nicht mehr geht, dann kommt zu mir nach Klausen hinunter, meine Frau und ich, wir brauchen immer Hilfe. Abgemacht?" Sabina nickte, reichte ihm stumm die Hand.

„Jetzt aber hab ich höchste Zeit heimzukommen, auf Säben ist ja nun alles wieder gesund." Gerne ließ sich der Michldoktor von Sabina bis vor das Stiftstor hinausbegleiten, wenn sie auch schwiegen und sich nur mit einem warmen Händedruck verabschiedeten. Dann eilte Sabina zurück, erstieg mit beflügelten Schritten die uralte, hochstufige steinerne Stiege zur Heiligkreuzkirche empor. Endlich konnte sie wieder beten, ein Dankgebet zum Himmel schicken, auch für den Sieg. Am 24. April lieferte Chasteller bei Volano dem französischen General Baraguay sein erstes Gefecht. Fünfhundert Österreicher waren gefallen. Gleichviel Verwundete ließen die nach Rovereto flüchtenden Franzosen zurück. Bei Pilcante rettete Hofer mit seinen Schützen Chastellers rechten Flügel.

Am 27. April lag nur noch die unbezwungene bayrische Besatzung auf der Festung Kufstein ein, im übrigen stand kein Bayer und kein Franzose mehr auf tirolerischem Boden.

Noch war der Siegesjubel nicht verstummt, die ambrosianischen Gesänge der Lob- und Dankgottesdienste nicht verklungen, als dunkle Gerüchte das Land durcheilten, Gerüchte, die zur furchtbaren Gewißheit wurden. In den Tagen vom 20. bis 24. April war Erzherzog Karl bei Abensberg und Eckmühl aufs Haupt geschlagen worden und mußte sich bei Regensburg über die Donau nach Böhmen zurückziehen. Napoleon befand sich auf dem Marsch nach Wien. Erzherzog Johann war gezwungen, sein siegreiches Vordringen in Italien aufzugeben. Das hellauf lodernde Fanal, das ganz Deutschland hätte entfachen sollen, war erloschen.

Der König von Bayern, nach München zurückgekehrt, drohte den Tirolern, ihr Land als ein Rächender heimzusuchen.

Marschall Chasteller und sein Intendant Hormayr verließen auf die Unglücksbotschaft hin den Süden und wandten sich dem Norden des Landes zu, nicht ohne vorher in Bozen noch neue Darlehen aufzunehmen, um wenigstens Hofers Kampfkompagnien einen Teil der Löhnung auszahlen zu können. In Innsbruck erwarteten Chasteller dringende Vorsprachen mit der Bitte, der Staat möge doch die Besoldung der Sturmmannschaften übernehmen, wußte man doch kaum, wie man mit der Bezahlung und Verpflegung der organisierten Schützenkompagnien fertig wurde. Es fehlte selbst an Pulver und Blei und es schien, als sollte der nahende Feind mit leeren Musketen empfangen werden.

Vergeblich war die Hoffnung aller Patrioten, Erzherzog Johann würde nun das Oberkommando in Tirol übernehmen, wie er es selber so sehnlichst wünschte. Laut kaiserlichem Befehl aber mußte er sich mit dem Großteil seiner Streitmacht nach Innerösterreich begeben und konnte den Tirolern nur seine neuerlichen Pläne zur Verteidigung des Landes und eine Anzahl Kanonen zurücklassen.

Endlich kehrten die beiden Tiroler Deputierten, Straub und Huter, vom kaiserlichen Hoflager in Ebelsberg zurück. Straub traf am 8. Mai in Innsbruck ein und brachte 200.000 Gulden, die Hälfte in blanken Dukaten mit. Vier Tage später kam auch Huter mit drei Munitionskarren voll Pulver und Blei. Auf mühevollen Umwegen mußte er den bei Völklabruck herumstreifenden französischen Vorposten ausweichen.

War dies alles mehr und weniger auch nur ein Tropfen Wasser auf heißem Stein, fühlten sich die Mutigen doch wieder gegen den Feind gewappnet. Indessen hatte Napoleon über den Marquis von Chasteller die Ächtung und im Falle seiner Gefangennahme die sofort zu vollziehende Hinrichtung verhängt.

Kufstein wurde noch immer vergeblich belagert, die Pässe waren nur mangelhaft besetzt. Viele Freiheitskämpfer zwang Geldmangel, ja selbst Hunger, das Daheim wieder aufzusuchen und dort auch die dringendsten Frühjahrsarbeiten auf Feld und Acker nachzuholen.

Die bayrischen Fastenpredigten aber, wie die Bauern die zur Ruhe mahnenden Manifeste König Maximilian Josephs nannten, schwirrten vergeblich durch die Lande. Von einer Rückkehr unter das alte Joch wollte niemand etwas wissen. Getreu dem neuerlichen Aufruf Erzherzog Johanns, das Land bis zum letzten Mann zu verteidigen, hielten auch jene, die nicht irgendwo auf der Paß standen und nach Hause zurückgekehrt waren, ihren Stutzen zu jeder Stunde griffbereit.

Als aber am 11. Mai 11.000 Bayern gegen den Paß Strub vorrückten, waren dort nur fünfhundert Landesverteidiger postiert, ein Träublein Soldaten mit zwei Geschützen, an beiden Flügelseiten von Bauern flankiert. Ihre gut gezielten Schüsse aus sicherem Versteck hatten eine furchtbare Wirkung. Ein Sturmangriff nach dem andern wurde abgeschlagen. General Wrede mußte frische

Kräfte heranziehen. Mehrere hundert Verwundete wurden in langen Wagenzügen auf der Straße gegen Salzburg in Sicherheit und Pflege gebracht. Die Tiroler hatten hundert Mann an Toten und Verwundeten zu beklagen, die Geschütze waren verstummt, die Bedienungsmannschaft erschossen. Beim fünften Sturmangriff mußten sie der zwanzigfachen Übermacht weichen.

Ein französisches Corps unter Léfèbre rückte zum Entsatz der Festung Kufstein heran Während auf dem Paß Strub Übermenschliches geleistet wurde, setzte Chasteller erst seine Streitkräfte von Innsbruck aus in Bewegung. Zwei Tage später verlor er unter großen Verlusten das Treffen bei Wörgl und zog sich bis Hall zurück, um dort den ärgsten Schimpf der erbitterten Tiroler zu erfahren. Am gleichen Tag kehrte auch Hormayr nach Innsbruck zurück. Den Nordosten des Landes in Sicherheit wähnend, hatte er über die Scharnitz hinaus eine Expedition nach Bayern unternommen. Die Nachricht vom Einbruch der Franzosen zwang ihn zu sofortiger Rückkehr. Der Feind drang unaufhaltsam durch das Unterinntal herauf vor, vergeblich versuchten ihn die auf den Bergseiten postierten Schützen aufzuhalten, ja, sie entfachten durch dauernde Beunruhigung nur noch mehr seine Wut.

Die alte, schöne Knappenstadt Schwaz ging in Rauch und Flammen auf, über zwanzig Ortschaften des Unterinntales loderte das Feuerfanal der Vernichtung. Mord, Plünderung, Brand, der Vergeltungskrieg in seinen grauenhaftesten Auswüchsen wütete im nördlichen Teil Tirols. Bayern und Schwaben drangen über die Scharnitz herein und legten auch dort das Dorf und viele Gehöfte in Schutt und Asche.

Vergeblich war des bayrischen Generals Wrede Ansprache an seine Truppen, vergeblich seine Verdammung ihrer Taten, seine strenge Ermahnung und die härtesten Strafandrohungen.

Léfèbre besetzte Innsbruck. Im weiten Saggenfeld und auf dem Löwenhausanger zertraten seine lagernden Truppen das junge Gras. Die Reiterei kampierte auf dem Rennplatz.

In Villach ereilte den Erzherzog Johann die Nachricht von der Einnahme Wiens. Am 10. Mai, vier Wochen nach Kriegsbeginn, ritt Napoleon in den Park von Schönbrunn ein. Kaiser Franz weilte in Wolkersdorf.

Am 12. Mai hatte sich Wien ergeben.

Erzherzog Karl hatte auf dem linken, Napoleon auf dem rechten Donauufer feste Stellung genommen.

In den Tälern des Eisack und an der Etsch wirkten die Schreckensnachrichten aus Nordtirol alarmierend. Zwar wollte man noch immer nur an Gerüchte glauben. Als die ersten Schützen aus der Brixener Gegend zurückkehrten, zweifelte niemand mehr. Der Norden des Landes schien verloren.

Einzig das Säbener Frauenkloster schien noch ein Eiland des Friedens zu sein, denn dort ging der Ablauf der Tage wieder in altgewohnter Weise vor sich. Man lebte zwar karg, betete und fühlte sich sicher auf dem heilgen Berg, der nur mehr von frommen Wallfahrern bestürmt wurde. Sabina war den Säbener Frauen, mit Ausnahme Magdalenas, schon sehr weit entrückt. Daß zwischen ihr und Frau Benedikta auch noch eine geheime Verbindung bestand, ahnte sie nicht. Benedikta aber, die jede Begegnung mit Sabina möglichst vermied, sich jeden Urteils, jedes nur irgendwie abfälligen Wortes enthielt, rang in ihren Gebeten unablässig um die Rückkehr Sabinas, um die Heilung ihrer Seele. Die fromme asketische Anschauung der jungen Nonne wähnte die Seele der Novizin, die ihrem Entschluß, ein ausschließlich gottgeweihtes Leben führen zu wollen, untreu geworden war, für krank, gefährdet, wenn nicht für immer verloren. Die liebende Hingabe an einen Menschen und nicht an Gott allein hatte im Bereich ihres Vorstellungsvermögens keinen Raum und darum auch kein Verstehen mehr. Auf eine andere Art aber blieb Frau Magdalena ihrem Schützling noch immer verbunden. Sie sah, wie die Liebende litt, wie sie in der Qual der Ungewißheit jeden Tag einsamer und verlassener wurde. Ihr allein auch hatte Sabina mitgeteilt, was sie von Dr. Hinteregger über Leutnant Steiningen erfahren konnte. Frau Magdalena war es eine große Beruhigung zu wissen, daß in dieser unruhevollen Welt draußen noch Menschen lebten, die gewillt waren, sich im Notfall der gänzlich und im wahrsten Sinne des Wortes Verwaisten anzunehmen.

In der Woche vor Pfingsten war es, als Frau Magdalena nach der Messe ihre Helferin von einst zur Seite nahm, um ihr einen wohlmeinenden Rat zu geben:

„Sabina, du sollst doch einmal zu Doktors nach Klausen hinunter gehn, du schweigst dich bei uns heroben ja noch zu einem stillen Narren. Das alles kann ein Mensch doch nicht immerfort mit sich herumtragen. Wenn du nicht im Kloster bleiben willst, mußt du wieder anfangen unter die Leute zu gehn. Klopf nur ruhig einmal an des Michldoktor Stubentür an."

„Meint Ihr, Frau Magdalena, das könnt mir helfen?"

„Du lieber Gott, Leut gehören doch einmal zu Leut und wir zwei können, oder wahrer gesagt, dürfen nun einmal unsre alte Freundschaft nicht weiter pflegen. Ist auch recht so, es war schon ein arges Stücklein, das wir aufgeführt haben. Ich kann immer weniger begreifen, woher mir der Mut gekommen ist."

Sabina wollte eine Einwendung machen, aber Frau Magdalena fiel ihr gleich in die Rede: „Ja, ja, ich weiß schon, was du sagen willst: Gott hat es zugelassen, und was geschehen ist, geschah zum Heil der Abtei. Aber das war damals nur so eine Hintertür von mir, durch die ich noch hoffte hinauszuschlüpfen. Weil die gute Cäcilia so heulend und klagend drauf hereingefallen ist, und alle, selbst die Äbtissin damit überrumpelt hat, bin ich auch wirklich hinausgeschlüpft. Richtig aber ist anders: Gott läßt viel mehr geschehen, alles läßt er geschehen, weil er uns Menschen den freien Willen gegeben hat, nein, nein, es gibt da kein sich auf ihn Hinausreden. — Ja, Sabina, das hab ich dir auch einmal sagen wollen."

„Ich dank Euch, Frau Magdalena, — für alles." Es war die alte, derbe, gute mütterliche Hand, von der Sabina ihre Rechte fest umschlossen fühlte. Dann eilte sie nach Klausen hinab.

Die quälenden Gedanken aber vermochte sie nicht abzustreifen, die hielten getreulich Schritt mit ihr. Wenn Ludwig nicht noch einmal in Gefangenschaft geraten war, konnte sie für gewiß annehmen, daß er sich wieder bei einer neu aufgestellten Eskadron befand. Sie konnte, sie mußte annehmen, daß er sich in Tirol befand, vielleicht im Inntal, wo so Schreckliches, so Unmenschliches geschehen war. Wie furchtbar mußte er darunter gelitten haben. Erstand daraus nicht auch für sie beide aufs neue eine Kette von Leiden? Wenn es selbst möglich wäre, daß ein Schreiben in ihre Hand gelangte, was, wie sollte er ihr schreiben, nach allem, was vorgefallen war?

Mußte unter der Wucht solcher Ereignisse nicht alles ersterben, was zwei Menschen, weil sie hüben und drüben standen, beglücken sollte?

Als Sabina das Haus Dr. Hintereggers betrat, in den ersten Stock hinaufging und an einer der behäbigen Türen anklopfen wollte, hörte sie erregte Männerstimmen, schreckte zurück und wollte sich wieder entfernen. Da öffnete sich eine Tür nebenan, die Doktorin trat heraus, nahm lächelnd Sabinas Hand und führte sie in ein kleines, behaglich eingerichtetes Zimmer, das an der Schmalseite nur durch eine halb zurückgeschlagene Portiere aus dunkelrotem, etwas verschossenem Samt von jenem weit größeren Raum getrennt war, wo die Männer laut debattierend beisammen saßen.

„Ich hab Euch kommen sehen, Fräulein von Festi. Ihr möchtet gerne mit meinem Mann sprechen?"

„Nicht unbedingt, Frau Doktor, ich wollte nur, — ich lebe in der Abtei sehr abgeschlossen, ich wollte fragen —" Sabina stockte, schien aber dennoch verstanden worden zu sein.

„Setzt Euch doch, liebes Fräulein. Mein Mann hat mich ins Vertrauen gezogen, — ich denke oft an Euch und ich hoffte sehr, daß Ihr uns einmal besuchen werdet, nun seid Ihr da und ich freue mich darüber."

Die Doktorin war eine gute Vierzigerin, immer noch eine anmutige Frau, schlicht und klar im Wesen und Wort.

„Es ist aber nicht der rechte Augenblick, Ihr habt Besuch, es tut mir leid, daß ich so zur Unzeit komme." Sabina mußte sich zusammennehmen, nicht unartig zu sein und mit halbem Ohr auf die Reden der Männer im Nebenraum hinzuhören.

„Ihr kommt eben zur rechten Zeit, Fräulein von Festi. Die Männer haben jetzt für uns sehr wenig Zeit, aber sie lassen uns wenigstens teilhaben, wenn wir uns dabei brav und still verhalten, wie mir mein guter Michl zuweilen nicht ungern zu verstehen gibt. Seht, er hat Euch erkannt, er grüßt herüber." Flink und geräuschlos setzte die Doktorin dem Gast einen kleinen Imbiß vor, und hernach selbst aufmerksam zuhörend, machte sie es Sabina leicht, dasselbe zu tun.

„Es ist nur zu wundern, daß es im April ohne den Chasteller so prächtig gegangen ist. Und droben auf den Luftensteiner und dem Hirschbühelpaß hat eine Infanteriekompagnie Hohenlohe mit den Pustertalern erst über den Felbertauern anmarschieren müssen, und doch haben sie und die Pinzgauer unter den Kommandanten Wallner und Panzl alle Angriffe einer vierfachen bayrischen Übermacht abgeschlagen. Zur gleichen Zeit aber faßt der Chasteller in Wörgl drunten seine Schläg ab, daß es eine Schand ist, das gibt doch den Wohlmeinendsten langsam zu denken!"

„Das ist der Gerichtsadjunkt von Villanders, der Doktor Gasteiger", flüstert die Doktorin Sabina zu.

„Hättet aber nur sehen sollen, wie sie dem Chasteller in Hall drunten die Ehrenzeichen von der Brust herabgerissen haben, ist ganz nahe daran gewesen, daß er erschossen worden wär, hätt sich der Straub für ihn nicht so ins Zeug gelegt. Ist nur fraglich, ob wirs ihm danken!"

„Das ist ein Brixner, der draußen war", flüsterte die Doktorin wieder. Sabina nickte, die Stimme des Hausherrn aber war ihr wohlbekannt.

„Es scheint fast, als ob sich der gute Kaiser Franz vergriffen hätt, daß er uns just seinen miserabligsten Läufer ins Vorfeld setzt."

Ein älterer Mann, den auch die Doktorin nicht kannte,

versuchte mit bedrückter Stimme sich seinen Kummer vom Herzen zu reden:

„Das muß wohl so sein, Michldoktor, wenn uns nur der Chasteller nie ins Land hereingekommen wär. Vor drei Tagen war ich in Schwaz, meinen Schwager aufsuchen, der ist auch von allem Hab und Gut gekommen. Leut, den Anblick werd ich im Leben nicht mehr vergessen. Die Mauern der Pfarrkirche stehn noch, das Franziskanerkloster ist heil geblieben und fünf ganze Wohnhäuser, etliche verstreute Knappenhütten im Pirchanger draußen, vierhundertzwanzig Häuser liegen in Schutt und Asche. Ein Elend, sag ich euch, was die Schwazer noch auf dem Leib tragen. ist ihr ganzes Hab und Gut, die Kranken haben kein Bett mehr zum Sterben, die Neugeborenen keine Wiege, die Alten keine Bank mehr zum Rasten, die Kinder kein Brot und oft auch keinen Vater mehr." Nach einer bedrückenden Stille rief Gasteiger voll Ingrimm:

„Und das tut der Deutsche dem Deutschen an! Das ist der blutige Witz, auf den sie dem Napoleon noch immer hereinfallen! Hat doch der Léfèbre im Inntal draußen auf des Napoleons Geheiß die Bayern nur noch mehr gegen uns aufgebracht, zu Härten und Grausamkeiten angeeifert, daß seine Franzosen, die ‚grande nation' umso schöner dastehn sollten!"

„So ist es, Bayern erschlagen, Tiroler erschlagen, weit haben wirs gebracht unter Napoleons Oberfuchtl. Wie aber soll das weitergehn?"

„Aufgeben können wir nicht. Der Erzherzog Johann hat uns den General Leiningen versprochen, den lassen wir uns gern gefallen, im übrigen aber ist der Sandwirt, Andrä Hofer, unser Mann, an ihn und keinen andern wollen wir südtirolischen Bauern uns halten!"

„Das ist ein Passeirer", sagte die Doktorin zu Sabina, die blaß, aber ganz Ohr, jede Fiber gespannt dasaß.

„Ja, Mander, ihr habt ganz recht", stimmte ihm Gasteiger bei, „es ist so eine Biederkeit an diesem Mann, so eine saubere Gesinnung und ein gesunder Hausverstand. Man braucht nur sein Rundschreiben an ‚alle schießbaren Leut' lesen. ‚Seid so gut, wir müssen dem nördlichen Vaterland Hilfe bringen.' Das sei auch unser aller Wort, an das wollen auch wir uns halten!"

Die Männer verabschiedeten sich vom Doktor, sie schienen auf die Frauen im Nebenraum ganz und gar vergessen zu haben. Den Gasteiger hörten sie noch eine Frage an den Wundarzt richten: „Und wenn es so weit ist, Michldoktor, gehst mit uns?"

„Was denn sonst, auf euren alten Flickschuster könnt ihr euch verlassen, schaut dazu, daß halt nicht gar zu viel Leder zerrissen wird."

Sabina war auch aufgestanden.

„Wollt Ihr nicht auf meinen Mann warten, er wird ja gleich zurückkommen", meinte die Doktorin.

„Nein, Frau Doktor, auch er braucht einmal ein wenig Ruhe und das bißchen Alleinsein mit Euch. Ich weiß ja nun eigentlich alles, — Einzelschicksale zählen wirklich nicht mehr. Bitte grüßt den Herrn Doktor recht schön und sagt ihm, ich will mich schon zusammennehmen." Sabina hatte leise gesprochen, aber sehr bestimmt, sie drängte zur Tür hin, die ihr die Doktorin wortlos öffnete, worauf sie den Gast zwischen Tür und Angel mit einem warmen Händedruck entließ.

Drei Tage später, am Pfingstsonntag, verkündete der Kapuzinerpater von Klausen, Joachim Haspinger, bei der Festpredigt Hofers Aufgebot. Der Pater Rotbart, wie ihn die Leute in und um Klausen nannten, war eben als Feldpater der Landstürmer von Gufidauner, aus Trient zurückgekommen und schien sich in flammender Begeisterung zum Wortführer der zweiten Erhebung verwandelt zu haben. Nach dem Hochamt rief Haspinger alle streitbaren Männer nach Verdings zusammen, suchte die besten Scharfschützen aus und ließ sich von ihnen zum Hauptmann ernennen.

Die Villanderer wählten Dr. Anton von Gasteiger, ihren allseits beliebten Gerichtsadjunkten zum Hauptmann.

Erschreckt und hochgemuten Herzens zugleich sahen die Säbener Frauen rings um die Höhen das Gewimmel der bunten Schützenröcke niederkommen, sahen den Heerhaufen sich sammeln, die von Latzfons, Velthurns, Viersch, Verdings und Pardell und jene von Villanders. Mit ihren erwählten Hauptleuten marschierten sie in geschlossenen Kolonnen nach Brixen hinaus.

Sabina stand auf der höchsten Stelle des heiligen Berges, in der schmalen Gasse zwischen der nordseitigen Turmwand der alten Bischofsbasilika und der Ringmauer. Sie sah hinab in die Tiefe, bis die Heerstraße wieder weiß und still die grünschimmernden Wogen des Eisack säumte. Sie dachte an Larthia, die rhätische Königstochter. Hier mußte es gewesen sein. — Sabina aber war entschlossen, dem Schicksal standzuhalten, was auch komme, das harte Leben zu wählen und nicht in den barmherzigen Tod zu flüchten.

DIE FLUCHT

Andreas Hofer eilte nach Sterzing, um sich dort mit der Generalität zu beraten, traf aber zu seinem Erstaunen niemanden mehr an. Chasteller hatte das Oberkommando an den rangältesten Offizier vom Stab, General Buol, übergeben. Diesen traf Hofer auf dem Brenner und mußte von ihm erfahren, daß er indessen von Chasteller den Abmarschbefehl durch das Pustertal erhalten habe. Grund: Ein Kurier Erzherzog Johanns hätte dem Marquis das Vordringen der Franzosen gemeldet, auch sei Chasteller vom Erzherzog die Räumung Tirols anheimgestellt worden.

Es half kein Bitten und Beschwören der Tiroler, sie jetzt, vor der Entscheidung, nicht im Stich zu lassen. Intrigen unter der Generalität, planlose Befehle und Gegenbefehle Chastellers, die Zurückziehung seines Verzichtes auf den Oberbefehl, zeitigten nichts anderes, als ermüdende, zwecklose Märsche und Kontermärsche zwischen Brenner, Schabs und Sterzing. So wurde auch der bei den Tirolern beliebte General Leiningen auf einen toten Punkt in das Eisacktal beordert, wo er dem eigentlichen Unternehmen nichts nützen konnte. Chasteller aber hatte sich von Schabs aus auf und davon gemacht und hetzte seine Truppen über das Pustertal, um in Lienz das weitere abzuwarten.

Intendant Hormayr eilte nach einer Besprechung mit Chasteller von Lienz nach Meran, hinterließ dort die Order, alle Waffenfähigen von sechzehn bis sechzig Jahren, ohne Unterschied von Stand und Rang in Kompagnien zu organisieren, und salvierte sich dann durch das Vintschgau nach Landeck, in das tirolische Schwytz.

Kein Offizier vom Stab, aber sechs Hauptleute, fünf Oberleutnants und elf Leutnants verpflichteten sich auf die Vorstellungen Eisensteckens, des Badlwirtes von Bozen, schriftlich mit Leib und Seel zur Verteidigung Tirols. General Buol blieb mit 2381 Mann, 130 Pferden und sieben Geschützen auf dem Brenner, ließ aber einen Großteil seiner Mannschaft mit den Bauern gegen Innsbruck ziehen. Oberstleutnant Graf Leiningen stellte sich mit 650 Mann und zwei Dreipfundern den Tirolern zur Verfügung. Da kam Speckbacher und brachte die erlösende Nachricht, daß Léfèbre, von einem neuerlich geplanten Aufstand der Tiroler nichts ahnend, mit Wrede und einem großen Teil der Besatzung Innsbruck wieder verlassen habe. Dies gab den Freiheitskämpfern aufs neue Mut, das äußerste zu wagen. Einstimmig aber wurde Andreas Hofer zum Oberkommandierenden erwählt. Zögernd nahm er an, hatte er sich doch bis zum letzten Augenblick der Verhandlungen immer noch auf Buol, dann auf Leiningen berufen. Diese aber wiesen alle Entscheidungen an Hofer zurück.

Um den Sandwirt aber scharten sich vier Männer, in denen alle männlichen Tugenden, als Voraussetzung für den Freiheitskampf, vereinigt waren. Hofers Adjutant Eisenstecken, zäh, listig, tapfer, durch seine neunjährige Dienstzeit bei den österreichischen Feldjägern auch mit militärischen Kenntnissen begabt, der kühne, einfallsreiche, vor keiner Aufgabe zurückscheuende Speckbacher,

Gasteiger, der überlegene Bedachtsame aus Villanders und sein Gegenstück, der nie erkaltende, fanatisch begeisterte Pater Haspinger, der in jedes Zaudern die Brandfackel seiner Beredsamkeit hineinzuschleudern verstand.

Dem bayrischen Befehlshaber, General Deroy, war die starke Bewegung aus dem Süden her, die Ansammlungen auf dem Brenner nicht länger mehr verborgen geblieben. In der Nacht zum 24. Mai hielt er seine allerdings durch Léfèbres Abzug geschwächte Division in strenger Bereitschaft. Am gleichen Abend aber setzte sich das geheimnisvoll-lautlos aufgerufene Bauernheer unter Andreas Hofers Kommando gegen Innsbruck hinaus in Bewegung. Es waren fast durchaus geordnete Schützenkompanien aus den Gerichten am Etsch und Eisack und ein starkes Aufgebot aus dem Pustertal, es war die Elite der Waffenfähigen. Mit 5000 Mann kam Hofer auf den Brenner. Dort gesellten sich die von Buol bereitgestellten Hilfstruppen unter den Oberleutnants Ertl und Reissenfels zu ihnen, 1100 Mann, achtzig Reiter und fünf Geschütze. Unter dem nachtdunklen Himmel, im Flackerschein der brennenden Fackeln zogen sie dahin. Der grauende Tag brachte die ersten Vorgefechte, die bis zum Abend andauerten. Nach dem ersten Kampftag am 25. Mai, der sich rings um den Berg Isel abgespielt hatte, trat Waffenruhe ein. Die unnatürliche Hitze dieses Tages, das heiße Ringen um die Entscheidung, die beide Teile mit dem äußersten Aufwand ihrer Kräfte herbeizuführen versuchten, hatte Freund und Feind erschöpft. So nützten sie die Neige des Tages, die Verwundeten zu bergen, die Toten zu begraben und den Kämpfern eine Rast zu gönnen.

Die Stimmung war gedrückt. Das ruhige Verhalten des unteren Inntals, das Ausbleiben der Oberinntaler, empfand man als bittere Enttäuschung. Am erbittertsten aber war man über Chasteller, der mit 4000 Mann untätig in Lienz stand. Deroy, ein einsichtsvoller Mann, dem mehr daran lag, seine Leute nicht nutzlos zu opfern, als sich selber mit einem draufgängerischen Wagnis besondere

Ehren zu holen, schickte einen Unterhändler mit einem Aufruf nach Schönberg, wo sich Hofer zu einem Kriegsrat zurückgezogen hatte. Im schlimmsten Falle, dachte Deroy, sollte Zeit gewonnen werden, bis er Nachschub erhalten konnte.

Hofer ließ Ertl herbeirufen, der mit seinen Offizieren in Matrei Beratung hielt, ebenso mußte Gasteiger schnellstens herbeigeholt werden, der sich mit seinem rechten Flügel in Patsch gesammelt hatte. Als alle zugegen waren, ließ Hofer Deroys Aufruf vorlesen:

„Da es meinem Herzen wehe tut, verirrte, königliche Untertanen zu sehen, die sich durch ihre Hartnäckigkeit ins Unglück stürzen, so ermahne ich euch, sonst so biedere Tiroler, der euch vom Kaiser und vom König zugesicherten Verzeihung euch würdig zu machen und zum Gehorsam, den ihr eurem rechtmäßigen Monarchen schuldig seid, zurückzukehren. Mit wenigen Worten werden wir uns verstehen und ich versichere jenen, die vertrauensvoll zu mir kommen, auf jeden Fall feierlich und öffentlich volle Sicherheit ihrer Person unter ungehinderter Rückkehr."

Die Offiziere schwiegen abwartend. Hofer und die Seinen schienen zu überlegen, denn irgendwie empfanden sie den Ton aufrichtigen Wohlmeinens in Deroys Aufruf als echt, aber ein Eingehen darauf widersprach dem, was sie sich heilig zugeschworen hatten, Tirol zu befreien.

Haspinger hielt schwer an sich und nur sein Habit hinderte ihn, als erster die Leute ans Bayernerschlagen zu mahnen.

„Hofer, wir müssen es wagen, die Mühle ist angekehrt, es gibt kein zurück mehr", sagte Gasteiger mit ruhiger Überlegung. Da wurde die Stubentür aufgestoßen. Ein Mann trat herein, in Hemdärmeln, die Joppe über die Schulter geworfen. Noch auffallender war sein scharfes Gesicht mit der Adlernase, die blitzenden Augen, die mit einem raschen Blick die ganze Situation zu erfassen schienen. Während er seine Rechte in das Weihwasserkrüglein am Türstock hineintauchte und sich besprengte, rief er denen, die ihn noch nicht kannten zu, daß er der Josef Speckbacher aus Rinn sei. Karg war seine Rede, bündig sein Rat. Er riß die Tischlade auf, fand dort wie in jeder Tiroler Wirtsstube neben den Spielkarten die Schreibkreide, nahm diese und zeichnete auf den schnell abgeräumten Tisch den Situationsplan auf. Die Brücken in Hall und Volders erklärte er selber übernehmen zu wollen. Die Hauptmacht müsse den Paschberg und Amras zu gewinnen suchen und, wenn es not tat, ihm noch Hilfe zukommen lassen. Als alles besprochen und vereinbart war, versah er sich noch mit genügend Hoferischen Laufzetteln, nahm die abgeworfene Joppe wieder auf und eilte mit einem „Bhüt euch Gott!" wieder seinem Heimatdorf zu, um alles weitere zu veranlassen.

Die Offiziere mußten Speckbachers Schlachtplan als durchaus richtig beurteilen und arbeiteten mit Hofer und seinem Stab die Einzelbefehle aus. Andreas Hofer aber schrieb gleich seine Laufzettel nieder.

„Meine lieben Oberinntaler! Übermorgen, am 29. Mai greife ich den Feind von der Seite des Berg Isel an. Kommt mir also zu Hilfe. Wollt ihr aber gescheiter sein als die göttliche Fürsichtigkeit, so werden wir es auch ohne euch ausrichten."

„An Straub ins Unterinntal. Bester Herr Straub! Seid von der Güte, und tuen Sie sich mit dem Speckbacher von Rinn erkundigen; er weiß alles.

Bei Anbruch des Tages müssen wir anfangen."

Der 28. Mai, es war Christihimmelfahrtstag, wurde noch festlich begangen. In Schönberg, Patsch und Matrei erteilten die Priester beim Hochamt die Generalabsolution und jeder Ausziehende bereitete sich auf das letzte Gericht vor.

Im Morgengrauen des 29. Mai begann der Kampf.

Er wurde auf beiden Seiten mit Erbitterung geführt und währte bis zum Abend. Entscheidung hatte er keine gebracht, wenngleich die im Speckbacherischen Schlachtplan geforderten Aufgaben von den Tirolern erfüllt worden waren. Darum forderten sie von Deroy die Kapitulation. Deroy wies diese zurück und bot dafür einen vierundzwanzigstündigen Waffenstillstand an. Darauf gingen Hofer und seine Hauptleute nicht ein.

Während dieser Verhandlungen brachte ein Kurier die Nachricht, daß Napoleon am 22. Mai in der sechsunddreißigstündigen Schlacht bei Aspern von den Österreichern geschlagen worden sei. Dies gab den Tirolern neuen Auftrieb, auf ihrem Standpunkt zu verharren, bewog aber Deroy nicht zuletzt zu jenem Entschluß, in der Nacht zum 30. Mai seine Zelte abzubrechen. Mit größter Umsicht, auf ungebahnten Wegen, zog er sich durch das Unterinntal hinab zurück. Es blieb ihm nur das linke Innufer offen. Bis Kufstein wurde er, wenn auch nicht vom Feind verfolgt, so doch von den dort postierten Schützen überall attackiert und mußte auf seinem Fluchtweg sehr schwere Geschütze zurücklassen. Trotz allem aber auf die Menschlichkeit der Tiroler vertrauend, hatte er in Innsbruck weit Kostbareres, bei achthundert Verwundete zurückgelassen. Am 2. Juni erreichte Deroy altbayrischen Boden und nahm in Rosenheim feste Stellung, um München zu decken.

Am Morgen des 30. Mai zogen die Sieger in Innsbruck ein.

Kein Feind stand mehr auf Tiroler Erde. Zum andernmal hatte sich das Land aus eigener Kraft befreit. Das Fronleichnamsfest am 1. Juni war in Tirol, seit es Menschen gedenken konnten, nie prachtvoller und jubelnder begangen worden.

Auch im Ländchen vor dem Arlberg wurde am 29. Mai mit den armen Schwaben, als Napoleon hörigen Rheinbündlern, Kehraus gemacht.

Den Sieg der Tiroler und die siegreich geschlagene Schlacht bei Aspern hatten, wie überall im Lande, reitende Postillone von Brixen kommend, auch in Klausen ausgerufen. Gleichzeitig hatten sich viele Eisacktaler, besonders solche mit leichteren Blessuren, auf den Heimweg begeben. Unter den Ersten befand sich ein junger Schütze aus Verdings, dem der nachkommende Dr. Hinteregger für das Fräulein Sabina von Festi ein Schreiben mitgegeben hatte. Sie empfing es von der Pförtnerin, die es ihr zögernd, mit einem scheuen, ängstlichen Blick übergab. Sabina hatte geglaubt, in wochenlanger Übung und Ergebung sich auch auf das Schlimmste vorbereitet zu haben, sah sich aber nun hilflos enttäuscht.

Die bleischwer gewordenen Füße trugen sie kaum mehr die hohe Stiege hinauf, wankend durchschritt sie den Gang, bis sie ihr Zimmer erreichte. In fiebernder Hast zerrissen ihre bebenden Hände den Umschlag. Die Schriftzeichen vergingen vor ihren weit aufgerissenen Augen, das Lesen machte ihr Mühe, als wäre sie am Erblinden. Was sie dann las, mußte sie ihrem Begreifen erst Wort für Wort einhämmern.

„Liebes Fräulein Sabina!

Ich kann Euch auch diesmal sagen: Er lebt. — Aber Leutnant Steiningen ist schwer verwundet. Er liegt mit vielen andern seiner Waffenkameraden im Serviten-Kloster in Innsbruck. Ich habe ein paar Augenblicke mit ihm sprechen können. Er bat mich, Euch zu verständigen. Nun bitte ich Euch, nicht verzagen. So lange Leib und Seele beisammen sind, darf und muß man hoffen. In längstens zwei Tagen bin ich wieder in Klausen.

Euer getreuer Michldoktor."

Sabina wußte nicht, wie lange sie mit sich und dieser Botschaft, die kaum einen winzigen Hoffnungsschimmer aufzeigte, allein war, bis Frau Magdalena zu ihr kam. Sie schob ihr nur stumm den Brief des Doktors hin. Als Frau Magdalena gelesen hatte, blieb sie eine Weile stumm, raffte sich dann zusammen und tat sehr zuversichtlich.

„Ganz recht hat der Michldoktor, hoffen und nicht verzagen! Es ist nur, weil man eben doch immer das Beste hofft, reißt es einen zuerst aus allen Himmeln." Dann versicherte sie Sabina, daß alle im Stift an ihrem Geschick warmen Anteil nehmen, die ehrwürdige Mutter Äbtissin selber habe ihr befohlen, sich ihrer ganz besonders anzunehmen, falls sie schlechte Nachricht erhalten habe. Doch wollte es Frau Magdalena jetzt nicht bei guten Worten allein bewenden lassen. Sie hatte einer Schwester schon Auftrag gegeben, einen, im Kloster sonst nur für Schwerkranke erlaubten, echten Kaffee zu kochen, und als der angekündigte Labetrunk mit Weißbrotschnitten gebracht wurde, nötigte sie Sabina sehr energisch zum trinken und essen. Dann versprach sie ihr zum Nachtmahl noch etwas besonders Kräftiges. Essen und Trinken halte Leib und Seel zusammen und sie müßte jetzt durchhalten, bis der Michldoktor heimkomme. In zwei Tagen könne es sich schon wieder zum bessern gewendet haben, bei solcher Jugend halte der Mensch viel aus.

„Vielleicht gehst du morgen einmal zur Bärbl nach Verdings hinauf, die vergeht vor Ängsten, weil ihr Valentin noch nicht heimgekommen ist. Wenn zwei den gleich schweren Pack zu tragen haben und voneinander wissen, tragen sie leichter daran." Beinahe hätte sie gesagt, sie möge sich auch ein bißl freuen, wo doch das Land wieder frei sei und die Bayern landaus gejagt. Du lieber Gott, bei der armen Sabina war das eben doch nicht so einfach. Umso mehr bemühte sich Frau Magdalena alles mögliche zu sagen und zu raten. Daß der Doktor diese Nachricht vorausgeschickt hatte, gefiel ihr eigentlich gar nicht.

Frau Magdalenas Trostworte berührten Sabina wie die begütigende Liebkosung einer Mutterhand. Das ungewohnte Getränk aber erweckte in ihr allmählich wieder die Lebensgeister. Sie begann wieder klare Gedanken zu fassen und fühlte sich dabei immer deutlicher vom Innersten her angerufen, zu einem Tun gedrängt und faßte in der Stille bereits einen Entschluß. Sie aß das Weißbrot, schlürfte den braunen Trank zur Neige, sie wollte Kraft sammeln. Daß sie schweigsam blieb, immer nur vor sich hinsann, darüber war Frau Magdalena nicht im geringsten erstaunt. Ihr schien dies sehr natürlich, Sabina war keine Natur, der das Klagen so leicht vom Mund ging. Weinen, weinen sollte sie können, sich ausweinen vom ersten Schreck, das wäre der Küchenmeisterin recht gewesen, aber sie hoffte, die Tränen würden schon noch locker werden, wenn es an der Zeit sei.

„Jetzt aber, Sabina, muß ich dich allein lassen und für eine richtige Seel- und Leibkost sorgen. Und morgen gehst du nach Verdings zur Bärbl, vielleicht ist der Valentin bis dort schon heimgekommen, dann kannst du von ihm auch noch manches erfahren, und übermorgen werden wir schon auch was finden, das dem Tag ein End macht, und dann kommt der Michldoktor heim und bringt dir weit bessere Nachricht, als es jetzt hersieht."

Mit diesen Tröstungen verließ Frau Magdalena ihr Sorgenkind. Die Küchenmeisterin hatte kaum zu köcheln und zu brezeln angefangen, in der Klosterkuchl war es schon ein wenig duster, als Sabina in ihrer etwas altmodischen Mantilla, die sie von daheim mitgebracht hatte, zwischen Tür und Angel stand und hereinrief: „Frau Magdalena, ich will nur noch auf die Post gehn!"

„Ja, ja, lauf nur Sabina, lauf dich ein wenig aus, das tut dir gut, aber bleib nicht zu lang, ich bin bald fertig und aufgewärmter verliert das Zeug alle neun Kräfte!"

„Ja, ja!" —

Als es mählich dunkel wurde und Sabina noch immer nicht zurückgekommen war, bekam es Frau Magdalena mit dem Ärger zu tun, denn so dick war ihr Geduldfaden auch wieder nicht gesponnen. Es hatte doch wirklich keinen Zweck, mit seinem Elend in der Weite herumzurennen. Könnte sein, daß sie zur Doktorin gegangen war, mit der wird sie sich freilich leichter reden als mit einer Klosterfrau. Doch wozu sich ärgern, am Ende hat sie ihr Kommen nur überhört. So trug Frau Magdalena das „Gebratene" gut zugedeckt, daß es nicht allzuviel verräterischen Duft verbreite und Gelüste wecke, nach Sabinas Zimmer hinauf. Wäre sie krank, müßte man sie ja auch verpflegen und Kummer ist gleich Kranksein, mehr noch. So entschuldigte Frau Magdalena ihre, wie die andern sagen würden, zu weit gehende Gutherzigkeit.

Sabina aber war noch nicht zurückgekommen und da lag schon wieder etwas Geschriebenes.

„Liebe Frau Magdalena!

Ich muß nach Innsbruck. Ich muß bei ihm sein, ehe er, — er ruft mich. Ihr wißt, ich habe die Dukaten und kann mit der Extrapost fahren. Habt keine Angst um mich. Um eines aber bitt ich Euch, inständig bitt ich Euch, — laßt mir eine, zwei Stunden Vorsprung!"

Frau Magdalena war wie vor den Kopf geschlagen.

Was tun? Lärm schlagen? „Laßt mir eine, zwei Stunden Vorsprung." Lieber Gott, so ist Sabina einmal in der Küchenmeisterin leeren Zelle gestanden, hat sie eine Nacht lang vor den andern herausgelogen. „Kind, daß du mir das antun mußt." Unschlüssig sah Frau Magdalena auf ihre Seel- und Leibkost. Wohin damit? Heimlich hinuntertragen und in den Sautrog werfen? „O Sabina, hättest dus doch wenigstens noch gegessen! Und hab nicht doch an alledem ich selber schuld?" zergrübelte sich Frau Magdalena. „Hat es nicht damit angefangen, wie sie im Militärdepot gleich einer ertappten Diebin vor ihm gestanden ist? Muß man zu einem Menschen nicht Vertrauen fassen, der solche Großmut übt, so ritterlich handelt?" An die Gefahren dieser Innsbrucker Fahrt dachte Frau Magdalena kaum, sie wußte zu gut, wie sehr sie selber gegen alles gefeit war, als sie über den Ritten marschierte, dazu noch in ihrem Aufzug. Du lieber Himmel, nicht mehr daran denken! Zornig, verzweifelt, schuldbewußt bis in die letzte Seelenfalte hinein, setzte sich Frau Magdalena hin und unter Tränen aß sie selber auf, was sie für Sabina so mütterlich fürsorglich zubereitet hatte. Dabei war ihr zu Mute wie einem Malefikanten, der sein Henkermahl verzehrt. Sie schluchzte, schneuzte sich und aß und war froh, sich noch früh genug darauf zu besinnen, daß sie doch einen kleinen Rest übrig lassen könne.

Dann nahm sie noch den Zettel an sich und ging. Auf halbem Weg begegnete ihr Frau Elisabeth, die Priorin.

„Ich will doch einmal zu Sabina hinaufsehn, wie geht es ihr?"

„Es macht sich, ja, ja, sie hat einiges gegessen, — aber ich weiß nicht, — ich mein, man sollt sie jetzt besser allein lassen, — sie hat sich ins Bett gelegt, — das heißt sie legt sich, — sie ist so elend müd, — sie wird schon ausgezogen sein. — Sie meint, sie könnt jetzt schlafen, — sie ist ja ganz dahin." Auf einmal fielen Frau Magdalena keine Lügen mehr ein. Einmal hat eben alles ein Ende, dachte sie, auf Gott und die Welt und sich selber böse. Alles läßt er zu, alles, das Üble und das Gute, oder hat er mich jetzt ersticken lassen an meinen Lügen? O nein, mit keinem Huster!

Die Priorin hatte von einem Besuch bei Sabina gleich Abstand genommen.

Diese Nacht lag Frau Magdalena nicht auf den Knien. Sie lag steif und still auf ihrem Lager, starrte durch das Dunkel der Nacht zur fahlen Helle der weiß getünchten Decke hinauf. Zuweilen krampften sich ihre Hände angstvoll zusammen, als wolle sie jemandem beispringen, dem Gefahr droht. Es war ja doch alles ganz anders als damals die Nacht über den Ritten, allerwege rumorten die Kriegsleut, siegtolle, weinvolle Mannsleut. Doch eine Extrapost wird ihre Fahrgäste doch schützen müssen? Wie aber wird es in Innsbruck sein, wo sie die Toten begraben, die vielen Verwundeten kaum unterbringen und daneben Fest um Fest feiern? Wird die arme Sabina da mitten durch den Weg finden? Und wenn er nicht mehr am Leben, vielleicht schon begraben ist, was für ein verzweifelter, hilfloser Mensch wird sie sein mitten im Trubel! Mein Gott und Herr, laß ihn bei Leben sein, laß nicht ganz sinnlos sein, was sie hat tun müssen. Du hast unser Kloster gerettet, laß auch sie nicht zugrunde gehn. Leg alles auf mich, o Gott, dir allein steht es zu, einen unter Schuld und Fehl zu erdrücken. —

Sabina war bis Brixen zu Fuß gegangen. Dort, wo sie niemand kannte, wollte sie erst eine Extrapost aufnehmen. Nun wußte sie, warum sie damals die Dukaten behalten mußte. Der Baronin Bormio hatte sie in einem ausführlichen Schreiben alles gestanden, aber darauf keine Antwort mehr erhalten. Vor Sterzing stiegen zwei ältere Herren ein, nachdem sie mit dem Postillon halblaut und sehr erregt verhandelt hatten. Es war für vier

Personen Platz und die neuen Reisenden drückten sich schweigend in die Ecke. Vielleicht waren es bayrische Beamte auf der Flucht. Irgendwie griff ein Mitgefühl an Sabinas Herz, aber sie war gleich wieder dem eigenen Kummer verfallen. Was alles werden die Gefangenen erdulden müssen, die verwundeten Gefangenen? Sie wird Ludwig helfen, für ihn sorgen können, zehn Dukaten war viel Geld und österreichische Dukaten hatten wieder den vollen Wert im Lande. Daß sie jetzt daran denken mußte. — Gehörte nicht auch dieser kleine Glücksfall zum Ganzen, war er nicht die Grundlage für ihr Unternehmen, hätte sie sonst dem gebieterischen Auftrag ihres Herzens folgen können? Wie hatte der Student, sie konnte sich im Augenblick seines Namens nicht mehr erinnern, gesagt? ‚Behalten Sie diesen kleinen Schatz, es werden unruhige Zeiten kommen, Sie können einmal schnell verreisen müssen.'

Es wurde langsam Tag. Heller Frühschein kündete im Osten den Sonnenaufgang an. Sie waren auf dem Brenner angelangt. Dort wurde Station gemacht und die Pferde gewechselt. Sabinas Mitreisende blieben stumm und schmal in ihre Ecke gedrückt in der Chaise zurück. Sie selber stieg aus und ließ sich im Gasthof „Zur Brennerpost" ein Frühstück geben, denn sie wollte bei Kräften bleiben, jetzt erst recht. Der freundliche Wirt führte die allein reisende Dame in das Extrastüberl. Nebenan, in der großen Gastgebstube, ging es schon recht lebhaft zu. Auch die Straße vor dem Fenster draußen füllte sich immer mehr mit Fahrzeugen und Menschen, Soldaten und heimkehrenden Landstürmern. Unter den Gästen nebenan mußten sich, den Gesprächen nach zu schließen, auch Leute aus Villanders befinden. Das zwang Sabina aufzuhorchen.

„Unser Hauptmann, der Gasteiger, hat zuerst einmal recht verdutzt dreingschaut, wie der Hofer mit dem Speckbacher an der Weggabelung gestanden ist, beide Händ hinter dem Ledergurt gesteckt, mit dem rechten Fuß auf die Ellbögnerstraße hingedeutet und gsagt hat: ‚Ös gehts da außi!' ‚Also sind wir die Avantgarde?' hat der Gasteiger gfragt. Der Hofer darauf: ‚Os seids halt die ersten.' Weil aber unser Hauptmann noch gern eine weitere Order kriegt hätt, schreit der Hofer: ‚Ja, halt losschlagen auf den Feind und wo ihrn antrefft, bergab jagen!'"

„Das haben wir aber auch getan", beteuerte ein anderer, der Aussprache nach ein Klausener. „Der Reißenfels hat sich mit fünfhundert Mann zu uns gehalten, aber zweimal nacheinander haben war es angehn müssen, bis wir zu Mittag die Bayern über den Paschberg hinab und über die Sillbrücke hinüber in das Kloster Wilten abgedrängt haben. Dann sind wir dem Hauptmann Welling zu Hilf kommen und haben das Dorf Ambras zurückgewonnen."

Ein neuer Wortführer meldete sich. „Bluetschwitzender Heiland! Auf dem Nockenbühel sind elfhundert Bayern gestanden und haben aus sechs Kanonen herausgelassen was nur möglich gewesen ist. Der Haspinger aber sprengt uns, die Latzfonser und Glurnser gradaus in die Kanonade, das war dir ein Sturmangriff! Mander, ich sag euch, man weiß einfach von nichts mehr, spürts nimmer, daß der Tod mit einem einghängter geht, man ist schon halb gestorben. Und vier Stund hat das gedauert, keinen Augenblick haben uns die Bayernsaggra zum Verschnaufen lassen, schneidige Teufl sinds gewesen, das muß ihnen der Neid nachsagen. Der Haspinger war allweil voran, einen mordstrumm Stecken in der Hand, mit dem er da- und dorthin gewiesen hat, Kommando hat man ja keins mehr hören können. Ein Bayer hat ihn nicht schlecht aufs Korn genommen, aber zum Glück doch nur den Bart versengt."

In einer anderen, jungen Stimme vibrierte noch das Grauen nach, das den Jungmann gepackt haben mußte. „Und die Innsbruckerstadt speit eine bayrische Kolonne nach der andern aus, alle auf uns zu, mit aufgepflanztem Bajonett, o Mensch, das war dir ein grausiges Wetter!"

„Dabei ist auch der tapfere Hauptmann Amman gefallen, aber von den Bayern hat es einen nach den andern gerissen, am ärmsten war die Reiterei dran."

„Wie aber der Oberinntaler Landsturm angerückt ist, war uns nimmer bang!" Die Stimmen waren nicht mehr zu unterscheiden, einer sekundierte dem andern und jeder wollte gern zu Worte kommen.

„Dem Deroy aber ists nimmer geheuer vorkommen, wie es hinter seinem Rücken auf der Höttinger Höh lebendig worden ist!"

„Ja, ja, Mander, aber froh waren wir alle, wie es Abend worden ist, Freund und Feind war zum Umfallen müd und unsre Capo haben zu verhandeln anfangen."

„Weil sie uns aber nicht derschmissen haben, ist das Heft in der Hand unser geblieben, der Deroy ist abgezogen und wir haben das Feld behauptet!"

„Und haben den Bayer in der Nacht davonschleichen lassen!"

„Das hat niemand wissen können, daß der Deroy schon die Nasen voll gehabt hat. Aber laß gut sein, der Krieg ist aus, das Land wieder frei, ich bin keinem mehr feind, gehn wir heim zu unsrer Arbeit, ist zehnmal gescheiter."

Der Postillon stand vor Sabina und mahnte sie zum zweitenmal, daß es Zeit zum Einsteigen sei. Die Sonne war aufgegangen, ein wundervoller Junitag angebrochen. Nun erst war der Brennerpaß so recht wie in vergangenen Zeiten wieder vom wilden Atem des Geschehens erfüllt, zum Landsknechtslager des neunzehnten Jahrhunderts geworden. Lärm, Lachen, Fluchen, Kommandieren, schwere Zugsgespanne, Verwundetentransporte, siegfrohe Heimkehrer, flüchtende Unterinntaler Abbrändler, die im Süden des Landes eine neue Heimstatt suchten. Immer dieselbe ewige Wiederkehr, Völker und Generationen verbluten aneinander, ewig bleibt der Friede flüchtigster Gast auf Erden.

Als die Räder der Extrapost wieder zu rollen begannen, atmeten die beiden stummen Mitreisenden hörbar auf . . .

Zu dieser Stunde rangen die ehrwürdigen Frauen auf Säben bestürzt die Hände. Sabina war geflohen, Sabina von Festi, die ehemalige Novizin war aus dem Kloster geflohen. Ein freundlich geduldeter Gast, für den man alle Verantwortung übernommen hatte, mißachtete auf das allergröbste die Hausordnung. Frau Magdalena wurde von der Äbtissin strenge ins Gebet genommen, denn auf sie allein fiel der Verdacht der Mitwisserschaft. Die Küchenmeisterin jammerte und weinte und dies ging ihr ehrlich vom Herzen, wenn sie an Sabina und ihr Leid dachte, im übrigen aber erfand sie keine Lüge und gestand auch nichts.

Frau Benedikta war wie vernichtet. So wenig hatte all ihr Beten genützt? Wollte diese weltlich verhaftete Seele nichts anderes, als sich immer wieder in neue Gefahren stürzen? Konnte Gott dies zulassen? Frau Benedikta hätte am liebsten einen neuen Landsturm aufrufen lassen, um die Verirrte zu suchen und heimzuholen. Sabina war eine Verzweifelte, ein schutzloses Mädchen, unter dem landfahrenden Mannsvolk an Leib und Seele gleich gefährdet.

Sie verstand die Welt, verstand ihre Ordensoberin und ihre Mitschwestern nicht mehr, als beschlossen wurde, zur Stunde noch an die Baronin Bormio in Innsbruck ein Schreiben zu richten und ihr im Vertrauen das Vorgefallene mitzuteilen, im übrigen aber vorderhand noch Stillschweigen zu bewahren.

Sabina beachtete es kaum, als die beiden Reisenden sie auf der Höhe der Sillschlucht mit einem stummen Gruß verließen. Sie hörte nicht hin, als sie der Postillon freundlich und sich auf seine Art entschuldigend, anredete: „Hoffentlich, Fräulein, haben die beiden Herren Euch nicht zu viel geniert.“ Da Sabina nicht antwortete, glaubte er die Sache näher erklären zu müssen: „Das sind nämlich zwei bayrische Steuerexekutoren aus Sterzing gewesen, was soll man denn auch machen mit solchen Leuten? Ich möchte nicht einmal ein österreichischer Steuerexekutor sein, aber es kann ja nicht alles nur Postillone geben, ist doch wahr, nicht?“

„Ja, gewiß“, sagte Sabina und es machte ihr Mühe, auf den Gedankengang des Postillons einzugehn.

Sie fuhren durch Wilten, überall die frischen Spuren der Schlacht, zerstampfte Felder, niedergerissene Zäune, zertretene Gärten, Beschüsse an den Häusern, aber überall wieder quellendes Leben. Teils geschäftige, teils flanierende Menschen, ein buntes Gewirre von Städtern, Bauern, Schützen und Soldaten. Von allen Hausgiebeln wehten die Fahnen, die tirolischen und österreichischen Farben, an den Balkonen prangten die mit Taxusgewinden verzierten alten Hauswappen, Altärchen und Kaiserbilder an den Fenstern, Spruchbänder, Triumphbögen, man war noch mitten drinnen Siegesfeste zu feiern. Die Extrapost fuhr im Gewühle gehemmt, langsam durch die Triumphpforte dem Taxisschen Posthaus zu.

„Fräulein, ich führ Euch gern vor das Haustor hin, wo wollt Ihr absteigen?"

„Bitte, zum Kloster der Serviten!"

„Gut so, das ist ja am Weg, gleich da in der Neustadt." Der Postillon besann sich. „Aber Fräulein, — dort liegen ja lauter Bayern, an die dreihundert!"

„Ich weiß."

„Schau dir das an, hab ich zwei Bayern und eine bayernfreundliche Dame nach Innsbruck herausgeführt. Soll es sein wie es ist, der Krieg ist ja aus und auf meinem Posthut steckt wieder der österreichische Adler und nimmer der bayrische Löwe." So brummelte der Biedere vor sich hin und hielt vor dem zweiten Tor des Serviten-Klosters seine Pferde an. Dienstbeflissen sprang er vom Bock und half Sabina beim Aussteigen. „Schönen Dank, Fräulein, und wünsch gute Heimfahrt!"

Seit der Postillon das Wort fallen gelassen „an die dreihundert", war Sabina die Kehle wie zugeschnürt. An die dreihundert und er unter ihnen. Wie viele von den dreihundert waren seit den sieben Tagen nach der Schlacht schon gestorben? Allen Mut nahm sie zusammen und trat durch die Pforte in das Klosterlazarett.

Überall in den Gängen standen die Bahren mit ihrer Elendslast. Stöhnende Soldaten, andere, die knirschend die Schmerzensschreie verbissen, mancher der Auflösung entgegendämmernd. Dann und wann beugte sich ein Helfer über einen der Geschlagenen, ein Priester waltete lautlos seines Amtes. Wenn sich eine von den vielen

Gangtüren öffnete, sah man eng aneinandergereihte Betten, Strohlager auf dem Boden, ein atemberaubender Dunst von scharfen Essenzen, von Äther und fauligem Blut quoll und wehte den Vorübergehenden wie Pesthauch an.

Sabina mußte an ihren Vater denken, wie oft er in solchen Lazaretten, auch in Feindesland, Rettung vor dem Tode fand. Sie konnte es auf einmal nicht mehr fassen, daß er von jedem Feldzug immer fröhlicher heimgekehrt war, daß er dies vergessen konnte.

Durch eine Hölle von Qualen mußte sie sich durchfragen, bis sie ein kleinwinziges Zimmer betrat. Es mußte eine Mönchszelle gewesen sein. Zwischen zwei Bettstellen konnte sie zur Not sich umsehend bewegen. Die Wahl war nicht schwer. Der eine, mit dem wachsgelben Gesicht und den starrenden, grauen Bartstoppeln konnte es nicht sein, — der andere mußte es sein.

Leutnant Ludwig Steiningen lag mit halb offenen, verschleierten Augen, reglos ausgestreckt, fast ohne Atem. Sein Antlitz war nicht entstellt, und dennoch das eines Sterbenden. Sabina stand und hielt sich selber an den Händen gefaßt, hielt den Atem an und den Jammerschrei zurück, das kreatürliche Recht aller Schmerzgetroffenen. Sie stand lange so und rang mit sich, die Zeit war kostbar.

Da kam der Arzt herein, sichtlich selber bis zum äußersten erschöpft. Er starrte Sabina an und sagte dann leise: „Das ist wunderbar, daß Ihr gekommen seid. — Fräulein Sabina von Festi, nicht wahr?"

Sabina nickte, sie hatte den Arzt nur mit einem kurzen Blick gestreift. Ludwig Steiningen aber öffnete die Augen — voll und groß auf Sabina gerichtet, sie erkennend. Die Nebel, die ihn schon eingehüllt hatten, zerteilten sich, noch einmal brach die Sonne durch.

Der Arzt ging leise hinaus. Er wußte, hier war jede Mahnung überflüssig, diese zwei Menschen taten einander nichts zu Leide, diese Frau war eines scheidenden Mannes kostbarste Neige, weil sie Anfang ohne Ende war.

Sabina ließ sich auf die Knie nieder, hielt seine Hand in der ihren, der Druck war sanft, kaum fühlbar, hatte keine Kraft mehr. Knochig, von Fiebern ausgezehrt war diese Hand, an der sie einmal von Villanders nach Klausen nieder und den Säbener Berg wieder hinaufgewandert war. Dann und wann hauchte Steiningen ein Wort: „Sabina" —

Er fühlte ihre andere Hand auf Stirn und Wangen, — das war Leben, ihm zärtlich zugetanes Leben.

Er fühlte ihren in kühles Naß getauchten Finger über seine Lippen streichen, schmeckte das Salz des Lebens. Dann schmiegte sich ihr Gesicht an seines, Wange an Wange, als lägen sie Seite an Seite auf dem Brautbett. Ihren Atem spürte er, ihr von Zeit zu Zeit gehauchtes Wort: „Ludwig." — Nichts anderes sprach sie zu ihm, weil er zu ihr nichts anderes mehr zu sprechen vermochte. Sie raubte ihm nicht mit einem Kuß vergeblichen Begehrens Kraft und Besinnung der letzten, kostbaren Augenblicke. Der Kuß ist Verheißung und Gewährung der Lebenden. Kein irdisches Bedürfen, kein Schmerz sollte den hingeopferten Leib mehr quälen. Sabina glaubte mit ihm vergehen zu müssen, flehte, mit ihm vergehen zu dürfen, um alles fassen zu können, auch den Verzicht. Sie wollte sein ehrfürchtigstes Geleit sein zur Schwelle hin. Er sollte ihr Kommen als ein letztes, unverletztes Glück empfinden, nicht wie eine Qual jammervollen Unerfülltseins. „Das große Glück." Sie mußte diese Worte hörbar geflüstert haben, denn er gab Antwort darauf. „Ja!" Noch einmal umfing sie sein Blick, vermählte sich dem ihren, darin die Diamanten verklärten Leides schimmerten. Dann sanken ihm die Augen. Der edle Mund des Toten sprach noch mit sanftem Lächeln das Ja zu seinem frühvollendeten Leben. —

Es war Nachmittag, als man Sabina bat, sich von dem Toten zu trennen. Der Arzt Dr. Nikolaus Schröder überreichte ihr zwei in Wachstuch eingeschlagene Pakete, die nach des Toten letzter Verfügung für Sabina und Ludwigs Eltern bestimmt waren.

Sabina fragte nicht nach der Art der Verwundung, das

waren Dinge, schien es ihr, die nicht mehr zu seinem Leben und noch weniger zu seinem Tode gehörten.

„Wir wollten das Bein amputieren, aber der schnell eintretende Brand vereitelte alles", hörte sie den Arzt sagen. Warum redeten die Menschen an unerbittlich vollzogenen Schicksalen noch so viel herum? Warum selbst dieser brave Innsbrucker Arzt, der die Feinde seines Landes mit derselben aufopfernden Hingabe betreute wie alle andern? fragte sich Sabina. Dr. Schröder sorgte noch für eine Nächtigung in einem stillen Gasthof. Sabina wollte und mußte diesen Abend allein sein. Am nächsten Morgen sollte Leutnant Steiningen mit noch einem Kürassier seiner Eskadron und zwei bayrischen Infanteristen beerdigt werden. Sie besorgte noch einen Sarg und ein Einzelgrab. Dann schrieb sie an Ludwigs Eltern.

Sabina verstand sich selber nicht mehr, daß sie es vermochte.

Aber nun war alles vorbei, die Angst, die Hoffnung. Nur das Leid blieb, Leid war Ruhe, Sammlung, Ergebung. Bis zum Morgen umfing sie die Wohltat eines todähnlichen Schlafes.

In der St. Veitskapelle auf dem alten Spitalsfriedhof standen ein schwarzer und drei rohgezimmerte Soldatensärge. Sabina war froh, daß sie den Ludwigs erkennen konnte.

„Heut sind wieder viel Tote", sagte einer von den halb Dutzend Invaliden, die angehumpelt kamen. Sabina folgte den Trägern des schwarzen Sarges als einzige Leidtragende. Die Invaliden geleiteten ihre Kameraden. Vom Kapellenturm bimmelte die kleine Begräbnisglocke. Leutnant Ludwig Steiningen und seine kleine Garde wurden um die St. Veitskapelle herumgetragen und dann beim rundbogigen Ostfenster der Apsis, ganz in der Nähe des Obersten von Ditfurth beigesetzt. Ein Kapuzinerpater segnete die Toten ein.

Sabina mußte an das prunkvolle Begräbnis ihres Vaters denken, an den donnernden Ehrensalut. Sie hatte nur Tränen.

Während das Grab zugeschöpft wurde und das Kreuz

mit dem Namensschild aufgerichtet war, kniete Sabina in der St. Veitskapelle. Als sie wieder hinaus trat, war niemand mehr im Friedhof. Die frisch umgepflügte Erde roch, von andern Gräbern kam der Duft von blühenden Heckenrosen und Thymian herüber, in den Lorbeer- und Buchsbaumbüschen sangen die Vögel immer noch ihr Morgenlied.

Die Vorsprache bei der Baronin Bormio kam Sabina schwer an, aber auch das mußte sein. Fast gleichzeitig mit ihr war die Alarmbotschaft vom Kloster Säben eingelangt. Die Baronin, eine sehr feine, hochgebildete Dame, war eine glühende Patriotin. Sie konnte dies alles nicht verstehen, nicht fassen, für eine österreichische Offizierstochter nicht für möglich halten, aber sie blieb trotz allem vornehm zurückhaltend. Sabina brachte sechs Dukaten zurück und bat vielmals um Verzeihung, daß sie vier von den zehn unrechtmäßig verbraucht hatte.

„Ich bitte dich, liebes Kind, tu mir diese Dukaten aus den Augen, sie erinnern mich nur an eine schmerzliche Enttäuschung und an dein eigenes Unglück!" Daraufhin nahm Sabina das Geld dankend an und bat um Erlaubnis, sich verabschieden zu dürfen, da sie noch die nächste Post erreichen möchte. Die Baronin atmete auf. „Du tust gut daran, liebes Kind, gleich heimzukehren, das allein wird die ehrwürdigen Frauen wieder beruhigen. Ich werde der Äbtissin schreiben, daß man dir verzeihen möge. Man wird dich wieder in das Kloster aufnehmen, denn das, mein liebes Kind, wird für dich das Beste und einzig Heilsame sein." Sabina blieb den Dank dafür schuldig, dann war auch das vorbei.

Es war nicht mehr ihre Welt. Sie brauchte sich nicht zu beeilen, um die Mittagspost noch zu erreichen. Noch einmal suchte sie Ludwigs Grab auf und ging dann wie blind und taub über den Marktgraben herüber, sie hatte jede Orientierung verloren und mußte nach der Poststation fragen. Auf der Hauptwache, beim Eingang zur Herzog-Friedrich-Straße, spielte eine Schützenmusikkapelle einen schmetternden Marsch. Sabina bog in die Maria-Theresien-Straße ein.

Unter dem Torbogen eines Hauses sah sie drei Kinder von etwa sechs, vier und drei Jahren, armselig gewandet, verschüchtert beisammen stehn. Sabina blieb stehen und richtete an die Kleinen zutraulich die Frage, auf wen sie hier warteten.

„Auf unser Müetterle, die tut Wäsche waschen da drinnen!" gab das lebhafte Büblein zur Antwort und deutete in das Haus hinein. „Wir sein Schwazer Leut, Abbrandler", gestand die Älteste traurig.

„Wo wohnt und schlaft ihr denn?"

„Neben einem großen Bräuhaus im Ochsenstall!" tat das Bübl wichtig.

„Ihr habt gewiß Hunger?"

„Die Mutter bringt uns bald ihr Essen, wir brauchen nimmer lang warten", versuchte das Mädchen schamhaft den Hunger nicht ganz einzugestehen.

„Wo ist denn euer Vater?"

„Den haben die Bayern derschossen", grollte der Bub. Sabina kaufte für jedes einen weizenen Weinbeerwecken, wechselte in der nächsten Apotheke einen Dukaten und gab das gewechselte Kleingeld der Ältesten in Verwahrung. Lange noch hörte sie der Kinder dankbares Nachrufen: „Vergeltsgott zu tausendmalen, vergeltsgott tausendmal!"

Sollte sie nicht in Innsbruck bleiben, ihre Dukaten verteilen und dann selber welche verdienen? Hier hatte sie noch ein Grab, auf Säben hielt sie nichts mehr. — Nein, sie mußte noch einmal zurück. Es sollte keine feige Flucht sein. Sie war seinetwegen geflohen, weil jeder Augenblick kostbar war, er hatte sie gerufen, an der Schwelle des Todes aber zurückgelassen. Sie war nicht gestorben an diesem Abschied und mußte in das Leben zurückkehren, und sie mußte auch den Säbener Frauen für alles danken, für das Schönste, was sie auf Säben erlebt hatte.

Der Postwagen war überfüllt. Einige Übermütige trieben es ganz arg. Sie aber hörte und sah auch auf diesem Rückweg nichts, was sich um sie herum begab. Sie sah nur zu Füßen der spitzdachigen St. Veitskapelle ein offenes Grab und hörte Erdschollen auf den Sargdeckel niederrollen, ganz fern schmetterte eine Marschmusik und drei kleine Kinder riefen ihr nach ‚Vergeltsgott tausendmal!'. Sabina ahnte auch nicht, daß im Postwagen unter den andern jener Michel Kammerlander saß, der ihr die zehn Dukaten der Baronin Bormio überbracht hatte. So konnte sie auch nicht wissen, daß sie es ihm zu verdanken hatte, von den Übermütigen unbehelligt zu bleiben. Sie hatte es auch ganz überhört, als ein Latzfonser Jungschütz, des Weines voll ihr zurief: „Geh Fräuele, sei wieder munter, Herr gib ihm die ewige Rueh, Buem sein no genua!" Sabina saß blaß und müde in ihrer Wagenecke und hielt die Augen geschlossen ohne zu schlafen, ohne zu träumen, denn es war alles bittere Wirklichkeit.

HEIMKEHR

Als Sabina nach Säben zurückgekehrt war, hatte man sie ohne Vorwürfe angehört. Sie beschönigte nichts. Das Hoheitssiegel des Schmerzes, das ihrem Wesen nun sichtlich aufgeprägt war, verschloß den Säbener Frauen den Mund zum tadeln und öffnete ihre Herzen zum mitfühlen. Daß Sabina für immer aus dem Kloster schied, bemühte man sich zu verstehen, wenngleich einige, vor allen Frau Benedikta, sich jetzt, nach dem Tode Steiningens, die große Wende zur Einkehr erhofft hatten. Doch so wie der Wallfahrerin die Heiligtümer Säbens immer offen standen, sollte auch der liebe Gast in der Abtei stets willkommen sein. Wie eine Lossprechung von ihrem Vergehen empfing Sabina von der ehrwürdigen Mutter Äbtissin dankbar Verzeihung und Segen. Nach dem Komplet in der Stiftskirche, an dem sie noch einmal teilnahm, suchte die ehemalige Novizin zum letztenmal ihr kleines Zimmer im Gästehaus auf und war nun allein.

In dieser letzten Nacht auf Säben suchte sie keinen Schlaf und hätte ihn wohl auch nicht gefunden, denn ihr stand noch Schweres bevor. Hier heroben, auf dem heiligen Berg, wollte sie das kleine, in Wachstuch eingeschlagene Bündel, die Hinterlassenschaft, die ihr von Ludwig zugedacht war, — öffnen — sein Erbe antreten.

Beim Schein einer brennenden Wachskerze löste sie die Hülle und dann lag ein Bündel Briefe vor ihr. Sie waren teils in den unruhigen Tagen vor der ersten Erhebung, teils nach der Flucht, während seines Aufenthaltes in der Festung Kufstein, geschrieben worden. Der letzte Brief trug das Datum des 23. Mai und war, wie sein Vermerk besagte, auf der Rast, während des Anmarsches auf Innsbruck niedergeschrieben. In einer kleinen Kassette lag ein goldenes Medaillon mit dem Bildnis Ludwigs, als junger Student, ein Geschenk seiner Mutter an das geliebte Mädchen ihres Sohnes. Dies und die Briefe wollte Steiningen den unsichern Postgängen jener Tage nicht mehr anvertrauen. Jetzt erst konnte sich Sabina erinnern, daß ihr Dr. Schröder mitgeteilt hatte, die beiden Pakete seien am Vorabend des 24. Mai bei einem Bruder der Serviten, einem gebürtigen Bayern, hinterlegt worden. Dieser habe dann dem verwundeten Leutnant nach dessen Einlieferung in das Klosterlazarett das ihm Anvertraute wieder zurückgebracht.

Sabina ließ die Briefe durch ihre Finger gleiten, als wollte sie an ihnen noch etwas ertasten, erfühlen, sie sah die geliebten Schriftzeichen ohne sie zu lesen, sie fühlte nicht genug Kraft in sich, das alles in dieser Stunde aufzunehmen. Lag nicht noch die Wärme des Lebens auf diesen Blättern? Das Gewicht seiner Schreibhand? Fühlte sie nicht seine Nähe? Nicht die des Toten, so, wie sie ihn erschaute in den Tagen heißer Sehnsucht und schöner Hoffnungen.

„Bleibe auf Säben bis ich komme", hatte er in jenem letzten Brief ihr aufgetragen. Nun war er gekommen und morgen wird sie mit ihm Säben verlassen. Da bemerkte Sabina, daß der starke Karton auf dem Grunde der Pakkung ein sorgfältig verklebtes Doppelblatt war. Wie hätte dies doch zu anderer Zeit ihre freudige Neugier erweckt. — Jetzt aber, — scheu und voll Ehrfurcht löste sie Hülle um Hülle. Ein mehrfach gefaltet, hauchdünnes

Papier verbarg noch das Letzte. Ein beschriebenes Blatt kündete das noch geheimnisvoll Verborgene an. Sabina rückte das flackernde Kerzenlicht näher heran. Ihr Herz schlug schwer, sie mußte alle Kraft zusammennehmen.

„Geliebtes Mädchen!

Sollte dies Bild, unser Bild, nicht durch meine Hände in die Deinen gelangen, so sei es mein Vermächtnis an Dich, mein Dank, — mein innigster Wunsch, der Dich durch Dein weiteres Leben geleiten möge!

Mein Leben war kurz, aber weil ich Dich gefunden habe am Ausgang, war es das große Glück, das Unzerstörbare.

Lebe Dein und mein Leben weiter!

Du bist nicht Larthia, als die Du mir einmal erschienst. Du bist aber die nicht minder stolze Tochter Deines unbesiegbaren Volkes. Ich bete noch um eines zum Unendlichen, so er Wünsche und Bitten der Menschen erfüllen kann: Ich bete, daß mir am Ende die Klarheit des Verstandes gegeben sei und ich sterben kann mit dem Gedanken an Dich.

Leb wohl, mein geliebtes Mädchen Sabina!

Dein Ludwig, mit jedem Atemzug, der mir noch gegeben ist."

Nach einer langen Zeit, bis Sabina wieder so viel Fassung errungen, enthüllte sie das Bild, ein Kunstblatt, den Dürer-Stich: „Das große Glück." Im matten Schein des Kerzenlichtes betrachtete Sabina das Bild, betrachtete es gehemmt, immer wieder von strömenden Tränen halb blind, Stunde um Stunde. Der Schmerz um das verlorene Glück überwältigte sie wie nie zuvor und wie nie mehr hernach. Fast mörderisch stürzte dieser Schmerz auf sie ein, daß sie sich zuweilen schon ertrunken glaubte im Leid, und doch mußte sie wieder auftauchen zur Besinnung, um unter neuen Sturzwellen tobender Verzweiflung begraben zu werden. Vor dem Fenster draußen verging die Nacht, graute im Osten der Tag. Weil sie nicht erlag, rang sie sich endlich in Ergebung zum Licht empor, zum Bewußtsein dessen, was sein letzter Wille war, sein letzter Auftrag: Lebe mein Leben weiter. —

Am Morgen, als Sabina von Säben Abschied nahm, erschraken die ehrwürdigen Frauen über ihr elendes Aussehn und deuteten es nach ihrem Auffassungsvermögen als die Folge eines vorausgegangenen schweren Seelenkampfes. Nur Frau Magdalena wußte es besser und fand alles sehr natürlich, als einen Teil der großen Heimsuchung ihres liebenden Herzens, betrachtete sie Sabina doch mehr denn je als ihr Schmerzenskind. Frau Benedikta aber stürzte sich, was sie noch nie getan hatte, laut aufschluchzend in Sabinas Arme und rief verzweifelt: „O Sabina, dein zerquältes Gesicht verrät uns, daß dich Gott noch einmal gerufen in dieser Nacht auf Säben, den heiligen Berg! Warum hast du nicht gehört auf ihn?"

„Frau Benedikta, er hat mich gerufen, ja — und ich habe auf ihn gehört, glaubt mir!"

„Nein, das kann ich nicht glauben, daß Gott Euch den Frieden vorenthält."

„Frieden ist überall, wenn wir ihn nur in uns tragen."

„Ich werde Euch nie mehr sehen, Sabina, o ich weiß, ich werde bald sterben."

Sabina lächelte. „Das habt Ihr schon einmal gesagt, wißt Ihr noch? Drüben im Friedhof, ehvor Ihr nach Garn hinaufgegangen seid."

Mit sanfter Gebärde löste sich Sabina aus der bebenden Umklammerung Frau Benediktas, mit einem frommen Gruß wandte sie sich von ihr ab und verließ die Abtei.

Als Sabina mit ihrer ringen Habe von Säben herniederschritt, blieb sie wie immer, vor dem hohen Hollerbusch stehen. Sein Astwerk neigte sich unter der schweren Last der viel hundert reifenden Fruchttrauben fast bis zur Erde nieder. Als er im bräutlichen Schmuck seiner elfenbeinschimmernden Blütenpracht stand, hegte auch sie noch bräutliche Hoffnungen. Arm an Gütern trat sie nun in das Leben hinaus, aber sie trug das reiche Erbe des Toten mit sich, das Gemeinsame über das Grab hinaus, das Erlebnis ihrer Liebe im nicht Erlebbaren, im ewig Schwebenden gleich jener Fortuna auf dem Bilde.

Jetzt sah sie die Glückgöttin sichtbar über Klausen

schwebend, wie sie ihr einst Ludwig geschildert hatte. Ein Zaumzeug trug sie, wie auf dem Bilde und ließ die Zügel schleifen, wo waren Reiter und Pferd? Sie ließ die Schleier wallen, enthüllte die satte Reife ihrer lust- und leiderfahrenen Gestalt. — Das Wissen, das Ertragen und immer noch sich über die Tiefen erheben, schweben können auf der rollenden Kugel des Schicksals, ist das das große Glück?

Was kredenzt sie uns im goldenen Deckelbecher?

Den Schierlingstrank des Todes, die bittere Myrrhe, den Lethe des Vergessens? —

Dr. Hinteregger war fast zugleich mit Sabina von Innsbruck zurückgekommen. Er hatte einen Verwundetentransport nach Brixen begleitet und einige Leichtverwundete aus Klausen und der Umgebung mit heimgebracht.

Er und seine Frau kamen Sabina mit ausgestreckten Händen entgegen, bewillkommten sie mit solcher Herzenswärme, daß die heimliche Bangnis, mit der sie diesen ersten Schritt in das neue Leben unternahm, gleich überwunden war. Der Doktor erzählte dann Sabina kurz und sachlich, daß er Leutnant Steiningen durch Zufall bei den Serviten gefunden habe und eigentlich nichts mehr mit ihm reden konnte, da er ihn ohne Bewußtsein antraf. Er hätte aber keinen Augenblick daran gezweifelt, daß sie sich eilends nach Innsbruck aufmachen werde.

Sabina berichtete vom Sterben Ludwigs nur so viel, als sie vermochte, ohne ihre Fassung zu verlieren.

„So ist doch wenigstens das geschehen, was noch geschehen konnte. Einen anderen Trost weiß ich Euch nicht zu sagen, liebes Fräulein Sabina. O dieser wahrhaftigen Gottes verdammungswürdige Krieg!"

Der Doktor rief es zornig und konnte so am besten verbergen, wie sehr er selber bewegt war. Die Doktorin machte sich die Hände voll zu tun, den Heimgekehrten und die neue Hausgenossin in ihrer so warmen, fürsorglichen Art zu betreuen, beide ein wenig zu erheitern, denn auch ihr Michel, sie kannte ihn zu gut, war weit weniger über den Sieg beglückt, als er über die Opfer, die der Sieg an Leben und Gütern gefordert hatte, erschüttert war. Indessen erzählte der Doktor, wer aus der Gegend um Klausen gefallen war, wie viele von den Verwundeten man in Innsbruck hatte zurücklassen müssen. Vom Heldentod des Grafen Stachelburg aus Meran hatte die Doktorin schon gehört. „Ja, den hat der Intendant Hormayr zum ehrenvollen Waffengang nicht dringlich genug einladen können, mich wundert nur, warum er selber nicht auch mitgemacht hat", brummelte der Doktor und erzählte noch, daß der Valentin aus Verdings vom Berg Isel eine Fußblessur als Andenken mitbekommen habe, nicht bös, aber langwierig. Bis Klausen sei er mit ihnen gefahren und über den Berg hinauf hätten ihn zwei Schützen fest unter den Arm genommen. Sabina durchfuhr ein Schreck, auf den Vorschlag Frau Magdalenas, die Bärbl in ihren Ängsten doch aufzusuchen, hatte sie ganz vergessen. Aber dies und viel anderes könne sie in den kommenden Tagen einholen, versicherte sie der Doktor. Er und seine Frau entbehrten die Nähe ihrer Kinder, die in der Fremde lebten, oft schmerzlich genug, um Sabina nicht freudig einen Platz in ihren Herzen einzuräumen.

Dr. Hinteregger verstand es, Sabina, wo er nur konnte zu verpflichten und einzuspannen. Im Spital brauchte er ihre Hilfe, bei den Hauskranken, selbst in die Wundpflege führte er sie ein. Er war auch ein Seelenpraktiker, wußte, welch ein Segen in der Arbeit lag, und zudem sollte das immer noch und im rechten Sinn des Wortes adelsstolze Fräulein nicht das Gefühl haben, bei ihnen im Gnadenbrot zu stehn. Sabina war es recht so, denn sie sagte sich, wer Neuland betritt wie sie, dürfe auch vor Steilwegen nicht zurückschrecken. Wenn sie dann am Abend oft todmüde und vom Erlebten auch innerlich nicht weniger berührt in ihrem Zimmer saß, dann war ihre eigene Welt schmerzvoll liebenden Erinnerns nicht mehr Leid allein, da wurde sie auch zu einem Eiland stiller Besinnung. „Lebe dein und mein Leben weiter!" In diesem Sinne hatte sich Sabina vorgenommen zu leben und zu wirken.

Im Doktorhaus konnte Sabina, wenn sie nicht allein

sein wollte, an allem teilhaben und besonders wenn am Abend Besuche kamen, war sie gern gesehen im kleinen Kreis. Da tat sich ihr zuweilen auch jene andere Welt auf, deren wilden Atem der heimkehrende Vater oft mitgebracht hatte. Damals war sie noch zu jung, um es zu erfassen. Jetzt erst begann sie den Blick ins Weite zu richten, die großen Zusammenhänge zu ahnen. Wer bei Doktors ein und aus ging, durfte freimütiger sprechen als anderswo und so hörte Sabina auch zur Zeit nicht immer respektvoll über den Intendanten Hormayr reden. Er war wieder im Lande und reiste mit großer Suite durch das heimgesuchte Unterinntal, ließ die Ärmsten zu sich kommen und hörte mit Leutseligkeit ihre Klagen an, überall trostreiche Worte spendend. Der Doktor äußerte sich darüber sarkastisch: „Ja, das hat der gute Hormayr nicht bedacht, daß während seiner wenig rühmlichen Abwesenheit über Tirol ein neuer Stern aufgegangen ist. Die allseitige Liebe und Verehrung, die dem Andrä Hofer, dem wahren Befreier des Landes entgegengebracht wird, muß er nun eben auf seine Weise abzudämpfen versuchen, und in Schönrederei ist er dem Hofer haushoch überlegen."

Vom großen Haller Festzug erzählte ein Besuch, der an Prunk und Aufwand den Innsbrucker großen Festzug weit übertroffen hätte. Überall wurden die in Sicherheit gebrachten Gnadenbilder wieder in festlichen Prozessionen an ihre alte Stätte zurückgebracht.

Im Schatten dieser glanzvollen Feste aber schlich die Not einher, zogen bettelnde Abbrändler durch das Land. Zerrüttete Finanzen hemmten Handel und Wandel. Die Einhebung der Steuern, besonders der neuen Brandsteuer, machte große Schwierigkeiten, da durch die neuerlichen Enthebungen und Landesverweisungen der bayrischen Beamten das ganze Amtswesen in Unordnung geraten war. Dazu kam die allgemeine Unsicherheit, hing doch der Bestand der schwer erkämpften Freiheit des Landes mehr denn je vom weiteren Glück der österreichischen Waffen ab, so lange Deutschland das Joch des Korsen nicht abzuschütteln wagte.

Hormayr residierte als oberster Zivilkommissär des Landes in der Hofburg. Hofer wohnte im Gasthof zum Kreuz, feierte noch das von ihm verlobte Herz-Jesu-Fest und kehrte, über Teimers neuerliche Ausfälle ins Bayrische verärgert nach Passeier auf seinen Sandwirtshof zurück. Im Juni riefen die Sturmglocken die Kämpfer an der Etsch aufs neue zu den Waffen, doch konnte Graf Leiningen im Verein mit dreihundert Standschützen und fünfhundert Freiwilligen die Einschließung Trients durch die Franzosen diesmal vereiteln. An der Ostgrenze des Landes bereiteten die Kärntner mit Rat und Hilfe der Tiroler ihre Erhebung vor.

Vergeblich aber wurde seit Mitte Juni die Erstürmung der Festung Kufstein versucht. Speckbacher belagerte sie mit zehn Schützenkompagnien. General Buol stellte ihm nur zwei Kompagnien und kein Geschütz bei. Alle Findigkeit Speckbachers, seine unentwegten Attacken, die kühnsten Handstreiche vermochten nicht, die Bayern aus der Festung zu bringen. Deroy aber war es gelungen, den Eingeschlossenen zweimal Vorräte und frische Mannschaft zuzuführen. Als zu Ende der zweiten Juliwoche auf der Festung Kufstein hundert Kanonenschüsse erdröhnten, ohne Kugeln auszuwerfen, kroch den Belagerern das kalte Grausen über den Rücken.

Sie ahnten, daß sich im Buch der Weltgeschichte ein Blatt gewendet hatte, aber nicht zum Heil Tirols. Und so war es, die hundert Kanonenschüsse verkündeten den Sieg Napoleons bei Wagram am 6. Juli.

Eine Hiobspost folgte der andern.

Nicht der sinkende Mut seiner Truppen hatte den Generalissimus Erzherzog Karl bewogen, einen Waffenstillstand vorzuschlagen, aber ihr Zustand und der Ausbruch des Typhus, hatten doch viele Soldaten seit dem Rückzug aus Bayern nur mehr das an Ausrüstung, was sie auf dem Leibe trugen. Wie der Sturmwind dem nahenden Hochwetter vorangeht, durcheilte ein Wirbel widersprechender Gerüchte das Tiroler Land.

An den Waffenstillstand wollte niemand glauben, vor allem nicht an den 4. Punkt der Bedingungen, daß die in

Tirol und Vorarlberg befindlichen Abteilungen der österreichischen Truppen beide Provinzen zu räumen hätten. Die Nachricht von der Abdankung Erzherzog Karls aber rief größte Bestürzung hervor. Was man nicht fassen konnte, wollte man auch nicht glauben. Die Kriegspartei hatte den Generalissimus gestürzt. Der Kaiser schwankte, vor allem wollte er die Preisgabe Tirols verhindert wissen. Tirol wog schwer in der Waagschale strategischer und politischer Überlegungen. Aber auch das Gewissen schwieg nicht ganz. Sollte man das tapfere Volk preisgeben?

Französische und bayrische Proklamationen überfluteten das Land, mahnten zur Ruhe, drohten mit schweren Repressalien. General Buol ließ eine Widerrufung über den Abzug der Truppen, die Erzherzog Johann von Komorn aus an ihn gerichtet hatte, drucken und überall verteilen. Johann von Kolb, der Don Quixote des neunzehnten Jahrhunderts, fanatisierte die Kriegswilligen mit erdichteten Siegen der Österreicher, leugnete überall den Waffenstillstand und den Sieg Napoleons. Die Tiroler Friedenspartei, unter ihr auch der Fürstbischof, Graf Lodron, sah in der Abdankung Karls das Zeichen, sich besser in das Schicksal zu ergeben. Deutlicher war Hormayrs Proklamation, welche unter anderm lautete: „Angesichts dieser allzugroßen, allzuwichtigen und allzuniederschlagenden Ereignisse, müssen die notwendigen Maßregeln getroffen werden, Widerstand wäre vergeblich."

Am 23. Juli wurde eine neuerliche Weisung Erzherzog Johanns an General Buol veröffentlicht, die die Tatsache des Waffenstillstandes bestätigte, sich aber mit dem Nachsatz an die Tiroler und an die österreichischen Hilfstruppen richtete: „Darum fordern wir umsomehr zur Verteidigung gegen den arglistigen Feind auf."

Wenn auch Hormayr und Buol noch zögerten, besonders der General in folternder Ungewißheit das weitere noch abwarten wollte, für Hofer war das Signal gegeben. Vom Pustertal aus, wo er weilte, erließ er seinen glühenden Aufruf:

„Da der allgemeine Feind der Throne, der Religion, des Wohlstandes der Völker, mit der Kraft der Waffen nicht mehr sein Auslangen findet, hat er zur List seine Zuflucht genommen. Er streut aus, als ob vom Kaiser ein Waffenstillstand beschlossen worden wäre, dessen Folgen die vollständige Vernichtung der österreichischen Monarchie zur Folge haben würde. Da der Kaiser selbst die Vereinigung Tirols mit Österreich sanktioniert hat, so weiß man, daß dies Gerücht nicht wahr ist. Es müssen also dagegen alle Maßregeln ergriffen werden. Jeder muß zu den Waffen greifen, ich mache es mir zum Vergnügen, euer Führer zu sein."

Ahnte das Volk, daß Napoleon im Vertrag von Znaim den Kaiserlichen nicht nur die Räumung Tirols auferlegt hatte, sondern daß er auch fest entschlossen war, das Land während des Waffenstillstandes zu unterwerfen, als es allen Drohungen, allen Gefahren zum Trotz aufs neue zu den Waffen griff?

In Salzburg standen unter dem Oberkommando Léfèbres zwei bayrische Divisionen und eine sächsisch-rheinbündische Division zum Einmarsch in das Land Tirol bereit.

Erschüttert las man im Doktorhaus eines von den bayrischen Flugblättern, das dem bayrisch gesinnten Landrichter Klebenberg in die Hände gespielt wurde.

„Verfluchtes Volk! Wohin?
Blick auf und schaudere zurück!
Er kommt nicht mehr, versäumst du ihn,
Der Rettung letzten Augenblick.
Dich führt dein Wüten und dein Toben
Nicht weiter als den wilden Stier
Sein Freiheitsdrang.
Tiroler seht! Die Hölle öffnet euer Grab,
Stürzt euch hinein, hinab, hinab!"

Dr. Hinteregger tat einen herztiefen Schnaufer und sagte beklommen: „Der das geschrieben hat, meint es mehr gut als übel mit uns, aber auch sein Rat ist ein zweischneidiges Schwert." Und er faltete den Flugzettel zu einem schmalen Fidibus zusammen, setzte ihn an der Lampe in Brand und zündete seine Pfeife damit an, um sich dann in eine Wolke qualmenden Tabakrauchs zu hüllen.

„Wird dieser Jammer nie und nimmer enden? Muß denn Recht immer nur mit Blut und Tränen erkauft werden?" rief Sabina, ihre Stimme bebte. „Wer um sein Recht kämpft, dem wird nichts geschenkt, — er müßte sich denn gedulden."

„Hat da jetzt Zeus in den Wolken, der liebe Gott im Himmel, oder mein Michel hinter dem Knasterrauch gesprochen?" versuchte die Doktorin zu scherzen.

„Dein Michel, liebes Alterchen, hat gesprochen und ist in dieser Sache genau so ohnmächtig wie der liebe Gott selber." — —

Am Abend des 30. Juli zog Léfèbre in Innsbruck ein.

Am 1. August wurde sein Manifest, mit der Forderung gänzlicher Unterwerfung und der Auslieferung mehrerer Anführer, darunter auch des Andreas Hofer, überall angeschlagen. Sechzig Mann und zwei Offiziere, die sich von den über die Scharnitz herein abziehenden, österreichischen Truppen versäumt hatten, wurden von den Bayern gefangen genommen. General Buol hatte sich, Tirol im Rücken lassend, durch das Pustertal hinauf in Bewegung gesetzt. Leiningen zog mit seinen Truppen durch Brixen marschierend ab und wurde von der erbitterten Menge mehrmals beschimpft. Dann brach das Unwetter los.

Wieder wurde der Kuntersweg gesperrt und wieder verkündete Pater Haspinger auf der Kanzel der Latzfonser Kirche den Aufruf Andreas Hofers, Oberkommandanten von Tirol.

Auf Säben und von allen Kirchtürmen der umliegenden Dörfer läuteten die Sturmglocken ins Land hinaus, bis Bozen brandete die Bewegung des neuerlichen Aufstandes. Und zum andernmal, wie im April und im Mai, eilten die Landstürmer von Latzfons, Velthurns, Verdings, von den Weilern Viersch und Pardell, die Villanderer und die von Barbian unter Gasteigers und Haspingers Führung zur Eisacktaler Straße nieder.

Diesmal stand Sabina nicht mehr droben auf dem Säbenerberg, zwischen Turm und Zinnenmauer, um den Ausziehenden nachzusehen. In fieberhafter Eile bereitete sie mit der Doktorin alles Notwendige vor, wessen ein Wundarzt bedurfte, wenn er der Mordfurie des Krieges noch einen Zehent der Opfer entreißen wollte. Und diesmal zitterte Sabina nicht mehr für den Einen, diesmal zitterte sie für alle, bangte sie um des Landes bedrohte Freiheit, um die Heimat am Eisack, die auch Ludwigs Heimat geworden war, der nun in Tiroler Erde ruhte.

Am 4. und 5. August erfochten die Tiroler unter Speckbacher, Haspinger und Peter Mayr, dem Wirt an der Mahr, bei Oberau und Mittewald den ersten Sieg. Die Eisackschlucht war den furchtbar bedrängten, rheinbündischen Sachsen zum entsetzlichen Verhängnis geworden. Von 2.000 Mann wurden 45 Offiziere und 946 Mann getötet und verwundet. Die „Sachsenklemme" nannten die Tiroler fortan die Walstatt ihres Sieges.

Vom 7. bis 10. August wurde rings um Sterzing erbittert gekämpft. Vergeblich erwartete Léfèbre den Entsatz General Ruscas, der von Kärnten über das Pustertal herauf anrücken sollte. Noch wußte er nicht, daß Rusca an der Lienzer Klause geschlagen worden war und sich wieder nach Greifenburg zurückziehen mußte. Auf dem Berg Isel Osttirols hatten die Bauern unter der Führung des Bruneckers Anton Steger, Hofbüchsenspanner und Oberkommandanten des Pustertales, und des von ihnen zum Hauptmann erwählten Freiburger Studenten Hauger, dem Feind so recht gezeigt, daß man auch am äußersten Zipfel des Landes ohne besondere Weisung nach dem Herzen Hofers zu handeln verstand und den Feind schlug, wo man ihn traf.

Hofers Laufzettel aber hatten indessen das Unter- und Oberinntal erreicht. Der 13. August war angebrochen.

Um zwei Uhr morgens lasen die Feldgeistlichen in Schönberg, Patsch, Matrei und Mutters die Messe und erteilten die Absolution. Nach einem tüchtigen Trunk Rötl wanderte Hofer noch bei geschlagener Nacht gegen Unterberg hinab. Dort hielt er Heerschau und hielt seine Ansprache:

„Seids beinand, Tiroler? Nachher gehn wirs an! Die Mess habts ghört, enkern Schnaps habts getrunken, also auf in Gott's Namen!"

Dieser strahlend schöne, glutheiße Augusttag brachte den Tirolern den schwersten aller bisherigen Kämpfe, das erbittertste und blutigste Ringen um die Freiheit des Landes. Um acht Uhr abends war die Schlacht noch immer nicht eigentlich entschieden, aber für diesen Tag zu Ende. Den Berg Isel hatten die Tiroler behauptet und den Feind überall zurückgeschlagen. Das Kloster der Serviten und jenes der Prämonstratenser in Wilten war mit verwundeten Bayern überfüllt.

Hofer gab seinen erschöpften Kämpfern die Order, nicht mehr anzugreifen, und wenn der Feind angreife, sich zu verteidigen. Für den Fall des Abzuges sollte dem Feind der Fluchtweg durch das Unterinntal offen gelassen werden.

Während der Nacht suchte Andreas Hofer mit einigen Helfern das Schlachtfeld ab, ließ die Toten begraben und den Verwundeten, Freund wie Feind, Hilfe zukommen. Als am Morgen des 14. August der Feind noch immer nicht angriff, kniete Hofer auf der Höhe des Berg Isel, auf einer Waldblöße mit den Seinen nieder und schickte im Angesicht der Landeshauptstadt jenes Dankgebet zum Himmel, von dem die Freiheitskämpfer noch ihren Enkeln erzählten, das in Liedern und Bildern fortleben sollte generationenlang.

Um ein Uhr mittags legte der schon zum Abzug sich sammelnde Feind im Süden des Berg-Iselgebietes noch fünf Ansitze und Höfe und die Häuser an der Sill in Brand. Um neun Uhr abends begann die Division Kronprinz und die Reste der sächsisch-rheinbündischen Divisionen den Abmarsch durch das Unterinntal, Deroy konnte sich mit seinen Truppen erst um Mitternacht als letzter anschließen.

Zum drittenmal zog Andreas Hofer als Befreier des Landes in Innsbruck ein. Diesmal empfing ihn nicht nur eine jubelnde Menge, sondern, wie ihm eine Hilfsdeputation bereits gemeldet hatte, auch eine Horde Plünderer.

Hofer wies die Bande mit markigen Worten zurecht und hart zugreifende Bauernfäuste schafften gleich Ordnung. Aber auch die aufs neue einsetzenden, überlauten Huldigungen, schrie Hofer mit kräftiger Stimme nieder: „I nit, — ös nit, — der da oben!“ Und seine Hand wies zum Himmel.

Eine Woche später, Dr. Hinteregger war eben todmüde vom Spitalsdienst und Krankenbesuchen heimgekommen und hatte noch im Ordinationszimmer zu tun, als sich noch ein Patient meldete und sich gleichzeitig vielmals entschuldigte, daß er einen Vielgeplagten so spät behellige. Der Wundarzt wandte sich trotzdem etwas mürrisch nach ihm um, denn Patienten, die noch laufen konnten, hielt er zur Zeit nicht für besonders hilfsbedürftig. Es war auch Sabina zugegen, aber ganz und gar beflissen, des Doktors Instrumentenkasten wieder in Ordnung zu bringen, sah sie sich nach dem Patienten gar nicht um.

Dr. Hinteregger wurde gleich freundlicher, als er sah, wen er vor sich hatte. „Du bist es, Michl! Da bin ich aber froh, daß es bei dir augenscheinlich nicht weit fehlen kann!“

„Es ist nur eine Fleischwunde am Unterarm, will aber eitern anfangen, wie mir vorkommt, und das ist lästig. Weil ich aber grad von Atzwang zurück komm, hab ich mir gedacht, ich kehr doch beim Michldoktor zu und laß mich einmal ordentlich verbinden.“

„In Atzwang warst du, was ist dort los?“

„Nichts, — doch wars ein harter Gang für mich. — Ich hab die Braut meines Bruders aufsuchen müssen.“

„Vom Franzl, was ist mit ihm?“

Jetzt hörte sich die Stimme des Michel Kammerlander etwas rauh an: „Ja, — der Franz — mit dem ist nichts mehr. Am Berg Isel hat er dran glauben müssen. Eigentlich war schon alles vorbei, beim letzten Geplänkel ists geschehn, keine hundert Schritt von mir, — aus.“

Sabina hielt in ihrer Arbeit inne, als sie dies hörte. Ein Weh zuckte in ihr auf, als hätte diese Nachricht auch sie betroffen. Jedes hingeopferte Leben, von dem sie vernahm, pochte an ihre Herztür, wie Bettler an die gezeichneten Türen der Häuser, darin die Barmherzigen wohnen.

„Ist er gleich tot gewesen?" Kammerlander nickte. Der Wundarzt begann den etwas verschmutzten Verband abzuwickeln und suchte nach irgend einem Trost. „Ist nur gut, daß es der Vater nicht mehr erleben hat müssen."

„Ja und nein, Michldoktor, daß Tirol zum drittenmal frei geworden ist, müßt er eigentlich doch erlebt haben."

„Und die Freud gleich teuer bezahlen", meinte der Doktor, schwieg dann und besah sich die Wunde. „Wo hast du denn das erwischt?"

„Schon in Oberau irgendwo, wie ich es gemerkt hab, war schon alles verkrustet und etwas verschwollen."

„Hör, Michel, das schaut gar nicht gut aus, da müssen wir ein bißl Ordnung machen."

„Hab mir schon gedacht, daß man was tun muß."

„Schau grad, wie gescheit du bist. Bitt schön, Fräulein Sabin, da brauchen wir Eure Hilfe!"

Sie wandte sich um und erkannte Kammerlander als denjenigen, der ihr damals die Dukaten gebracht hatte. Noch mehr überrascht aber war Kammerlander selber. „Fräulein von Festi, Ihr seid hier? Ich dachte —"

„Daß sie schon eine Klosterfrau geworden ist?" kam ihm der Doktor zu Hilfe. „Nein, nein, das Fräulein Sabin hat schon gewußt, daß heut zwei tüchtige Hände nicht zum Beten allein da sind und jetzt bei einem Wundarzt ins Leben zurück finden, das war gerad das Richtige."

Während der Doktor den Arm Kammerlanders zu einem Eingriff vorbereitete und Sabina ihm das Nötige zureichte, sah sie der Student mit dem Ausdruck aufrichtiger Hochachtung an und sagte: „Fräulein von Festi, da muß ich Euch einen kräftigen Dank sagen, Wunden heilen helfen wird nie nötiger sein wie eben jetzt."

Mit einem wehmütigen Lächeln entgegnete ihm Sabina: „Auch ich habe Euch zu danken, — daß Ihr damals jene Dukaten nicht wieder mitgenommen habt."

Kammerlander schien des nicht zu achten, was mit seinem Arm geschah, sein Blick war bald auf ihr Gesicht, bald auf ihre helfenden Hände gerichtet, während er sagte:

„Ich habe damals aufrichtig gewünscht, jene Dukaten möchten Euch zu einem glücklicheren Anlaß dienlich sein." Sie sah ihn an und in ihrem Blick lag die Erwiderung seiner Teilnahme, als sie antwortete:

„Wir sind wohl nicht auf der Welt um zu wünschen, sondern um zu ertragen."

Jetzt zuckte Kammerlander zusammen, denn der Doktor hatte sein Abgelenktsein schnell genützt und mit einem rasch geführten Schnitt aus der vernachlässigten Wunde ein Stück wildes Fleisch entfernt. Auf seine Verordnung hin mußte der Patient im Doktorhaus nächtigen, um den Arm in Ruhestellung zu halten und am andern Tag noch einmal behandeln zu lassen.

Kammerlander wehrte sich nicht lange dagegen, hatte er doch weder Vater noch Bruder und keine rechte Heimstatt mehr. Es war verlockend, wieder einmal wohlgeborgen in einer guten Wohnstube sitzen zu können. Er verbarg es sich nicht, daß auch die Gegenwart der gewesenen Novizin von Säben, um deren schweres Schicksal er wußte, für ihn den Reiz des Unerwarteten und Besonderen hatte.

Als Sabina in der Ordination alles geordnet hatte und später in das Wohnzimmer hinüber kam, waren die beiden Männer schon so sehr ins Gespräch über die letzten Ereignisse gekommen, daß es die Doktorin kaum mehr wagte, den Gast öfter zu nötigen, von Speis und Trank zu nehmen. Es war vom Kampf in der Sachsenklemme die Rede, das Schicksal dieser im wahrsten Sinne des Wortes zur Schlachtbank geführten Soldaten war Kammerlander mehr zu Herzen gegangen, als man schlechthin von einem Freiheitskämpfer hätte annehmen können.

„Die hätten ein besseres Los verdient, von der Sachsen Not in der Eisackschlucht könnt man wahrlich ein Heldenlied singen. Die Verwundeten haben sich auf den Bauch gewälzt, um schießen und den Feind abwehren zu können. Nicht mit einem Trunk Wasser konnten sie in der mörderischen Hitze den Durst löschen, die Wasserleitung nach Oberaus war zerstört."

Das Zurückdenken an jene Stunden, die er miterlebt hatte, ließ Kammerlander selbst die Gegenwart Sabinas vergessen.

„Ich bin der festen Meinung, die Unsern hätten Pardon gegeben, wenn nicht der unglückselige, ich muß sagen der Narr von einem General Rouyer vor unsern Augen die vier gefangenen Bauern hätt erschießen lassen."

„Zwei von ihnen sind unsre beiden Rabensteiner von Villanders und Barbian, gelt?"

„Ja, die warens. Und derselbe Rouyer hat sich dann mit seinen Streitkräften nach Sterzing zurückgezogen und den Egloffstein mit 1400 Mann in der Todesfalle zurückgelassen.

Die sind dann sechsunddreißig Stunden im Feuer und Steinhagel gestanden und völlig aufgerieben worden. Die letzten haben auf ihrem Rückzug die Verwundeten auf der Straße liegen lassen müssen. Da hab ich zum erstenmal mit einigen geredet, es waren feine Kerle, — wir haben sie dann nach Neustift gebracht. Herrgott, was ein einziger Mensch in seinem Wahn nur anzurichten vermag! Daß man um der Heimat willen gezwungen ist, auf Männer zu schießen, die die gleiche Sprache reden, die man sich nur zum Freund und Kameraden wünschen möcht."

Sabina stand auf, in ihren Augen standen Tränen. „Bitte mich zu entschuldigen, ich bin sehr müde und möchte allen eine gute Nacht sagen."

Kammerlander sprang auf, er war bestürzt. „Fräulein von Festi, verzeiht, bitte, — ich — es —"

Sie fiel ihm ins Wort: „Ich habe Euch nichts zu verzeihen, ich möchte Euch lieber danken, wenn alle so denken würden, hüben und drüben, dann —"

„Dann gäbe es wohl keine Kriege mehr, dann wäre es erst schön auf der Welt", sagte Kammerlander beklommen. Sabina nickte und wünschte noch einmal kaum vernehmbar eine gute Nacht.

Die Doktorin wischte sich Tränen vom Gesicht. Die Männer schwiegen eine Weile. Dann aber schien Dr. Hinteregger etwas Besonderes auf dem Herzen zu haben: „Sag mir, Michel, ich wollte vorhin nicht fragen, jetzt aber sind wir allein, man munkelt da herum, ein paar Klausener hätten in Mittewald den gefangenen Sachsen, sollen auch Verwundete darunter gewesen sein, die Tornister aufgeschnitten und die Leut dabei noch verletzt haben, ist das wahr?" Kammerlander machte ein verschlossenes Gesicht und antwortete zögernd:

„Michldoktor, du kennst diese Handvoll Lumpen, die auch in Klausen da behaust sind, wohl besser wie ich. Im kleinsten Ort hat der Teufl sein Kräutergartl. Gewehre haben sie keine getragen und auch keinen Schuß abgelassen, das weiß ich gewiß. — Wir sind erst draufgekommen, als sie ihren Raub haben verkaufen wollen. Standrechtlich erschießen hätt man sie sollen, dann wär ihr Wert allerdings auf einen Schuß Pulver gestiegen."

„Die Hundsfötter! Ich mein sie zu kennen, aber ich bin ja ein Doktor und kein Freiheitskämpfer. Aber — von was anderm, eins ist mir ein Rätsel: Warum hat der Léfèbre nicht noch einmal angegriffen?"

„Das hat zuerst auch der Hofer selber und wir alle nicht begreifen können, aber diese dritte Befreiung Tirols hat eben auch ihre glücklichen Zufälle gehabt. Einmal daß die Lienzer den General Rusca in ihrer Klause abgefangen haben. Sechs Gefangene hat er dort füsilieren lassen, vier Dörfer in Brand gelegt, aber dafür hat er dreihundert Tote und vierzig Verwundete zurücklassen müssen."

„Hm, das müssen keine schlechten Schützen gewesen sein", meinte der Doktor trotz seiner Konterstellung zum Krieg anerkennend.

„Und selber haben sie nur vier Tote und zwanzig Verwundete während der Kampfhandlungen zu beklagen gehabt. Es ist da schon was daran, was Bewunderung verdient. Vom Stall und Acker weg laufen diese Bauern und jagen ein reguläres Militär in mehrfacher Übermacht zum Teufl. Ja und diese Kaltstellung Ruscas hat dem Léfèbre das Rückgrat genommen. Dann aber ist noch etwas dazugekommen. Wie er erfahren hat, daß der Graf Arco, der die Aufgabe hatte, den Weg bis Kufstein offen zu halten, mit seinem Corps unterhalb Pill in einen Kugelregen der Schützen geraten und dabei selbst vom Pferd herabgeschossen worden ist, da hat es Léfèbre mit der Angst zu tun kriegt, daß ihm der Rückzug abgeschnitten werden könnte. Dabei war von uns fast keiner mehr im Stand noch einen Fuß zu rühren, an Munition und Proviant hat es uns gefehlt. Aber auch die Bayern waren nach dem schweren Kampftag arg hergenommen und dazu noch auf halbe Ration gesetzt. Woher nehmen, zu requirieren hat es ja nichts mehr gegeben, der eigene Nachschub war gefährdet. Was ist da dem Léfèbre noch anderes übrig geblieben, als in Volders und Wattens Häuser anzuzünden und in Innsbruck etliche vornehme Geiseln auszuheben, um dem Befehl Napoleons, ‚seien Sie schrecklich!', doch irgendwie auch nachzukommen?"

„Alles in allem, mag es die Tiroler auch wieder Blut und Schweiß gekostet haben und den Jammer, der auch diesem Sieg folgen wird, so grenzt das ganze doch ans Wunderbare und ist der Heldentaten der Urväter aus dem grauen Altertum würdig", gab der Doktor bewundernd zu.

„Und Deutschland wird wieder voll Sehnsucht und Bewunderung auf uns schauen. Jetzt wissen sie ja auch, daß der brave Dragoneroberst, Freiherr von Schill, vom König von Preußen, aus Furcht vor Napoleon aufgegeben, im Kampf um Stralsund gefallen ist und daß die elf Schill-schen Offiziere wegen Diebstahl, Einbruch und Straßenraub verurteilt und erschossen worden sind. Sterbend haben sie auf ihren König noch ein Lebehoch ausgerufen. Ich hab mir die Namen der Elf aufgeschrieben und will sie in Ehren halten lebenslang."

„Ruhig halten den Arm, hab ich gsagt", mahnte der Doktor, tat einen tiefen Schnaufer und war schon wieder mit einem Gedankensprung wo anders: „Wenn die Österreicher in Bayern gesiegt hätten, — dann —. Deutschland war doch drauf und dran, die Knie wieder grad zu machen. — Es hat nicht sollen sein. — Du bist so still, Liebe?" wandte sich der Doktor an seine Frau. Sie sah abwesend an ihm vorbei, ins Narrenkastl, wie er gern sagte. „O Michl, Gott bewahr uns vor einem ähnlichen Schicksal, wie es die Schill-schen haben erleiden müssen."

Der Doktor und Kammerlander sahen sich an — und beide fühlten sich auf einmal müde, begehrten nach Bett und Schlaf.

Im Zimmer Sabinas sah die Doktorin noch Licht. Ihr Fuß stockte, aber dann ging sie leise vorbei, sie wußte, Sabina war nicht allein, wenn sie auch nur die Briefe eines Toten las oder das merkwürdige Bild betrachtete.

DAS LETZTE AUFGEBOT

Andreas Hofer amtete in einem kleinen Saal der Hofburg zu Innsbruck. Er saß, zuweilen an seinem Vorhaben, das Land zu regieren völlig verzweifelnd, vor den Stapeln der sich auftürmenden Kanzleiakten und Bittschriften. Es war sein Glück, daß ihm nun auch der Grazer Student, Kajetan Sweth, als Schreiber zur Seite stand. Sweth war aus Furcht, zu den Soldaten eingezogen zu werden, der Salzburger Hochschule entwichen und hatte sich, den Mann von Tirol lange schon bewundernd, in das Sandwirtshaus in Passeier geflüchtet. Dort traf er Hofer, vor der dritten Erhebung, zum Auszug nach Sterzing bereit, und schloß sich ihm begeistert an.

Während sich in Hofers gewohnter Lebensweise nichts änderte, er sein Frühstück und Mittagmahl um den Kostenpunkt von fünfundvierzig Kreuzern vom nächsten Gasthof bringen ließ, am Abend mit den Seinen den Rosenkranz betete, hernach ein Spielchen machte, oder rauhkehlig im Chorus das beliebte Volkslied „Die liebe Abendstunde schlägt" sang, wurde sein erstes Porträt vom Maler Schädler gestochen und gemalt. Dieses Bild wurde in Bayern ebenso wie im übrigen Deutschland in viel tausend Kunstblättern verbreitet und fand reißenden Absatz. Die bayrische Regierung war machtlos, in München, Augsburg, Nürnberg und Kempten riß man sich um die Hoferbilder, beriefen sich Drucker und Händler bei Konfiskationen und Strafen auf den gestatteten Verkauf der Bilder des Obersten von Schill. Hofer und Schill waren Deutschlands Heroen geworden, die großen Vorkämpfer der Freiheit.

Indessen war Hofer von vielen Sorgen bedrückt. So gern er nur Bauernröcke um sich sah, der Einsicht verschloß er sich nicht, daß seine Kraft, ein Land nach drei blutigen Aufständen und grausamen Feindeinfällen wieder in Ordnung zu bringen, nicht hinreichte. Für die politische Landesverwaltung gewann er nach inständigen Bitten den jungen Anton Giovanelli, aus einem alten, bewährten Bozener Beamtengeschlecht stammend, der bald durch große Umsicht und Kenntnis die Seele des ganzen, aus allen Fugen geratenen Verwaltungsapparates wurde. Hofer behielt sich in der Hauptsache nur das Recht der Landesverteidigung vor. Speckbacher nahm die Sache des Grenzschutzes in die Hand. Die Pässe mußten besetzt und bestückt werden. Die Belagerung Kufsteins hatte man aufgegeben. Der tapfere Major Aicher schien sich in dies äußerste Lugaus des Landes förmlich verkrallt zu haben. Hofers neue Vorschriften in Belangen der Sittenpolizei wurden viel belächelt, nicht immer mit Unrecht. Weit mehr wußte ihm die städtische Bevölkerung für sein strenges Polizeiregiment im Bezuge auf die öffentliche Sicherheit Dank. Die grausamen Kriegshandlungen des Feindes, die nachfolgenden Plünderungen, Exzesse übermütiger Sieger und des bei solchen Gelegenheiten wie Pilze aus dem Boden schießenden Pöbels, hatten den angeborenen Nachahmungstrieb der Jugend unheilvoll beeinflußt. In Stadt und Dorf spielten die Buben Bayern und Tiroler, wählten sie ihren Adreas Hofer und Léfèbre und schlugen tapfer drauf los. An der Mühlauer Brücke, auf den Wiltener Feldern, führten sie mit aufgelesenen und gestohlenen Waffen ihre Schlachten, brachten in ihren Ambulanzgratten ihre oft nicht unerheblich

Verletzten heim. Zuweilen, wenn eine Partei am Erliegen war, wurden durch Geheimboten oft an die hundert frische Kämpfer herbeigerufen, unter denen sich nicht selten auch kampfesmutige Mädchen befanden. Daß sich das jüngst Erlebte in allen Stücken getreulich wiederhole, wurden Schupfen und einmal auch ein Haus in Brand gesetzt. Da griff der Sandwirt recht tüchtig zu, seine Büttel gebrauchten unbarmherzig ihre Fäuste, denn nur was weh tat, respektierte diese allzu rauflustig gewordene Jugend.

Hilfloser aber stand die Regierung der steigenden leiblichen Not gegenüber. Im zerstörten Schwaz hatte der abziehende Léfèbre mit 10.000 Mann zwei Tage biwakiert. Die reifende Feld- und Baumfrucht war vollständig verzehrt, das Korn im weiten Umkreis des Inntals zur Fütterung der Pferde abgemäht und das zum Wiederaufbau geschlagene und zugelieferte Holz für die Lagerfeuer verbrannt worden.

Himmelschreiend aber war die Not in den Militärspitälern. Hatte doch das österreichische Militärkommando nicht einmal die transportfähigen Verwundeten mitgenommen. Die inzwischen ausgedienten und geheilten Soldaten beanspruchten weiter Spitalsverpflegung, beraubten oft ihre kranken Kameraden, fehlte es ihnen doch selbst an Strümpfen und Schuhen, an Wäsche, Monturen und Geld, um sich nach der Heimat zu begeben. Dazu waren noch die vielen bayrischen und sächsischen Verwundeten der Augustkämpfe gekommen. Es fehlte an Wäsche, Betten, Bandagen, nicht einmal genug Stroh war mehr vorhanden. Die Spitalskommandanten mußten Arzneien und Kommisbrot längst schuldig bleiben. Bayrische Invalide wanderten im elendsten Zustand heimzu, man ließ sie gerne ziehen.

Das schmerzlichste aber war für Hofer das vollständige Abgeschnittensein von Österreich. Der erste von den abgesandten Boten, der wieder zurückkam, hatte Erzherzog Johann am 13. August in Ungarn verlassen und brachte, weil er das Schreiben des Erzherzogs vernichten mußte, nur die mündliche Botschaft. Diese lautete: die Tiroler sollen ausharren. Neue Abgesandte traten die Reise nach dem kaiserlichen Hoflager in Totis an, um endlich über die Absichten des Kaisers Gewißheit zu erlangen.

Man ahnte, fürchtete und hoffte dennoch unerschütterlich auf eine glückliche Wendung der Dinge. — —

Beim ersten Vorfühlen des kaiserlichen Adjutanten, Graf Bubna in Napoleons Hauptquartier zu Schönbrunn, erklärte dieser bereits deutlich genug, als Tirol zur Sprache kam: „Wenn die Österreicher schon in Metz wären und schon Meister des Werkes St. Croix, wäre dieser Vorschlag nicht einmal annehmbar. Tirol darf nicht bei Österreich bleiben, weil es Italien von Deutschland trennt, und weil es durch die Schweiz unsere Grenzen berührt. Übrigens kümmert sich Bayern wenig um dieses Land, da es viel kostet und nichts einträgt. Nie aber werde ich dulden, daß Tirol sich meinem Einfluß entzieht!"

Der Kaiser schwankte noch immer zwischen dem Entschluß, die Waffenruhe zu kündigen, oder in die Friedensbedingungen Napoleons einzugehen. In einer besonders kriegerischen Stimmung, durch Napoleons Forderungen empört, ermutigte er Erzherzog Johann zu neuen, geradezu phantastischen Plänen, welche diesen zu jenem verhängnisvollen Schreiben an Hofer veranlaßten:

„Mein lieber Hofer!

Der Krieg fängt von neuem an, bald müssen entscheidende Streiche geschehen. Tirol wird für den ersten Augenblick von den Feinden nichts zu fürchten haben. Habt Ihr von Deutsch- und Welschland nichts zu fürchten, so wendet Euch gegen Salzburg und das Oberland. Kolb kann gegen Kärnten etwas unternehmen. Ich werde von hier aus gegen Steiermark und Krain vorrücken lassen, um die braven Steirer, Kärntner und Krainer aufstehen zu machen, die nur auf Befehle warten. Meine Leute werden anfangs beim großen Heer sein, dann soll es an meiner Hilfe nicht fehlen. Schreibt mir, wen Ihr wünscht an Offizieren zu haben und ich werde sie Euch schicken, auch sonst, schreibt, was Ihr braucht. Gott habe Euch in seinem Schutz und führe immer so brav und gut die treuen Tiroler."

Dies genügte, um den biederen Hofer und seinen Männern wieder neuen Auftrieb zu geben.

Haspinger erbettelte und ertrotzte die Erlaubnis, bis auf den Paß Lueg ins Salzburgische vorzudringen. Speckbacher, Hofers Adjutant, seit Eisenstecken vor der dritten Erhebung nach Wien emigrierte, gab seine Einwilligung dazu nur zögernd. Graf Hädl besetzte mit seinen Meranern den Paß Strub. Nach der Überrumpelung der Festung Werfen, wobei die Tiroler sechs Kanonen eroberten, zog Haspinger auf einem dürren Klepper reitend, in Werfen ein. Welch ein Anblick!

Über das Ordenskleid des heiligen Franziskus trug der Mönch einen mächtigen Kommandosäbel umgeschnallt und auf seinen Haarkranz war ein Hut mit aufgeschlagener Krempe gestülpt, darauf ein Gamsbart wippte, der den Neid eines jeden Weidmannes hätte erregen können. Dazu der feuerrote, fast bis zum Gürtel reichende Bart.

In dieser seltsamsten aller Adjustierungen nahm er vor den Erstürmern die Parade ab. Ein Zauber ging von diesem unheimlich fanatisierten Mann aus, der das Lächerliche seines Anblicks in das Heroische zu verwandeln vermochte, den sie einen Heiligen, einen Wundertäter, den Erzengel Gottes und den Feuerteufel nannten. Alle wollten ihn sehen, alle mit ihm sprechen. Bis Hallein siegte und kriegte sich Haspinger gegen den Willen Hofers und Speckbachers durch.

Als die Tiroler von dem jäh hereinbrechenden Feind zur Flucht getrieben wurden, plünderten die wütenden Bayern und Franzosen die schuldlose Stadt, töteten zwölf Bürger und verwundeten dreizehn.

Am 29. September kamen die Tiroler Emigranten, Eisenstecken, Sieberer und Frischmann aus dem kaiserlichen Hoflager in Totis zurück. Sie wurden von Hofer kühl, fast abweisend empfangen. Als sie aber dem Oberkommandanten von Tirol das kaiserliche Geschenk, die goldene Ehrenkette überreichten und dreitausend blanke Dukaten auf den Tisch hinrollen ließen, da schmolz das Eis des Mißtrauens und der Verärgerung. Die sich auf die Operationen beziehenden Instruktionen hatte der Kaiser, „äußerer Umstände halber" nicht selbst unterschrieben. Der Entwurf Erzherzog Johanns lautete, sich mit Kärnten in Verbindung zu setzen; sobald aber die feindliche Armee geschlagen sei, sei für die Tiroler das wichtigste, die Einfälle nach Bayern bis an die Straße nach Augsburg und Ulm auszudehnen. Erzherzog Johann bat Hofer, ihm in einer Rückantwort seine Meinung und die allgemeine Lage in Tirol zu berichten.

Vorerst schwieg Hofer und behielt seine Meinung für sich.

Er erklärte den 4. Oktober, den Namenstag des Kaisers, zum Staatsfeiertag, der mit einem festlichen Gottesdienst in der Hofkirche begangen werden sollte. Böllerschüsse im grauenden Morgen kündeten den Festtag an.

Die Schützen von Natters eröffneten den Zug. Hofer schritt, in neuer Uniform, ein Marienbild auf den Hut gesteckt, mit seinem ganzen Stab und zwei österreichischen Offizieren zur Kirche. Ihm folgte die Generaladministration, die städtischen Behörden und als Abschluß eine Schützenkompanie aus Passeier. Im Kirchenchor nahmen die Honoratioren auf rotgedeckten Stühlen ihren Platz ein. Der Exjesuit Tschiederer hielt die Festpredigt. Viele beklagten sich noch in der Kirche, daß sie ungebührlich lange, ja endlos sei. Niemand aber hörte mit aufmerksamerer Geduld die stundenlange Predigt an, wohnte dem feierlichen Gottesdienst mit solch schlichter, inniger Frömmigkeit bei wie Andreas Hofer, auf dessen Schultern die Riesenlast neuer Verantwortung gelegt worden war. Der Abt von Wilten zelebrierte das Hochamt, stimmte hernach das Tedeum an und schmückte den Oberkommandanten von Tirol mit der von ihm geweihten, goldenen Ehrenkette des Kaisers.

Zur gleichen Stunde aber, da Andreas Hofer in Innsbruck die höchste Ehrung des Kaisers empfing, wußte

Erzherzog Johann bereits, daß das Schicksal Tirols besiegelt war. An diesem vorletzten Tag seines Aufenthaltes im kaiserlichen Hoflager zu Totis, hatte er noch eine Unterredung mit der Kaiserin Ludovika. Ihr war der Gedanke an einen Friedensschluß unter den gegebenen Bedingungen unerträglich. Sie versuchte den Schwager zu bewegen, noch einmal das letzte zu wagen. Sie beschwor ihn, Innerösterreich zu den Waffen zu rufen, dann wäre der Kaiser gezwungen zu Hilfe zu eilen, die Waffenruhe zu kündigen und von einer Unterzeichnung des Friedensvertrages könne keine Rede mehr sein. In tiefster Verbitterung aber erwiderte Johann der Kaiserin, deren hochgemuten Sinn er oft bewundert hatte:

„Möglich wäre es, ich aber würde es nie tun, denn das Beispiel Tirols, wozu ich als Werkzeug diente, ist mir ein zu abschreckendes Beispiel. Man würde auch diese Länder nur ins Unglück stürzen."

Zwei Tage später verließ Erzherzog Johann Totis. Er hatte das Doppelspiel durchschaut. Man wollte trotz der Friedensbereitschaft auf die Kriegsbereitschaft Tirols nicht verzichten. Man erhoffte von diesem tapferen, mit Gut und Blut dem Erzhaus ergebenen Volk ein neues Wunder.

Als in Innsbruck die Festlichkeiten des Nationalfeiertages verrauscht waren, ließ sich Andreas Hofer den vom Erzherzog Johann verlangten Situationsbericht noch einmal vorlesen. Dem Schriftstück war zwar von den gewiegten Beamten der Generaladministration die klare Form gegeben worden, aber dem Geiste nach war man Punkt für Punkt Hofers Meinung und seinem Anliegen treu geblieben.

„Im Namen meines Vaterlandes!

Es ist bekannt, was Tirol seit dem 11. April getan und gelitten hat. Wenn ein Volk, das durch einen dreijährigen, namenlosen Druck der bayrischen Regierung ausgesaugt, dann durch öftere Einbrüche unmenschlicher Feinde geplündert, endlich durch seine Freunde und Erlöser, durch die österreichischen Truppen, welche ohne Geld, ohne Munition, und ohne Lebensmittel seine Grenzen betraten, von seinen noch übrigen Subsistenz- und Verteidigungsmitteln entblößt und zuletzt durch einen unglücklichen Traktat der willkürlichen Wut barbarischer Menschen preisgegeben wird, wenn ein Volk, das in dieser schrecklichen Lage, wo ihm nichts übrig als Blut und Leben, auch noch dieses der Freiheit und dem Vaterlande, seinem Kaiser, seiner Religion mutig und entschlossen zum Opfer bringt, wenn ein solches Volk Berücksichtigung verdient, so glaube ich verpflichtet und berechtigt zu sein, dringend ans Herz zu legen, daß man im Falle eines Friedensschlusses, welchen aufgefangene Briefe und ausländische Blätter vermuten lassen, Tirol nicht vergesse, wie es beim Waffenstillstand geschah, damit nicht vielleicht unsere Kinder und Kindeskinder dafür büßen müssen, daß ihre Väter für den österreichischen Kaiser ihr Herzblut vergossen haben.

Ich erlaube mir, unsern Zustand zu schildern, woraus die Notwendigkeit der Unterstützung für uns hervorgehen wird. Die Hunderttausende, der letzte Notpfennig, den uns die bayrische Regierung noch übrig ließ, haben die Intendantschaft und die k. k. Kommandierenden von allen Seiten als freiwilliges oder erzwungenes Anlehen erhoben und zum Teil mit aus dem Lande geführt. Diese Summe ist noch nicht getilgt. Die Zinsen aller öffentlichen Fonds, der einzige Unterhalt vieler Familien, stehen schon seit Monaten aus. Die Schuldenlast aller Städte, Märkte und Gerichte, welche die Löhnung und Verpflegung der im Felde stehenden Landesverteidiger übernahmen, ist ins ungeheuerliche gestiegen, die Quellen des Nationaleinkommens sind versiegt. Beamte und Pensionisten rufen nach Brot, viele Tausende, welche den Flammen ihrer zerstörten Heimat entkamen, ringen mit dem Hungertod. Wenn nicht bald die vom Kaiser heilig versprochenen Geldzuschüsse und zwar in etwas beträchtlicherer Höhe uns aus der Not reißen, dann müssen sich alle Bande der bürgerlichen Vereinigung auflösen und Hunger, Elend und Not im Innern werden jedem Feind die gefährlichen Angriffe von außen ersparen. Unternehmungen nach Ulm und Augsburg sind für uns zu schwer, dagegen eröffnen sich gegen Italien bessere Aussichten. Wenn wieder eine österreichische Armee für Tirol bestimmt sein sollte, so ist es sehr wichtig, einen Kommandanten zu wählen, der zu unserm Volk Zutrauen hat und das Vertrauen des Landes besitzt, welcher mehr für das allgemeine Beste, als auf eitlen Ruhm bedacht ist. Der Intendant, welcher ihn begleitet, wenn ein solcher sein muß, sollte als reifer und praktischer Geschäftsmann mit ausgedehnten Vollmachten versehen sein, wie einst der hochverehrte Graf Lehrbach, um der unter der vorigen österreichischen Intendantschaft eingetretenen allgemeinen Verwirrung, der Quelle so vielen Unrechts und Unheils steuern zu können. Kommt einmal alles an den Tag, so wird man erst die Langmut und den echten Patriotismus eines Volkes bewundern, das bei den zweckwidrigsten Anstalten und so vielen Anlässen zu lauten Klagen, diejenigen stets als seine Vorgesetzten ehrt, die der Kaiser dazu bestimmt hat."

Es wird zu jener Zeit wenig Männer in Österreich gegeben haben, die bei so unbedingter Ergebenheit zum Kaiserhaus dem Träger der Krone dennoch mit solch offenen Worten entgegen zu treten wagten.

Den Überbringern dieser Botschaft aber konnte der Kaiser die Wahrheit nicht mehr verheimlichen und versicherte sie nur mehr seines Wunsches, die Tiroler möchten sich ins Unvermeidliche fügen und sich nicht unnützerweise opfern.

Eine Reise nach und von Wien aber war zu beschwerlich und währte zu lange, um daheim vage Hoffnungen zu zerstören und die nackte Wahrheit zu künden. Aus dem Süden des Landes waren schlimme Nachrichten gekommen. Die vordringenden Franzosen hatten die schwachen Grenzposten bis unter die Schanzen von Salurn zurückgeschlagen und Trient besetzt. Eisenstecken eilte den deutschen Schützenkompanien und welschtirolischen Landstürmern zu Hilfe. Aber er vermochte nichts mehr zu retten.

Der Geist der Erhebungen vom April, Mai und August war entschwunden.

Ermüdung, verlorenes Vertrauen, Not und Unsicherheit, rissen selbst in die Reihen der allzeit getreuen Burggräfler empfindliche Lücken. Die Männer wollten heim, Weib und Kind, Haus und Hof vor dem Ärgsten schützen — und Hofer war nicht mehr unter ihnen. Mit Mühe und Not konnte Eisenstecken bei Lavis seine feste Stellung behaupten.

Da ließ General Vial als erster im Süden des Landes den Abschluß des Friedens verkünden, der am 14. Oktober in Schönbrunn von beiden Kaisern unterzeichnet worden war.

Niemand aber glaubte daran, wollte daran glauben.

Gleichzeitig rückten 20.000 Bayern heran, entsetzten die unterinntalischen Pässe. Im blutigen Gefecht vor Melleck gelang es dem mehrfach verwundeten Speckbacher mit hundert seiner Schützen über eine steile Felswand hinauf zu entkommen. Sein vierzehnjähriger Sohn Anderl war in bayrische Gefangenschaft geraten. Vierhundert Tote ließen die Tiroler zurück. Die Bayern begruben ihrer zehn.

Auf dem Berg Isel, den Berg der Ehren, wollte Hofer den Feind erwarten. Boten um Boten sandte er zum Kaiser mit flehentlichen Bitten um Hilfe, um Nachricht, um Gewißheit. An den Friedensschluß, der bisher nur durch Feindproklamationen verkündet wurde, glaubten die Freiheitskämpfer noch immer nicht.

Speckbacher war wieder bei Hofer. Er hatte erfahren, daß sein Sohn sich im Gefolge des bayrischen Kronprinzen Ludwig befinde und unter seinem besonderen Schutz stehe. Das gab ihm trotz Wunden und Beulen wieder neues Leben. Im ganzen Lande, besonders in der weiteren Umgebung von Innsbruck hatte der Kleinkrieg begonnen. Der frühere Unterintendant Roschmann, vom Kaiser zum Oberlandes- und Armeekommissar ernannt, hinterließ in Bozen die offene Ordre, die alle Kompanien des Landes unter die Waffen rief. Als er über den Brenner nach Innsbruck kam, es war der 21. Oktober, verließ Andreas Hofer die Stadt, um seine Streitkräfte auf dem Berg Isel zu sammeln. Der Feind war schon in Rattenberg.

Lange Wagenzüge mit fliehenden Leuten, zurückflutende Stürmer, füllten die Straßen. Laute Klagen und Aufrufe zum Kampf und Sieg überschrien sich. Hofer ordnete Bet- und Bußtage an.

Am 24. Oktober waren die Bayern in Hall. Von Frieden wollte noch immer niemand hören, wußte doch der Armeekommissär selber noch nichts von der Tatsache des Friedensschlusses. Und rings um das Weichbild der Stadt das Geknatter nutzloser Plänkeleien. Mit allen Kräften mühte sich Hofer, dem Einhalt zu gebieten und alles für den Hauptschlag auf dem Berg Isel zu sammeln.

Am 29. Oktober zog Kronprinz Ludwig und General Wrede mit einem Regiment in Innsbruck ein.

Am gleichen Tag traf in Hofers Hauptquartier, im Posthaus zu Schönberg, Freiherr von Lichtenthurn ein. Endlich sollte man Gewißheit haben, endlich sah man einen direkten Boten aus dem kaiserlichen Hoflager vor sich! Der Freiherr trug die gelbseidene Querschärpe und den österreichischen Adler am Wehrgehänge, so auch äußerlich als Abgesandter des Kaisers kenntlich, erstattete er vor Hofer und dessen Stab die Meldung über den Friedensschluß und überreichte das Schreiben Erzherzog Johanns.

Gewiß hatte der Anblick dieser zu Stein erstarrten Männer, das totenähnliche Erbleichen dieser rauhen, kampferprobten Helden den Freiherrn so tief erschüttert, daß ihn sein altes Übel die Fallsucht, jäh befiel und er laut schreiend zu Boden stürzte und sich in Krämpfen wand. Hofer ließ den Tobenden in ein Nebenzimmer bringen und war kaum berührt von dem Vorfall, in ihm war eine Welt zusammengestürzt.

Er und die Seinen wollten nur noch wissen, was Erzherzog Johann schrieb, ob er noch einen Ausweg wußte. An einen einzigen Strohhalm hätten sie sich noch gern geklammert. Roschmann las das Schreiben vor:

„Die Nachricht vom abgeschlossenen Frieden wird nun auch zu Euch gelangt sein. Ich muß Euch dieselbe auf allerhöchsten Befehl bestätigen. Alles würde der Kaiser getan haben, um die Wünsche des Landes in Erfüllung zu bringen; allein, so nahe dem Kaiser das Schicksal der biederen Bewohner des Landes geht, so ist doch die Notwendigkeit eingetreten, Frieden zu schließen. Ich setze Euch hievon auf allerhöchsten Befehl mit dem Beifügen in Kenntnis, daß der Wunsch Seiner Majestät dahin geht, daß die Tiroler sich ruhig verhalten und nicht zwecklos sich aufopfern mögen."

In das Schweigen, das dieser Eröffnung folgte, begann Roschmann redegewandt alle Vernunftgründe darzulegen und zur sofortigen Niederlegung der Waffen zu mahnen. Er glaubte auf einmal zu wissen, daß es schon vor seiner Abreise in Totis mit der Kriegspartei nicht mehr zusammengegangen sei und er bereits Schlimmes befürchtet habe.

Ströme Blutes waren vergossen worden, für die Freiheit des Landes, für Gott, Kaiser und Vaterland. Hofer war ein gebrochener Mann. „Gott, — unsre liebe Frau — und die armen Seelen, die es nicht anders wollen", stammelte er.

Die Besprechungen begannen. Hofer war selbst dazu bereit, nach Roschmanns Rat, sich dem bayrischen Kronprinzen vorzustellen und gleich nach Innsbruck zu fahren. Mit Hilfe aller Anwesenden, auch jener, die noch im Innersten widerstrebten, wurden die Ordres an die verschiedenen Stellungen des Landsturms gleich niedergeschrieben. Allen wurde befohlen, die Waffen niederzulegen und sich in Ruhe nach Hause zu begeben.

Die Chaise, die Hofer nach Innsbruck bringen sollte, stand schon fahrbereit vor dem Haus.

War es im unerforschlichen Ratschluß Gottes gelegen, war es ein Werk des Teufels, oder die Lust der Dämonen, Menschen zu verwirren und zu verderben, von ihnen Besitz zu ergreifen und sie zu Boten des Unheils zu mißbrauchen? Hofer war zur Abfahrt nach Innsbruck bereit, alle ließen es geschehen, alle hatten sich ergeben . . .

Da stürzte Pater Haspinger herein, schrie von Verrat und Lüge, tobte, raufte sich Bart und Haare und trotz aller Raserei war der Mann ein Anblick herzzerreißender

Verzweiflung. Tränen rannen ihm in den roten Bart hinein. Er schwor das Zeugnis des Himmels herab, daß das Strafgericht Gottes des Teufels Lügenboten zu Boden geschmettert habe. Und er schwor bei seiner Seligkeit, Erzherzog Johann, dessen sei er gewiß, rücke mit großer Heeresmacht heran, der Tag der Befreiung, der entgültige Sieg sei nahe. Wehe den Verrätern, wehe den Abtrünnigen, das Volk selber würde sie richten auf dieser Welt, die schon gerichtet sind für alle Ewigkeit. Mit aufgehobenen Händen flehte Haspinger Hofer an, doch jetzt, in diesem Augenblick Tirol nicht zu verlassen.

Warum schwieg Roschmann? War auch er der Überzeugungskraft solcher Leidenschaft erlegen? Fürchtete er Widerspruch und Insultation beim Anblick der Männer, deren Sehnen sich wieder strafften, deren Augen gefährlich zu funkeln begannen? Er schwieg, der allein jetzt hätte reden müssen.

War es erstaunlich, wenn Hofer aus dem geistlichen Waffengefährten, aus dem Prediger, Gottes mahnende Donnerstimme zu hören glaubte? Den wenigen, die abraten wollten, gebot er Schweigen.

Der Wagen vor dem Haustor wurde wieder ausgespannt.

Der Oberlandes- und Armeekommissär Roschmann verabschiedete sich, ließ das für die Verteidigung vorgesehene Papiergeld zurück und bestimmte es zur Belohnung wesentlicher Dienste.

Der 1. November wurde zum Angriff bestimmt.

Bis in die neunte Vormittagsstunde hinein hüllte sich dieser denkwürdige Allerheiligentag in schwere Nebel und machte die Sicht zwischen dem Berg Isel und Innsbruck unmöglich.

Dann rissen die Nebel auseinander, der Kampf begann.

Zum erstenmal stand Hofer nicht unter den Seinen. Er saß in Matrei und schrieb Briefe an die Freunde in Südtirol: „Der Feind rückt immer näher heran. Wir müssen uns wehren bis zum letzten Mann. Heute erfolgt ein allgemeiner Angriff. Ich weiß nicht, wie es gegangen ist, da ich noch keinen Rapport habe."

War dies noch Andreas Hofer, der Oberkommandant von Tirol? War er nicht bereits ein vom Gewissen zerquälter, innerlich gebrochener Mann?

Drouet begann von den Wiltener Feldern aus den Berg Isel aus 24 Kanonen zu beschießen. Bei einem darauf folgenden Sturmangriff waren die Tiroler nach zwei Stunden in die Flucht geschlagen. Ein ruhmloser Tag.

Am 4. November umstanden die Klausener die Anschlagtafel an der Mauer des Gemeindeamtes und lasen die Friedensbotschaft des Oberkommandanten von Tirol, datiert vom 2. November 1809.

Und sie lasen auch das nebenan angebrachte Manifest des Generals Drouet:

„Jetzt ist kein Grund mehr zur Empörung. Wer nach 24 Stunden noch mit der Waffe in der Hand ergriffen wird, verfällt der Hinrichtung. Jeder Unruhstifter ist anzuzeigen. Orte, wo noch Feindseligkeiten vorkommen, zahlen 1000 Gulden Strafe, oder werden niedergebrannt. Den Soldaten sind Ausschweifungen untersagt."

„Sein wir jetzt bayrisch oder französisch? Das möcht ich grad noch wissen!" lachte einer voll Galle.

„Ich bin noch österreichisch!"

„I tirolerisch!" schrie der zweite und riß mit einem Ruck die Anschlagzettel von der Tafelwand.

„Recht so, Mander, nur nit lugg lassen! Und den Hofer kriegen wir schon noch herum!" Das war der Josef Niederhauser, der so schrie, und viele gaben ihm recht. „Wollen sehn, wer die Braut heimführt. Der Speckbacher hat eine ganz andre Ordre ausgeben, der sagt: ‚Wir rucken vor und wer nicht mittut, wird erschossen'!" Das wußte ein junger, blessierter Schütze zu melden. Er trug noch den Stutzen, war hager und seine Montur recht abgerissen. Einer, der von der Brixener Seite herzugekommen war, wußte auch etwas zu sagen: „Ja, meine Lieben, das ist vorgestern gewesen. Gestern aber hat sich der gute Speck fein drücken müß'n. Jetzt kann er von der Höh niederschau'n, wie der Wrede die Berg Isel-Schanzen abtragen und die Wälder ringsum niederlegen laßt. Das ganze Mittelgebirge ist schon von den

Bayern besetzt. Mander, gebt euch drein, ihr werdet nicht g'scheiter sein wie der Sandwirt!"

Einige schienen ihm recht zu geben und nickten traurig zustimmend mit den Köpfen. In diesen Augenblick des Besinnens fuhr Niederhauser wie ein Habicht in die Hennen hinein: „Wer sagt, daß der Friede geschlossen ist, wer? Der müßt uns auch sagen, wem wir jetzt gehören! Hat er das gesagt? Wenn das mit dem Frieden wahr wär, müßten wir Tiroler dann nicht wissen, wer jetzt unser Kaiser oder König ist? Wem wir huldigen müssen!"

„Wahr ist's, recht hat der Niederhauser, recht hat er! Sollten wir am End den brandschatzenden Generälen huldigen? Unsre Waffen niederlegen? Hahaha, jetzt erst recht nicht!" Wild und aufsässig lachten sie im Chorus.

„Und darum, weil wir ja eh nirgends hingehör'n, sein und bleiben wir Tiroler! Kein Kaiser, kein Pfaff kann uns mehr was weismachen!"

Brüllende Zustimmung wurde dem Niederhauser zuteil und lärmend drängten sie in das nächste Wirtshaus. Gab es auch dort nichts mehr zu verzehren, gab es noch Tische, um die man herumsaß und mit harten Faustschlägen auftrumpfte, nicht mehr an die Not daheim zu denken brauchte. Den andern aber, denen das Kriegen, das Sichherumschlagen und durch das Land streunen schon ins Blut gegangen war, denen war zur zweiten Natur geworden, überall wo sie gingen und standen, Lärm zu schlagen.

Dr. Hinteregger hatte vom Fenster seiner Wohnstube aus dem Auflauf zugesehen. Als der Platz wieder leer war und nur mehr die Fetzen der beiden Aufrufe auf der Erde zerstreut herumlagen, starrte er noch eine Weile hinaus und wandte sich dann seiner Frau und Sabina zu. „So schaut wieder einmal der Friede aus. Werdet sehen, das dicke Ende kommt erst noch."

„Ja kann denn noch Ärgeres kommen, Michl?" fragte die Doktorin verzagt.

„Dreimal hat sich Tirol erhoben, immer und immer vergeblich auf kaiserliche Hilfe hoffend, und alle dreimal hat es aus eigener Kraft ganz wunderbar gesiegt, wenigstens nach außen hin. Das wirkt bei Allzuvielen wie ein Rauschgift, von dem sie nimmer lassen können."

„Aber Doktor, die Not, das Elend ringsum und die tödliche Gefahr, sich jetzt noch nicht ergeben zu wollen, das muß die Leute doch zur Besinnung bringen!"

„Gutes Fräulein Sabin, wer nicht schon Besinnung hat, wird jetzt zu keiner solchen kommen. Die andern aber macht es zu Verzweifelten, zu Rasenden, von den Strauchdieben gar nicht erst zu reden, die sehen ihren Weizen blühn."

Der Doktor ging mit gesenktem Kopf in der Stube auf und ab, sein unbesiegbarer Humor hatte in der letzten Zeit sehr gelitten. Um irgend wen, meist wohl um seine Kranken, schien er immer bekümmert zu sein. Sabina mußte sich in diesen Tagen immer wieder die Frage vorlegen, was wäre, wenn Ludwig noch lebte? Würde sie ihm jetzt folgen können, jetzt, wo ihr Volk in einem unsäglichen Jammer dahingestreckt lag? Wo es in noch größerer Erbitterung dem Eroberer gegenüber stand, als während des Krieges? Und was würde er empfinden? Er würde sie aus dem Chaos herausführen, heimführen wollen. Gab es da noch ein großes Glück, wenn einen ringsum die Wellen der Verzweiflung, des Elends, des Hasses umspülten? Würde er seine Heimat, sein Volk in solcher Not verlassen können, würde sie es können? Müßige Fragen, — es war ja alles vorbei, es gab wohl kein Glück auf Erden.

„Ich möchte nur wissen, wo der Kammerlander steckt?"

Sabina, aus ihrem Sinnen aufgeschreckt, glaubte, die Frage sei an sie gerichtet.

„Ist er nicht beim Dr. Gasteiger?"

„Er ist da und dort, so wie er zuerst ein Kurier für die Organisation der Aufstände gewesen ist, ist er jetzt einer des Friedens, der Besänftigung und das ist weit schwerer."

Sabina wollte ablenken und tat es etwas unvermittelt. „Der Gravitscher von Villanders ist auch noch nicht heimgekommen, hat mir heute die Bäurin geklagt und er muß doch wissen, wie krank sie ist, wie not es täte, wenn er wieder daheim wär."

„Ist der Gravitscher nicht auch ein Reiter-Kurier des Hofer?" wollte die Doktorin wissen. „Das ist es ja, so lang der Hofer nicht heim geht, kann auch der Gravitscher nicht kommen. Ich möcht nur wissen, was die Mander auf dem Brenner noch verloren haben!"

„Der Haspinger, sagt man, soll heimkommen sein."

„Ja, der hat im Klösterle drüben Zellenarrest und sitzt einmal fest. Aber laß einen Schuß irgendwo losgehn, dann rennt er mit dem Kopf ein Loch in die Mauer und ist dahin!"

„Ich habe ihn gestern gesehn", sagte Sabina, „man kann verstehen, daß er auf einfache Menschen unheimlich wirkt."

„Unheimlich und unheilvoll, ganz richtig. Ich aber wüßt schon ein Mittel dagegen; verheiratet soll er sein und ein Dutzend Kinder haben, dann hätt er in Schönberg draußen nicht das Unheil anstiften können!"

„Von was allem doch unser Schicksal abhängt", meinte die Doktorin.

„Von unserm freien Willen, wenn aber dieser Wille nicht wirklich frei und klar, — ach was, lassen wir das armselige Gescheitersein!"

Der Doktor nahm eine bauchige, schön geschliffene Flasche aus dem Schrank, zur Hälfte leuchtete rubinroter Wein darin, drei Römer nahm er noch mit, stellte sie auf den Tisch und schenkte ein. „Laßt uns einen kleinen Schlaftrunk nehmen, bei schmaler Kost stellt sich die nötige Bettschwere und das noch nötigere Vergessen früher ein, als zu üppigen Zeiten. Fräulein Sabin, nur zugreifen, es schadet nicht, gehört ja auch zu meinen Rezepten." Die Gläser klangen leise, behutsam aneinander. Durch die geschlossenen Fensterläden hörte man den Rumor der Heimkehrenden und noch länger das ziellose durch die Nacht Getrabe der heim- und freudlos Gewordenen, der Gartknechte von Anno 1809.

In dieser Nacht noch schreckten die Sturmglocken die Klausener und ringsum die Dörfler aus dem Schlaf. Vom

Layener Ried herüber hörte man heftiges Gewehrfeuer knattern. General Pery kam mit 1200 Mann durch das Tal von Agordo über Caprill, Corvara von Gröden heraus in das Eisacktal. Durch den Schluchtweg unter Schloß Trostburg vorbei wurde er von einem Kugelregen der Insurgenten überschüttet. Bis Weidbruck verlor der General über 200 Mann. Noch grauenhafter wurde der Marsch auf dem Kuntersweg, durch das Geschluchte von den Steinlawinen der Rittener immer wieder attackiert, kam der Brigadier nur mehr mit 800 Mann in Bozen an. Die fünfundzwanzig gefangenen Bauern wurden sogleich nach der Insel Elba transportiert.

Wie es Dr. Hinteregger am Abend vorausgesagt hatte, die Schüsse im Layener Ried und das Gefecht bei Weidbruck, hatten den Haspinger, wenn auch nicht aus der Kutte, so doch aus seinem Klösterle herausfahren lassen, wie einen Schuß aus dem Büchsenlauf.

Von diesem siegreichen Raufen neu entflammt, hatten die Unentwegten, die Unbelehrbaren, unter ihnen der noch immer bis an die Zähne bewaffnete Kolb, der Kofler von Miland und der glühende Patriot, Peter Mayer, sich des Hofer zum andernmal in dem Augenblick bemächtigt, als er heimkehren wollte.

Erstarrt vor Schreck, las Gasteiger den Aufruf, der ihm auf dem Weg von Brixen nach Klausen, von einem eilenden Boten in die Hand gedrückt wurde. Er datierte vom Vortag des 5. November und kündete allen treuen Tirolern des Sandwirts Befehl:

„Alles ist auf dem Brenner bereit, sich zu wehren. Jeder muß mittun. Kein Dorf darf das andere, kein Nachbar den andern, kein Bruder den andern verschonen. Wer nicht mittut, soll verprügelt und dem Oberkommandanten angezeigt werden. Jeder der nicht mittut, soll eingeliefert und sein Hab und Gut fiskalisch werden. Der Zugang zum Gotteshaus und zum Vaterhaus bleibe einem solchen verschlossen, er ist kein Tiroler mehr. Wer dies nicht weiter gibt, dessen Leben ist verfallen."

„Er ist wahsinnig geworden", keuchte Gasteiger. Tag und Nacht war er mit wenigen Helfern auf den Füßen, die Leute von Villanders und der Klausener Umgebung zu beruhigen, dem Unheil zu steuern so weit es noch möglich war.

Überall, im ganzen Lande flammte der Kleinkrieg der Insurgenten auf. Die Anführer überraschten den Feind wo sie konnten und wichen, wo sie nichts auszurichten vermochten, vor seiner Übermacht geschickt zurück. Kein Bauer, der ärmste nicht, konnte sich dagegen wehren, wenn oft sechzig bis hundert Stürmer bei ihm nächtigten und alles aufaßen, was er an Notzehrung für den langen Winter mühselig gehortet hatte. So war es schon während des regulären Krieges gewesen und wollte kein Ende nehmen.

Gehetzt und müde kehrte Michl Kammerlander am Ende der zweiten Novemberwoche im Doktorhaus ein. Er kam von Hofers Hauptquartier in Sterzing, wohin er Sieberer und Danei begleitet hatte. Alle, auch Sabina bestürmten Kammerlander, er möge erzählen, was er erfahren und erlebt, wie die Dinge im Augenblick stehen.

„Das Ärgste wär noch einmal abgewendet. Es war ein schweres Stück Arbeit, dem Hofer noch einmal das abzupressen." Damit reichte Kammerlander dem Doktor Hofers letzten Aufruf vom 8. November. Der Doktor las ihn den Frauen vor:

„Der Friede wurde schon am 14. Oktober geschlossen. Es kann kein Zweifel mehr sein, Napoleon hat uns Gnade zugesichert. Im Einverständnis mit vielen Abgeordneten des Landes schickte ich den Danei und den Sieberer nach der letzten Schlacht am Berg Isel mit einem Unterwerfungsschreiben an den Vizekönig Beauharnais nach Villach. Heut sind diese beiden zurückgekommen und haben hier ein gnädiges Schreiben gebracht. Von Österreich verlassen, würden wir dem größten Elend preisgegeben sein. Ich kann euch nicht mehr befehlen und könnte für ein weiteres Unglück nicht mehr einstehn. Eine höhere Macht leitet Napoleons Schritte. Sieg und Staatsumwälzungen gehen aus den unabänderlichen Flammen der göttlichen Vorsehung hervor. Wir wollen uns in Gottes Willen ergeben und uns der Großmut Napoleons würdig machen."

Die nachfolgenden Ordres las Dr. Hinteregger nicht mehr vor. Angeekelt warf er das Papier auf den Tisch.

„Da hat wohl der Danei auch mitgepfuscht Eine höhere Macht leitet Napoleons Schritte! Was hat denn Gott damit zu tun? Wer hat aus Napoleon das gemacht, was er heut ist? Doch nur die Menschen! Die Menschen mit ihrer Vergötzung, mit ihrer ewigen Kriecherei, mit ihrem ewigen Ja-sagen, wenn es ihrer eigenen Eitelkeit schmeichelt, und dann soll auf einmal Gott die Schritte eines zum Raubtier gewordenen Menschen lenken! Und wenn alles verschüsselt ist, muß die göttliche Vorsehung herhalten, die Diplomatie des kleinen Mannes, von den Großen ihm eingeimpft. Ist das alles nicht ein Jammer? Ja ist es da ein Wunder, wenn die Leute verrückt werden, jeden Tag wird ein anderes Evangelium verkündet!"

Der Doktor war etlichemale mit heftig aufsetzenden Schritten hin und her gegangen, blieb dann stehen und wandte sich an Kammerlander: „Wo ist er denn jetzt, der Hofer?"

„Auf dem Weg nach Hause; ich wollte Danei wäre bei ihm, aber der Quecksilbrige ist auf dem Weg nach Bozen, will dort die Leute beruhigen."

„Und wenn du den Hofer begleitet hättest?"

„Auf mich würde er nicht hören, ich bin viel zu wenig um ihn gewesen und mit den Studierten hat er's nun einmal nicht. Danei wär immerhin ein Geistlicher, auf die hört er lieber, siehe Haspinger."

„Was ist eigentlich mit dem Danei, man hört viel Ungutes über ihn?"

„Soweit ich ihn kenne, im Grunde eine ehrliche Natur, nur hat er kein besonderes Ansehn, nicht einmal in Schlanders, wo er geboren ist. Französisch und Italienisch beherrscht er in Wort und Schrift, sonst spielt er sich gern auf den Kosmopoliten auf, er spielt sich überhaupt gern auf, und das mögen die Leut nicht, nicht von jedem, er hat Pech."

„Ihr müßt den Hofer aus dem Land bringen, er muß über die Grenze, herinnen wird mit ihm nur Schindluder getrieben!" begehrte der Doktor auf.

„Das wollen ja alle Gutgesinnten, zu seinem eigenen und zu des Landes Heil. Aber er will nicht, um keinen Preis der Welt will er Tirol verlassen. Er ist nicht mehr der alte Hofer, es ist etwas zerbrochen in ihm, — wie in uns allen."

„Aber Michl! Ihr Jungen müßt schon durchhalten, ihr könnt trotzdem noch bessere Zeiten erleben!"

Die Doktorin schob, Kammerlander leise mahnend, auf einem Teller die Schnitte Brot mit etlichen hauchdünn geschnittenen Scheiblein Speck zurecht. Es fiel ihm, in seinen eigenen Sorgen verstrickt nicht auf, daß auch im Doktorhaus der alte Brauch abgekommen war, für alle aufzudecken, wenn man einem Gast aufwartete. Die drei und oft nur zwei Mahlzeiten des Tages waren streng eingeteilt. Man wußte von Kleinbauern zu erzählen, wo man den Kindern früh und abend eine kleine Kelle voll frischgemolkener Milch zu trinken gab, zu Mittag den Hunger mit einer Rübensuppe zu betrügen versuchte und nur an Sonntagen bekamen sie noch ein Stück Brot dazu. Umso hohlwangiger und versorgter schlichen die entkräfteten Mütter durch das Haus.

Bei den besitzlosen Hantierern und kleinen Beamten sah es noch schlimmer aus. Ein wenig verwundert nahm Kammerlander das Gebotene dankend an, denn es wurde einem selten mehr mit Eßbarem aufgewartet. Doch trotz Hunger aß er mit Unlust, immer nur in ein und dasselbe vergrübelt.

„Ich werd' den Gedanken Tag und Nacht nimmer los", brach es aus ihm, „hätten wir uns das alles nicht ersparen können? Hätten wir nicht weit besser daran getan, uns mit den Bayern zu verständigen? Dann wären doch wenigstens nur Deutsche im Land und nicht Franzosen und Italiener, die jetzt mit den Bayern zu dritt um das Tiroler Land würfeln werden, in drei Fetzen werden sie uns reißen! Es ist alles verspielt und vertan, unser Vertrauen ist so schnöde verraten, unsre Kraft so unverzeihlich mißbraucht und vergeudet worden, das kann nimmer gut werden!"

„Bleibt nur eines, Michl, sich selber bewahren, jeder

nach eigenen Kräften wieder aufbauen, Stein um Stein zusammentragen."

Kammerlander fuhr aus seinem Sinnen, er schien sich an etwas zu erinnern, das nach Aussprache drängte.

„Das muß ich euch noch erzählen: Es war am Sonntag, den 28. Oktober. Die meisten Landstürmer, die der Hofer schon auf dem Berg Isel postiert gehabt hat, wollten noch einmal in die Stadt zu einem feierlichen Gottesdienst gehn. Mich selber hat es hinabgezogen, ein gesungenes Hochamt zu hören. Der Hofer hat nichts dagegen gehabt. Wir haben alle den Stutzen mit uns getragen und sind so mit den Innsbruckern, mit Frauen und Kindern zur Kirche gegangen. Die St. Jakobs Pfarre, die Hofkirche, die Spitals- und Servitenkirche, überall sagten die Leute, sei es gesteckt voll. Wie dann alles nach den Hochämtern auf den Hauptplatz und in die Maria-Theresienstraße herausströmt, marschiert von der Innbrücke, durch die Herzog Friedrichstraße, eine bayrische Fußkompanie und eine Eskadron herauf. Ich sag euch, Michldoktor, nicht einmal richtig erschrocken sind die Leut, trotz all der Aufregungen die Tage vorher, trotz der vielen Flüchtlinge. Dagestanden sind wir, unsre Stutzen geschultert und geschaut haben wir, wie die Kälber vor einem neuen Tor. Den Bayern ist es nicht anders ergangen, haben uns überall ruhig vorbeigehn lassen. Kein Schuß ist gefallen, kein Spott- und kein Zornwort. Hüben und drüben flotte Burschen, wehrhafte Männer. — Ich hab nur unter den Leuten erstaunte Fragen vernommen: ‚Was soll das nur heißen? Wie kann man daraus noch klug werden? Ist der Krieg vorbei, ist doch Frieden?' Und zwei Tag darauf haben sie uns auf dem Berg Isel ganz ordentlich ausgeräuchert, — folgerichtig ausräuchern müssen. Sagt mir einmal, Michldoktor, sind wir nicht arme Menschen? Sagt mir, wird das nie aufhör'n, nie?"

„Mein lieber Michl, da muß die Menschheit noch gewaltig umgekrempelt werden, da müßte es wirklich einmal freie Menschen und gute Menschen — und keine heiligen Kriege mehr geben."

Kammerlander war aufgestanden, er mußte wieder

gehn. Diesmal gab es keine Ausrede im Doktorhaus zu nächtigen, einen ganzen Abend bei ihnen verbringen zu können. Als ihm Sabina die Hand reichte, traf ihn ein warmer Blick und die Doktorin sagte:

„Kammerlander, kommt bald wieder einmal, es redet sich mit niemandem so gut, wie mit Euch."

Da mußte Kammerlander lachen. „Aber Frau Doktor, es hab ja nur ich geredet, weder Ihr, noch das Fräulein sind zu Wort gekommen", wandte er sich entschuldigend auch an Sabina.

„Wir haben Euch doch gebeten, uns alles zu erzählen, was Ihr in der letzen Zeit erlebtet", sagte sie freundlich.

„Ja, das hab ich auch weidlich ausgenützt", meinte er etwas verlegen.

Als sie wieder allein waren, brummelte der Doktor verdrossen:

„Schad ist es um die jungen, prächtigen Leut, wir Alten haben ihnen was Schönes eingebrockt."

„Ausgerechnet du mußt dir darüber Gedanken machen!" rief die Doktorin fast unwillig. „Bist du etwa der Kaiser von Österreich, oder der geweste Oberkommandant von Tirol? Nein, du bist nur der Michldoktor!"

„Gott sei Dank", sagte der Wundarzt.

MISERERE MEI

General Vial, seit dem Überfall auf seinem Marsch nach Bozen auf das Äußerste erbittert, ließ in Meran die Ablieferung der Waffen mit aller Strenge und der Androhung härtester Repressalien betreiben.

Am 11. November sollten binnen weniger Stunden alle Waffen abgeliefert werden, widrigenfalls die ganze Stadt in Flammen aufgehn werde.

Der 11. November aber war auch der St. Martinstag, an dem in Meran der große Markt abgehalten wurde.

Auch diesmal strömten von weit und breit die Bauern in die Stadt herein. Da mußten sie zusehn, wie ihre Stutzen und selbst die Jagdwaffen im alten Rathaus zu Bergen aufgehäuft wurden. Da lag nun ihr Wehr und Ehr. Seit Graf Meinhards Zeiten vor fünfhundert Jahren, durften sie als freie Bauern ihre Waffen tragen. Niemand wußte wer angefangen hatte. Das Rathaus wurde erstürmt, die Gewehre Armvoll um Armvoll hinweggetragen. Besonders die Passeier machten ganze Arbeit. Der Bürgermeister konnte nur mehr zwei Dutzend Schußwaffen dem wütenden General nach Bozen schicken. Die knurrenden Löwen aber hatten wieder Blut geleckt.

Seit Andreas Hofer wieder auf seinen Sandwirtshof heimgekehrt war, hatten ihn die kampfesmutigen Freunde keinen Schritt mehr verlassen. Der Waffenraub von Meran war Wind in die glosende Asche. Das Sandwirtshaus wurde förmlich belagert. Gufler, Hofers Schwager, der Kofler von Miland, wollten um jeden Preis wieder losschlagen. Zu allem Überfluß war noch Haspinger gekommen. Landstürmer forderten ihre noch ausständige Löhnung, Reisläufer aus aller Herren Länder, Abenteurer boten ihre Dienste an und ein Sterzinger brachte die Nachricht Kolbs, die von großen Siegen der Pustertaler über die Franzosen zu melden wußte. Vom Einmarsch des kaiserlichen Heeres in Kärnten, von der kaiserlichen Zusage nahender Hilfe schrieb Kolb, denn keiner verstand es so gut wie er, das Blaue vom Himmel herabzulügen.

Das Unglaubliche war zum andernmal geschehen!

Am 12. November erließ Hofer seinen neuerlichen Aufruf zum Kampf. Die Sandwirtsreiter preschten durch die Lande, wenn ihnen der Laufzettel zu wenig wurde, schrien sie ihre Meldung in den Ortschaften aus:

„Alle Gerichte Tirols stehen auf wider den Feind! Der Hofer läßt euch sagen: ‚Brüder, es ist nur mehr ein Kleines zu tun! Wenn wir nachgeben, ist Glaube, Volk und alles dahin. Wer nicht mittut, ist ein Feind Gottes und des Vaterlandes. Glaubet ja nicht, daß Frieden ist, daß uns der Kaiser von Österreich verlassen hat!"

Und nebenher war der einst für den Freiheitskampf so begeisterte Danei Tag und Nacht auf den Füßen, die Leute zu beschwichtigen, sie von der Tatsache des Friedensschlusses zu überzeugen. Er wurde zum Lügenpfaff gestempelt, selbst seine Eltern verachteten ihn. Ihn und den Major Sieberer, die beiden Friedensapostel, brachte man als Gefangene in das Hauptquartier Hofers, wo sie geächtet und in eine elende Keuche geworfen wurden. Alte und bewährte Freunde des Sandwirts verbargen sich vor ihrem ehmaligen Kommandanten.

Am 15. November lieferten die Schützen von Passeier und des unteren Vintschgau dem General Rusca eine blutige Schlacht. Im heißumkämpften Dorf Tirol fielen unschuldige Bewohner, selbst Kinder, unter den Streichen der wütenden Franzosen und Italiener. Zehnfach wurde ihnen vergolten. Auf Schloß Tirol, der alten Stammfeste des Landes, wurde gekämpft wie zu Margarete Maultasch's Zeiten, als der König von Böhmen, die Gemahlin seines von ihr verstoßenen Bruders, auf Schloß Tirol vergeblich berannte. Zweimal warfen die Stürmer den Feind ins Tal. In einem Zustand des Erbarmens, hunderte von Toten zurücklassend, hunderte Verwundete mitschleppend, erreichte Rusca am 17. November Bozen. Die vom Jaufen niedersteigende französische Kolonne unter Doreli, wurde in einer vier Tage währenden Schlacht völlig aufgerieben. Eine wahre Hunnenschlacht auf der Etzelsburg lieferten die Tiroler den Franzosen und verwandelten das stille St. Leonhard in einen Friedhof.

Klausen, das sich noch ruhig verhielt, wurde von dreihundert Franzosen besetzt. Der Kommandant hatte sein Quartier jenseits des Eisack, zu Griesbruck genommen. Daß sich Klausen nur scheinbar ruhig verhielt, das wußten die über alles gemühseligten Friedensstifter, allen voran Dr. Gasteiger, nur zu gut. Dafür hatten die Klausener seit Hofers letztem Aufruf ein k. k. Platz-Kommando und niemand anderer als Johann Niederhauser war Platz-Kommandant.

Sabina war auf dem Weg nach Pardell hinauf. Einen

vierzehnjährigen Buben, der als einziges Mannsbild im Haus sich beim Holz hacken das Knie verletzt hatte, mußte sie alle drei Tage frisch verbinden. Sie beeilte sich und wollte einen kurzen Besuch in Säben einsparen.

Auch in der Abtei hatte sich einiges verändert. Die ehrwürdige Mutter Äbtissin fühlte aufs neue schwere Zeiten herankommen und hatte ihr Amt zurückgelegt. Frau Juliane Witschin wurde zur Oberin erwählt, denn eine Äbtissin zu wählen, fehlte es an Mitteln auch nur die Taxen dafür zu bezahlen, geschweige denn so ein Fest auch würdig zu begehen. Sabina achtete nicht des schweren, mit Schnee vermischten Regens, sie achtete nicht einmal des Hollerstrauchs, der kahl und tropfnaß am Wege stand, sie trachtete nur vorwärts zu kommen. Immer fühlte sie sich gehetzt in diesen Tagen der Schrekken und für jeden vergeudeten Augenblick verantwortlich.

Da stand sie nun im Sprechzimmer, hielt sich veratmend an einem der kleinen Quadrate des hölzernen Gitters fest, das sie nun von jenen trennte, mit denen sie in weltferner Abgeschiedenheit all ihre Tage verbringen wollte. Was aber hatten ihr diese wenigen Monate der Freiheit gebracht? Wie ein Walzwerk war das harte Leben über sie hinweggerollt und wie immer auch unter einem Walzwerk, ein Grashalm, eine Blume wieder aufsteht, war auch sie aufgestanden. Das große Glück aber, das sie so sehr ersehnte, an das sie glaubte, war entschwunden. Es schwebte nicht einmal mehr über Klausen, nicht über Säben, sie fühlte es.

Frau Magdalena kam mit ausgebreiteten Armen auf sie zu, doch durch das Gitter langten nur ihre Finger, die Sabinas Hände hielten.

„O du, du Ungetreue! Aber sei still, ich weiß alles, du bist schon eine halbe Doktorin geworden und überall hört man dich loben. Aber blaß bist du, und schmäler geworden, — zwar, schmäler geworden sind auch wir da im Kloster und das Wenige genießt man auch noch mit schlechtem Gewissen, weil andere noch ärmer daran sind."

Sabina kam nicht zu Wort, wie ein Wasserfall stürzte der Küchenmeisterin Reden auf sie ein.

„Sabina, was meinst du, was wird aus uns allen noch werden? Können wir's noch einmal gewinnen? Der Torgler und unsre Klosterknechte sagen, das mit dem Frieden sei alles nur Schwindel, der Erzherzog Johann kommt mit großer Macht über das Pustertal heraus uns zu Hilfe. Ich selber glaub das auch lieber, als daß uns der Kaiser in solcher Not verlassen könnt."

Sabina wurde es schwer, Frau Magdalena auf das Gegenteilige vorzubereiten. Vor zwei Tagen, erzählte die Küchenmeisterin weiter, hätte der Dr. Gasteiger mit der Mutter Oberin gesprochen und seit der Zeit gehe dieselbe ganz niedergeschlagen herum.

„Hast du das von dem merkwürdigen Wunder schon gehört, Sabina? Was, nicht? Es hat sich doch schon in unsern Dörfern überall herum geredet! Der Sandwirt hat drei Abende durch seinen Stutzen und den Kommandosäbel daheim in Passeier, in der Kapelle zu unsrer lieben Frau, vor dem Altar niedergelegt, daß sie ihm ein Zeichen gebe, ob er weiter kämpfen sollte oder nicht. Alle dreimal aber, als er aufgewacht ist am Morgen, sind seine Waffen vor seinem Bett auf dem Boden gelegen."

Sabina ging ein Schaudern an, um so bewußter hielt sie mit ihrer Meinung nicht zurück.

„Nein, Frau Magdalena, an solch ein Wunder glaub ich nicht. Ihr wißt doch selber am besten, wie kräftig wir zwei dem Wunder auf die Füß helfen mußten, als das Kloster Säben gerettet wurde und ihr wißt, wie wir uns in der Not zu Ausreden und Lügen geflüchtet haben. Denen aber, die den Krieg wollen und den Frieden mit allen Mitteln ableugnen und sich also in den Willen Gottes wirklich nicht ergeben wollen, denen ist eben nichts heilig, auch der Glaube unsres armen Hofer nicht mehr."

Da schwieg Frau Magdalena eine ganze Weile, starrte grübelnd vor sich hin und sagte dann erschüttert und überzeugt zugleich: „O Kind, Kind, du hast schon viel dazugelernt in der Welt draußen. Unser Beichtvater vom Klösterle drunten hat uns zwar auch gewarnt, in dergleichen Dingen nicht zu leichtgläubig zu sein. Aber so klar und deutlich, wie du es nun mit dem verglichen hast, was wir ins Werk gesetzt haben, um unser Kloster zu retten, nein, so klar hat er es uns nicht gesagt."

Mit dieser Erkenntnis Frau Magdalenas gab sich Sabina zufrieden und dachte, was sonst noch zu tun sei, wird Dr. Gasteiger der Oberin gewiß nahe gelegt haben. Für Frau Benedikta gab Sabina noch Grüße auf, die Frage nach ihrem Befinden machte Frau Magdalena noch einmal gesprächig.

„Ich, wenn ich noch etwas zu schaffen hätte, tät ihrem unheimlichen Gebetseifer einen Radschuh einhängen. Vor lauter Geistigkeit, wie die Frau Veremunda sagt, ist sie schon ganz durchsichtig und hat nicht mehr viel Menschliches an sich. Sie ist die Krone des ganzen Konvents, hat die Mutter Oberin erst neulich gesagt und es ist auch wahr. Ach, Sabina, von der Art bin ich nie gewesen!"

„Ihr seid schon recht so, Frau Magdalena, ganz von der richtigen Art. Aber jetzt muß ich nach Pardell, meine Zeit ist gemessen, wie bei einem Bandlkramer die Ware", sagte Sabina und griff nach den rauhen Fingern der Küchenmeisterin, die sich zum andernmal sehnsüchtig durch die Gitterstäbe streckten. „Was du schon für heimige Sprüche im Mund hast, das tut einem ordentlich wohl. Gott behüt dich Sabina und gesegne all dein Tun!"

Sabina eilte über den schmalen, schwindelhohen Säbenersteig nach Pardell hinüber. Dort wurde sie von ihrem Patienten schon recht ungeduldig erwartet, sollte sie ihm heute mit dem neuen Verband doch auch des Doktors Gesundspruch bringen. Als sie aber den Buben in die Kur nahm, zeigte sich, daß die leicht vernarbte Wunde entzündet war, weil der Bub auch im Bett noch keine Ruhe gab. Darum mußte nach des Doktors strenger Anweisung noch acht Tage Bettruhe verordnet werden, wenn er nicht um seinen Fuß kommen wolle. Dem Buben sprangen die Tränen der Wut in die Augen, aber er ergab sich, denn nur mit einem Fuß in diesem so erregenden Leben zu stehen, das war ihm zu wenig.

Die Bäurin ging mit Sabina bis vor das Haustor hinaus und schob ihr ein halbes Laiblein Brot in die Tasche. Dies war eine vielbegehrte Münze zu dieser Zeit, besonders für jene, denen auf eigenem Grund nichts heraufwuchs. Dann aber sagte die Bäurin mit einem herzenstiefen Seufzer der Erleichterung:

„Gottlobedank! Hätt sich der Bub nicht ins Knie gehackt, wär er längst dem Hofer nachgelaufen wie sein Vater, wo wir doch so schon den Ältesten verloren haben."

„Ja, ja", gab ihr Sabina lächelnd recht, „es gibt keinen Schaden, daß nicht auch ein Nutzen dabei wär."

Sie bedankte sich noch einmal und wollte gleich zur Bärbl nach Verdings hinaufgehn, denn der Doktor hätte gerne gewußt, ob der Valentin seinen Fuß wieder ordentlich brauchen kann.

Auf manchen Äckern standen noch die Krautköpf halb verfault im nassen Schneematsch, den Weinbergen fehlte die ordnende, pflegende Hand und da und dort hing gar noch die letzte Baumfrucht verhutzelt an den kahlen Ästen. Überall und in allen Dingen merkte man, daß Krieg im Land und Not am Mann war. Für derlei Mängel hatte Sabina erst den Blick bekommen, seit sie mit den Bauern umging und von ihren Nöten und Mühen wußte.

Auf Pardell lief der kleine Valentin schon tüchtig an den Stubenbänken herum, krähte und lachte dem ihm nicht unbekannten Besuch entgegen. Ein nußgroßes Stück Hutzucker, deren einige Sabina immer bei sich trug, verschlug dem Kleinen den Atem, bis er davon zu schmatzen begann. Auf die Frage, wie es dem Bauer gehe, wurde sie von der Bärbl zum Fenster geführt.

Im Anger draußen sah sie den Valentin sich fleißig herumtun. Zuweilen, wenn er sich vergaß, krumpte er ein wenig, dann ging er wieder stramm, als ob mit seinem Fuß nie etwas gewesen wäre. Der Bärbl aber rannen die Tränen über das Gesicht, während sie klagte:

„Er hat nimmer Rast und Ruh, er leugnet Stein und

Bein, daß ihm der Fuß nimmer weh tut, schaut doch, wie er grad wieder zusammengezuckt ist! Seit sie uns das da ins Haus gebracht haben, schlaft, ißt und redet er nichts mehr." Die Bärbl hatte aus einem Andachtsbuch einen vergriffenen Zettel herausgenommen und reichte ihn Sabina. „Ich hätte ihn längst verbrennen mögen, aber er hält ihn wie ein Heiligtum."

Auf dem Zettel stand von ungelenker Hand geschrieben: „Leut, gedenket, das vom Frieden ist alles eitles Geschwätz! Wie könnt der Kaiser einen so schlechten Frieden eingehn und die Tiroler so unglücklich machen? Auf, rettet die Heimat, ein Letztes noch und wir sind frei! Tirol und unsre Religion! Euer Hofer."

Sabina gab den Zettel zurück. „Tut ihn nur wieder aufheben, verbrennen wär ganz gefehlt und im übrigen können wir ja hoffen, daß es in Klausen ruhig bleibt, wenn der französischen Besatzung nichts in den Weg gelegt wird. Hab Geduld, Bärbl, mit jammern richtet ihr nichts, laß das Bübl viel um ihn sein."

„O liebe Zeit, das nützt weniger als nichts. So oft er den Kleinen anschaut, sagt er ganz verhärmt: ‚Armes Hascherl du, was wird dir noch bleiben, wenn die Väter daheim hocken bleiben wie eine Bruthenne auf dem Eiernest und die Räuber nicht aus dem Land kriegen?'"

„So geduld' dich halt, Bärbl, derfst nicht vergessen, es gibt noch genug Mütter im Land, die ihrem letzten Buben den Stutzen in die Hand drücken, aber einmal muß sie der Friede wieder alle zusammenbringen."

Sabina wollte das Hereinkommen des Valentin gar nicht erst abwarten, sie hatte genug gesehen und gehört und eilte wieder Klausen zu.

Im Doktorhaus traf sie Gasteiger an, der eben aus Passeier, vom Hauptquartier Andreas Hofers zurück gekommen war.

„Ja vermochten sie denn gar nichts, will er noch immer nicht an den Frieden glauben?" hörte sie die Doktorin schmerzlich ausrufen.

Sabina setzte sich mit einem stummen Gruß hin, wollte das Gespräch nicht unterbrechen.

„Da müßte wirklich der Allewige in der Gestalt Gottvaters, wie ihn sich der arme Hofer vorstellt, vom Himmel niedersteigen, wir richten nichts mehr, wir werden es bis zum bittern Ende durchstehn müssen. Da, diese Aufrufe sagen uns alles."

Gasteiger nahm einige Laufzettel aus der Brusttasche und faltete sie auseinander.

„Diesen hat er an die Oberinntaler und Vintschgauer gerichtet: ‚Infolge einiger Verwirrung und getäuscht von Geistlichen, die ich für meine Freunde gehalten, habe ich zwar Waffenruhe anbefohlen. Aber da jung und alt auf ist, so melde ich euch, daß wir weiter streiten. Wenn wir uns ergeben, so sind wir binnen vierzehn Tagen unsrer jungen Leute beraubt und haben keine Religion mehr, weil alles vernichtet ist. Ich möcht von rechtschaffnen Männern gern erfahren, was die Schweiz macht, was die dazu sagt —'"

„Halt!" unterbrach ihn Dr. Hinteregger. „Das ist wieder einer der lapidaren Sätze Hofers, hinter denen oft so viel steckt. Was die Schweiz dazu sagt, schau, schau, da hat er einen lichten Gedanken gehabt. Dies aber möcht keiner wahr haben, der Franzos und der Bayer und der Kaiser von Österreich schon gar nicht!"

„Die Schweiz?" Gasteiger wurde ironisch. „Tirol ist kein Geschäft für die Schweiz, da brauchen König und Kaiser keine Angst haben." Er kramte wieder in seinen Zetteln. „Aus dem Aufruf da ist deutlich zu ersehn, wie sie es mit Hohn treiben: ‚Ich will mit euch streiten und euer Vater sein. Das muß ich euch melden, wenn ich nicht selber ein Opfer meiner eigenen Leute werden will und das Gleiche würde euch geschehn, wenn ihr nichts für Gott und Vaterland tun wollt. Es grüßt die Brüder und Landsleute als ihr wahrer Andreas Hofer, Sandwirt in Passeier.' Und das hat er nach dem Kampf um das Dorf Tirol ausrufen lassen: ‚Wir haben eine siegreiche Schlacht geliefert und jetzt noch Nachricht erhalten, daß das Haus Österreich wieder auflebt, daß die Österreicher durch Kärnten herauf rücken, den Tirolern zu Hilfe zu kommen. In Brixen und im Pustertal wird der Feind schon angegriffen. Ergreift auch ihr die Waffen! Gott und seine heilige Mutter behaltet im Herzen, streitet ritterlich und wir werden den Feind, wenn er auch noch so stark ist, schlagen.'"

Gasteiger stand auf und warf die in seiner Hand zerknüllten Laufzettel in das Ofenfeuer. Hinteregger schlug in einem verzweifelten Ausbruch die Faust auf den Tisch.

„Es könnt einem das Herz abdrücken, wenn man an den Hofer der zweiten und dritten Erhebung zurückdenkt. Wie ist er damals gegenüber den intriganten Generälen dagestanden, in all seiner Schlichtheit und Einfalt turmhoch erhaben über einen Chasteller und Hormayr. Für jedes gegebene Wort hätt er lieber sein Leben lassen, als es umzustehn. Ein Kristall unter Kieseln war er!"

„Du hast recht, Michldoktor, der Kaiser aber war für den Hofer ein zweiter Herrgott und daß ihn der verlassen, daß ihm der das Wort gebrochen hat, das erkraftet er nicht mehr. Am schlimmsten aber war es vom Anfang an, daß er des Haspingers feurige Zunge für den heiligen Geist selber gehalten hat. Jetzt aber, ihr solltet einmal sehn, was heute im Sandwirtshaus alles um den Tisch sitzt und er selber ist nicht mehr zu erkennen, mich hat geschaudert. Sein Blick ist unstet, sein Wesen fahrig, die Haare sind ihm zu Berg gestanden, der Bart, früher eine wahre Pracht, zerrauft, das erschütterndste aber ist die Stimme, heiser vom vielen Schreien, ich hab sie nicht mehr erkannt, sie war mir ganz und gar fremd. Was er redet ist unsicher, widersprechend und oft ganz verwirrt. Kein Narr, o Gott, das möcht ich nicht sagen, aber ich hab in meinem Leben noch keinen Menschen angetroffen, dessen seelisches Gleichgewicht so aus allen Fugen geraten ist."

Dr. Hinteregger war aufgestanden und vor das Fenster hingetreten. Eine französische Patrouille von vier Mann kam durch die lange Gasse herauf und kreuzte sich vor dem Doktorhaus mit einer Gegenpatrouille.

Der Anblick der Franzosen mahnte den Wundarzt, mit Gasteiger noch einiges bezüglich nötiger Vorbereitungen zu besprechen. Im Falle daß es in der Umgebung, oder in Klausen selber zu Kämpfen kommen sollte, wollte man beim Rößlwirt und bei der Gans je zwei Stuben mit Betten und Strohsäcken bereit halten, um wenigstens den Verwundeten helfen zu können. Auf die Frage der Doktorin, wo denn der Michl Kammerlander umgehe, sagte Gasteiger, daß sich dieser in seinem Hause in Villanders befinde, sozusagen einmal Hausarrest habe.

„Ja ist denn am End der auch noch närrisch worden?" fuhr Hinteregger herum, so wie die Dinge lagen und die Leute verdreht waren, hielt er nicht einmal mehr das für ausgeschlossen. Gasteiger mußte lachen, wenn es auch ein etwas galliges Lachen war.

„Unser Herr k. k. Platz-Kommandant hat ihn zum Leutnant einer Schützenkompanie ernannt und das hat der Kammerlander unvorsichtigerweise ziemlich unverblümt abgelehnt."

„Und darum muß er sich verstecken, so weit sind wir schon? Also ist eine Kreatur wie der Niederhauser der mächtigste Mann in Klausen?"

„Ist das etwa nicht ein guter Witz? Auch ich gehör bereits zu den Gemaßregelten, hier, das Ehrendiplom trag ich schon zwei Tag mit mir herum!"

Gasteiger hatte ein Schreiben aus seiner Rocktasche genommen und reichte es dem Doktor. Dieser nahm es und las, immerzu den Kopf schüttelnd, halblaut vor:

„Das unterzeichnete Platz-Kommando hat sehr mißfällig vernommen, daß sich der Herr Doktor schon öfter unterstanden hat, die Landes-Defensions-Mannschaft von ihrem erhabenen Beruf, nämlich für Gott und Vaterland zu streiten, abzuhalten. Der Herr Doktor wird deswegen dringlich und nachdrücklichst ermahnt, in der Zukunft dergleichen Händel zu unterlassen und über diesen Gegenstand dem unterzeichneten k. k. Platz-Kommando seine Gesinnung schriftlich zu eröffnen. K. K. Platz-Kommando Klausen, den 21. November 1809.
7 Uhr abends.

Johann Niederhauser, k. k. Platz-Kommandant."

Die Doktorin und Sabina sahen sich sprachlos an. Der

Doktor rannte zum Spiegel hin, betrachtete sich, schnitt grimmige Grimassen und schrie dann: „Ich weiß wirklich nicht, bin ich's noch, oder bin ich's nimmer? Hat denn kein Faß einen Boden mehr? Was will denn der Lümmel von dir, was hat er gegen dich?"

„Er braucht nur erfahren haben, daß ich es war, der neulich den Brigadier Bertoletti mit seinem Corps durch den stark verhackten Kuntersweg unbeschadet nach Bozen gebracht hab."

„Du warst das?" Der Michldoktor machte große Augen, pfiff dann durch die Zähne und meinte: „Hm, da könnten wir Klausner im Unglücksfall vielleicht gar ein Guthaben einheben. Na ja, jetzt verstehe ich alles! Du hast die Landes-Defensions-Mannschaft von ihrem erhabenen Beruf abgehalten, nämlich, nach Friedensschluß einer durchziehenden Besatzungstruppe etliche hundert Mann über den Haufen zu schießen und dann zum andernmal fünfundzwanzig Tirolern, es können ruhig auch mehr sein, zu einer Lustreise auf die Insel Elba zu verhelfen."

„Ja, Michldoktor, so ist es, haargenau so!"

Während sich Gasteiger von den Frauen verabschiedete und ihnen versprach, die Grüße an Kammerlander auszurichten, schloff der Wundarzt in seinen dicken Lodenrock hinein und setzte die Pelzhaube auf. Als ihn Gasteiger fragend ansah, erklärte er: „Ich will dich nicht mehr aufhalten und lieber ein Stückl Weg über Klausen hinaus mit dir gehn, später, weißt, tät ich mich vor der Nachtmuze fürchten."

„Nun, so weit wie du meinst, Michldoktor, ist es auch wieder nicht", sagte Gasteiger im hinausgehen.

„Sabina, in was für eine Zeit sind wir doch hineingeraten", klagte die Doktorin ganz entmutigt, als sie allein waren.

„Frau Doktor, ich bin schon so weit, trockenen Auges sagen zu können, — ich bin froh, daß Ludwig dies alles nicht mehr erleben mußte."

„Kind, das kann Euch doch kein Trost sein?"

„Es ist Gewißheit und man fragt sich nicht mehr in einemfort, warum?" sagte Sabina leise.

Nun war auch der Gravitscher heimgekommen, aber nicht zu seinem kranken Weib, sondern als Sandwirtsreiter mit neuen Orders. Auch der wahnwitzige Kolb trieb sich in der Gegend von Brixen herum, benebelte die Hirne der Verzweifelten mit neuen Lügengeweben. Klausen und Umgebung konnte aus gewissen Quellen erfahren, daß Erzherzog Johann seinem kaiserlichen Bruder abtrünnig geworden, mit 60.000 Mann den Tirolern zu Hilfe eile. Die Brixener Garnison wird von Kolbs Leuten eingeschlossen. Im Inntal sind die Bayern geschlagen worden.

Als es am 25. November zu tagen begann, rückten ringsum die Schützen und Stürmer von Latzfons und Villanders, von Velthurns, Verdings und Pfeffersberg gegen Klausen hinunter. Auf dem Platz an der Frag fiel der erste Schuß. Der Kommandant aber war nicht unvorbereitet und hatte seine Vorkehrungen bereits getroffen. Stundenlang währte der Kampf, konnte sich in der beängstigenden Enge der langen Gasse nicht entwickeln und artete zu einem wütenden Handgemenge aus.

Immer wieder wagten sich Frauen auf die Schwelle eines Haustors hinaus, um mit einem kräftigen Zugriff verwundete Stürmer unter das schützende Dach zu bringen, oder einen Toten zu bergen, den sie erkannten, der ihnen teuer war. Beim Rößlwirt und in der Gans lagen die Verwundeten Reihe an Reihe, unter ihnen allein schon vierzig Franzosen. So lag Freund und Feind auf einmal still nebeneinander, Labsal und Wundpflege miteinander teilend. Immer noch währte der Kampf. In den Reihen der 300 Mann starken Besatzung lichtete es sich bedenklich.

Dem Wundarzt rann der Schweiß von der Stirne, sein Rücken schmerzte, er achtete nicht, wen er unter seinen Händen hatte. Stumm und bleich stand ihm Sabina zur Seite, im starren Blick das Grauen, aber immerzu tapfer bemüht, den ruhigen, klaren Anweisungen des Doktors zu folgen, keinen Fehlgriff zu tun und jedes Gefühl des Entsetzens, der hilflos werdenden Erbarmung zu bekämpfen.

Die brave Ganswirtin ging von Mann zu Mann und wo ihr tröstender Zuspruch nicht verstanden werden konnte, genoß dennoch ein jeder den Labetrunk, den sie reichte, verstand jeder den Blick voll hilfsbereiter Güte und fühlte jeder das Geborgensein unter der mütterlichen Hand, die ihnen den Angstschweiß von der Stirne wischte. Es fehlte an viel nötigen Behelfen, aber an Liebe fehlte es dank dieser drei Menschen auch den fremden Opfern dieses blutigen Tages in der kleinen Stadt am Eisack nicht.

Um drei Uhr nachmittag kam aus Brixen ein Entsatz von vierundzwanzig Reitern. Der erste fiel gleich von einer Stutzenkugel getroffen vom Pferd. Seine Kameraden schlugen mit wütenden Streichen ihrer Säbel die Bauern in die Flucht. Da viele meinten, die zwei Dutzend Reiter seien nur der Vortrab einer größeren Eskadron, räumten die Stürmer die Stadt.

Der Rest der Besatzung sammelte sich und zog gegen Brixen ab. Kein einziges Haus war in Flammen aufgegangen.

Spät in der Nacht wurde Sabina von einem der Träger angesprochen. Es war Kammerlander. Sie sah ihn an, als käme er von einer anderen Welt. Und er hatte seinen Dienst doch schon seit den Vormittagstunden versehen. Die weniger schwer Verwundeten wurden entweder gleich nach den nahen Dörfern heimgetragen, oder bei Verwandten und Bekannten in der Stadt zur Pflege übergeben. Manchen Toten aber trugen sie bis in das höchste Bergdorf hinauf, daß jeder noch einmal unter dem Dach zu liegen kam, unter dem er geboren worden war.

Zwei Schützen trugen sie nach Verdings hinauf, der eine war Valentin, Bärbls Mann. Sein Büblein krähte hellauf vor Freude, es hatte den Vater noch nie so still auf der Ofenbank liegen gesehn, als ob er mit ihm „faulen Hund" spielen wollte, der am hellen Tag vor der Haustür in der Sonne lag und schlief.

Indessen feierte Johann Niederhauser, der k. k. Platz-Kommandant, mit einigen Unentwegten ausgiebig den Sieg, denn sie waren die Herren von Klausen geblieben.

Die Wirte vergönnten es ihnen immerhin lieber, als den weit anspruchsvoller gewesenen Franzosen.

Der Held dieser Tage am Eisack, Anton von Kolb, hatte noch einmal 1800 Mann um sich sammeln können und begann Brixen zu belagern. Seinen Kapitulationsantrag schlug General Moreau ab, denn er erwartete aus Bozen Entsatz, der jeden Tag eintreffen mußte.

Am Abend des 4. Dezember hatte sich Dr. Hinteregger entschlossen, am nächsten Tag die verwundeten Franzosen im Spital und bei den Kapuzinern unterzubringen, um die Wirte wieder zu entlasten. Da eilte Kammerlander herbei und übermittelte den dringenden Rat Gasteigers, man möge alles lassen wie es sei. Der Brigadier Severoli sei zum Entsatz für Brixen, mit 2400 Mann von Bozen kommend im Anmarsch. Darum sei es besser, die Franzosen gleich im Weichbild der Stadt einliegen zu lassen. Erstens könnten sich durchziehende Truppen von deren ordentlichen Verpflegung überzeugen und zweitens könne durch die Anwesenheit der Verwundeten die angedrohte Brandlegung verhindert, zumindest aber Zeit gewonnen werden.

Kammerlander aber trieb sich an diesem Abend noch die längste Weile bei den Wirten in Klausen herum und zwar in der bestimmten Absicht, die noch in der Stadt einliegende Bauernschaft zum Abzug zu bewegen. Aus den anmarschierenden 2500 Mann machte er ruhigen Gewissens 4000 und stellte es den Leuten recht anschaulich vor, daß in diesem Falle der Gescheitere recht gut daran tat nachzugeben. Damit waren selbst allzeit kampflustige Latzfonser allmählich einverstanden.

„Wenn wirklich ihrer so viele kommen, ist's eine alte Wahrheit, daß viele Hunde des Hasen Tod sein", meinte der Martin Rautter. Die Latzfonser hatten beim Kampf um Klausen die meisten Toten zu beklagen und Rautters Drittältester war auch unter ihnen. Für diese Nacht aber bestanden sie drauf, noch Wachen aufzustellen. Es war ein Glück, daß der k. k. Platz-Kommandant, Johann Niederhauser, an diesem Abend mit dem Schreiben von Drohbriefen an die Abgefallenen und Belobigungen an die tapfer Verharrenden so sehr beschäftigt war und die Zügel seiner Kommandantschaft merklich nachschleifen ließ. Es lag selbst den noch kampfbereiten Stürmern nichts daran, den wenig Beliebten, den sie während des Kampfes kaum einmal gesehen hatten, zu Rate zu ziehen. Einigermaßen beruhigt, begab sich Kammerlander wieder zu seinen Auftraggebern nach Villanders zurück.

So kam der Morgen des 5. Dezember.

Die lange Heerschlange, die sich über Kolmann auf dem Weg von Villanders herabwälzte, sah für das weniger geübte Auge gut und recht nach 4000 Köpfen aus. Die Bauern überlegten nicht mehr lange und räumten die Stadt. Der Platzkommandant wurde nicht mehr gefragt. Severoli aber wollte die Eisacktaler Straße nicht verlassen, um so schnell als möglich nach Brixen zu kommen. Er schickte nur eine Abteilung von dreihundert Mann mit zwei Geschützen nach Säben hinauf, das Kloster zu besetzen, um sich von dieser natürlichen Feste aus die Straße und den Anmarsch zu sichern. Die Klausener atmeten auf, wenngleich für Brixen noch Schlimmes zu befürchten war, wenn Kolb nicht vorher die Waffen streckte. Das kleine Bauernpikett, das noch die Schanzen bei Branzoll besetzte, um den Zugang nach Säben zu decken, war nach einem kurzen Gefecht in die Flucht geschlagen.

Entsetzt sah Sabina den Franzosen nach. Sie konnte den Schreck und die Ängste der Säbener Frauen nachempfinden und vermochte doch nichts mehr für sie zu tun. Der Doktor beruhigte sie und war der festen Überzeugung, daß sich die Besetzung in Ruhe vollziehen werde, da das Corps Severoli zur Avantgarde Baraguays gehöre. Daß der heilige Berg nun zum andernmal vom Feinde besetzt werden sollte, tat den Klausenern vom Herzen weh, aber die Erkenntnis, daß Gewalt nichts mehr nütze, griff immer mehr und mehr um sich.

Auf Säben wurde in diesen Schreckenstagen über Anordnung der Mutter Oberin das vierzigstündige Gebet abgehalten. Alle zwei Stunden lösten sich die Chorfrauen als die Schildwachen Gottes vor dem Tabernakel ab. Wer aber keiner Ablösung zu bedürfen schien, das war Frau

Benedikta. Verängstigt und immer mehr von einer unbestimmten Gefahr bedroht, fühlte sie sich nur noch in der Kirche geborgen. Ob Freund, ob Feind, jedes Menschen unvorbereitetes Sterben bereitete ihr so große Seelenqualen, daß sie allein im unentwegten Gebet für die anderen Rettung und für sich selbst Erträglichkeit dieser Leiden zu erreichen hoffte. Alle liebten die gegen alle unendlich duldsam Gewordene, alle erbarmten sich ihrer Leiden, aber niemand konnte ihr helfen. Man ließ sie gewähren, dafür war sie dankbar.

Als aber von Branzoll herauf ein flüchtender Verdingser an der Klosterpforte das Herannahen der Franzosen meldete, verbreitete sich die Schreckensnachricht wie ein Lauffeuer von Zelle zu Zelle, durch das ganze Kloster. Keine von den Chorfrauen, die sich in der Stiftskirche befanden, hatte mehr den Mut, noch einen Augenblick zu verharren.

Frau Benedikta war die letzte, die aufgestört und hilflos sich plötzlich allein sah und nur die schauerlichen Rufe vernahm, daß die Franzosen kommen. Mühsam ihre Gedanken sammelnd, nicht wissend, wohin sie sich wenden sollte, wankte sie aus der Kirche. Die Oberin hatte alle Fassung verloren und wußte keinen andern Rat zu geben als den einen: „Verbergt euch, der Feind wird furchtbar sein, wenn Gott uns nicht schützt, vermag uns niemand mehr zu retten!"

Schweren Herzens entschloß sie sich, auf Frau Magdalenes Rat zu hören und mit ihr dem Kommandanten entgegen zu gehen und für das Kloster um Gnade und Schonung zu bitten. In Wahrheit aber fürchtete auch die Küchenmeisterin das Schlimmste und mußte ihren ganzen Mut zusammennehmen, um wieder die alte Magdalena zu sein.

Der Klosterhof füllte sich bereits mit den dreihundert Mann Fußvolk, das sich vorsichtig umsehend, gefechtsbereit machte. Der Kommandant und zwei Offiziere, die beritten waren, stiegen aus den Sätteln.

Den beiden Klosterfrauen sank zum andernmal der Mut, die Knie bebten ihnen, als sie auf den Kommandanten zugingen, der sie militärisch grüßte. Frau Magdalenas Blick streifte sein Gesicht und schon wagte sie zu hoffen, daß er kein Leutefresser sei.

Der Kommandant hatte sich seit Jahrzehnten auf allen Schlachtfeldern Napoleons herumgeschlagen und diese friedliche Aktion, ein Frauenkloster zu besetzen, bedeutete für ihn in der Tat eine erwünschte Ruhestellung. Darnach wollte er sich halten, denn er war längst kein Draufgänger mehr, schon gar nicht hilflosen Frauen gegenüber.

Ein deutsch sprechender Soldat des Detachements versicherte der Abordnung des Konvents, im Namen des Kommandanten, es werde niemandem etwas geschehen, wenn sich im Kloster keine Insurgenten versteckt halten. Eine diesbezügliche Durchsuchung aber müsse gestattet werden. Den rechtmäßigen Inwohnern des Klosters aber möge man auftragen, sie sollten sich ehestens in ihre Zellen begeben, um die Durchsuchung der übrigen Räume nicht zu behindern.

Ebenso unverzüglich sollten für die Besatzung die Quartiere angewiesen werden. Auf solche Milde waren die Oberin und Frau Magdalena nicht gefaßt. Die freudige Überraschung ließ Mutter Juliana keine Worte mehr finden, darum nahm dies Frau Magdalena in alter Tatkraft gleich wieder an sich. Freiheitskämpfer seien im Kloster keine versteckt, sagte sie dem Dolmetscher, auch die beiden Klosterknechte hätten seit dem Friedensschluß an keinem Kampf mehr teilgenommen. Die Quartiere wolle sie im Gäste- und Gesindehaus gleich anweisen und die Chorfrauen in ihre Zellen zurückrufen lassen. Daraufhin wurden zwanzig Mann kommandiert, das ganze Kloster mit Anstand, ohne Belästigung der Frauen und jede Beschädigung von Gegenständen zu durchsuchen und darüber Meldung zu erstatten.

An den beiden Herrentürmen am Aufgang der Abtei, vor dem Tor, bei den Rondellen und beim Heiligenkreuzturm am Abhang des Felsens, wurde die Aufstellung von Wachen angeordnet.

Den beiden Klostermägden, die sich schon mehr neugierig als furchtsam blicken ließen, gebot die Mutter Oberin, die Chorfrauen zusammenzurufen.

Für die ermüdeten Soldaten war es eine Geduldprobe, die weitläufige Klostersiedlung vom Kellergeschoß bis zum Estrich, Stiegen auf und Stiegen ab zu durchsuchen und mancher sah mürrisch und böse nach den Nonnen, die aus den Verstecken geholt, flüchtig und scheu nach den Zellen eilten. Was die Besatzung letzten Endes wieder freundlicher stimmte, war die Tatsache, daß sich nirgends ein Insurgent verborgen hielt. Kaum aber war man auf der einen Seite beruhigt, auf der andern befriedigt, wurde das ganze Stift in neue Aufregung versetzt. Frau Benedikta fehlte noch immer, sie konnte nicht gefunden werden. Die Besatzungsmannschaft war vollzählig. Durch das ganze Kloster hallten die Rufe nach Frau Benedikta, aber auch der Klostergarten, der Friedhof, das Wäldchen, das ganze, von der Ringmauer umfriedete Gelände wurde durchsucht, die Kirchen und Kapellen. Die aufgestellten Wachen wurden vom Abgängigsein der Nonne verständigt.

Übermüdet und sich nach der Ablöse sehnend, stand auf der höchsten Warte des Säbener Berges, ein junger Franzose. Zwischen Turm und Ringmauer stand er, dort, wo Sabina an jenem Apriltag gestanden und auf die Straße am Ufer des Eisack niedersah, als die ersten Freiheitskämpfer gegen Brixen zogen. Den Fremdling aber schauderte, so oft er einen Blick in die Tiefe warf. Er trat zurück und lehnte sich an das rauhe Gemäuer des Turmes. Diese dräuende Landschaft mit den himmelhohen Bergen und abgründigen Schluchten, den tosenden Wildbächen, bedrückten den Tiefländer. Das Heimweh nach Frankreich beschlich ihn. Er schloß die Augen und wollte träumen, von Frieden und Heimat träumen, von Heimkehr.

Benedikta aber rannte von den Rufen gejagt und gehetzt, wie von Sinnen rannte sie von einem Versteck zum andern. Sie unterschied es nicht mehr, ob ihr Name von einer der Mitschwestern, von einem Klosterknecht oder einem französischen Soldaten gerufen wurde, denen das Wort Benedikta auszusprechen keine Mühe machte, so oft hatten sie diesen Namen nun schon gehört.

Immer wieder, wenn ihr jemand nahe war, entwich sie mit einer Behendigkeit, die jeden der ihrem halsbrecherischen Fluchtweg gefolgt wäre, in unglaubliches Erstaunen versetzt hätte. Es war mehr als Todesfurcht, es war ihr selber unerklärlich Furchtbares, von dem sich Frau Benedikta gehetzt sah, alle Lüste, alle Grausamkeiten der Welt verfolgten sie. Seit vielen Tagen war sie endlich wieder einmal begnadet gewesen, der Welt und ihren Kümmernissen ganz abgewendet, inbrünstigem Dankgebet und der Betrachtung aller Herrlichkeit Gottes hingegeben, hatte sie jener schreckliche Schrei aus allen Himmeln herabgerissen. „Verbergt euch, der Feind wird furchtbar sein!"

Niemand hatte sich ihrer angenommen, alle waren geflohen. Gott selber hatte sie verlassen, ihres Vertrauens beraubt, die Furien schrien nach ihr: „Benedikta! Benedikta!"

Der Wachposten beim Heiligkreuzturm wurde jäh aus seinem Traum geschreckt. Ein schwarzer Riesenvogel flatterte knapp über dem Boden der kleinen Steigung über den Weg herauf auf ihn zu. Ein Riesenvogel mit einem vor Blässe leuchtenden Menschenangesicht, — weit aufgerissen, nach Atem ringend der Mund, der in Schreck erstarrte Blick halb erloschen. Bei Gott, das mußte die Nonne sein, die entflohene, überall gesuchte Nonne! Er vertrat ihr den Weg und breitete die Arme weit auseinander, wollte ihr begütigend zurufen, fühlte ihr Gewicht an sich prallen und taumelte. Dann hörte er einen gräßlichen, langanhaltenden Schrei, der ihn lähmte. Benedikta entwich noch einmal, das letztemal.

In der Zeitspanne eines Augenblicks sah der Soldat den Riesenvogel auf den Flügeln des wehenden Habits sich über die Mauer schwingen und in die Tiefe stürzen.

Dann war Stille, nur den eigenen, rasenden Herzschlag hörte der junge Franzose in sich dröhnen. Erst allmählich begann er zu begreifen, wie es geschehen konnte. Hier, auf dem Scheitel des Berges, man wollte vielleicht die herrliche Aussicht nicht verbauen, reichte die Ringmauer einem ausgewachsenen Mann kaum zur Mitte. Vor dem Blick in die Tiefe schauderte ihn nun noch mehr. Hilfe herbeiholen, war der erste Gedanke, den der Wachposten zu fassen vermochte und er lief um die alte Bischofskirche herum, über die steinerne Stiege hinunter in den Klosterhof, rannte über die Schwelle des Regelhauses, durch den gewölbten Gang des Erdgeschosses der Klosterküche zu. Dort rief er Frau Magdalena und ihrer Helferin zu: „Armes Kamerad kaputt! Allez! Armes Kamerad kaputt!" Mit nicht mißzuverstehenden Gesten deutete er den Sturz in die Tiefe an, immer wieder. Frau Magdalena glaubte zuerst, ein Soldat, sein Kamerad sei beim Turm droben über den Felsen hinabgestürzt. Sie rang die Hände und bejammerte den armen, ungeschickten Menschen und bedeutete dem Soldaten, doch zum Kommandanten zu gehen. Der Franzose schüttelte verzweifelt den Kopf und begann wieder zu deuten und zu zeigen. Dann begriff Frau Magdalena auf einmal, daß dieser Kamerad nicht der seine, sondern der ihre war — und sie wußte alles.

Niemand zweifelte daran, daß die Wache beim Turm, dieser verstörte, junge Mensch, der als erster dem Befehl des Kommandanten folgte, die Abgestürzte zu suchen, an diesem Unglück keine Schuld trug. Unfaßlich aber war und blieb es den Säbener Frauen, daß der jüngsten, frömmsten und liebenswürdigsten unter ihnen ein so grauenhafter, jeden Trostes beraubter Tod widerfahren mußte.

Unter Lebensgefahr suchten die Besatzungssoldaten den steilen Felsen ab, krochen stundenlang durch das Geschluchte, suchten an Überhängen und spärlichem Staudenwuchs mühsam nach Halt. Man begann bereits an der Aussage der Turmwache zu zweifeln. Es wurde Abend und Frau Benedikta war noch immer nicht gefunden. In Klausen verbreiteten sich über den Vorfall auf Säben die schlimmsten Gerüchte. Die Nonne wurde als das unglückliche Opfer bestialischer Lüstlinge beweint und zur heiligen Märtyrerin erhoben. Die Mutter Oberin und die Chorfrauen aber entkräfteten vor dem herbeigeeilten Landrichter und dem Bürgermeister alle derartigen Gerüchte und Mutmaßungen und schilderten den Hergang, wie er sich nicht anders abgespielt haben konnte.

Am 6. Dezember, kaum daß der Tag hergegangen war, begann aufs neue die Suche nach der Abgestürzten. Am späten Nachmittag fanden die Franzosen tief drunten, auf einem vorspringendem Höcker die Tote. Sie wurde auf verhüllter Bahre nach Klausen getragen. Dr. Hinteregger nahm die Totenbeschau vor. Sabina mußte sich abwenden. Sie hatte in den vergangenen Tagen viel Grauenerregendes ansehen müssen, dies ertrug sie nicht mehr. Der Wundarzt hüllte den Leichnam wieder barmherzig zu, richtete sich auf und sagte zum Besatzungskommandanten, der herbeigeeilt war: „Sie muß noch einige Zeit gelebt haben, aber es hätte ihr niemand mehr helfen können, — ich meine, — vom ärztlichen Standpunkt aus."

Da kam ihm erst zu Sinn, wie grausam es war, dies zu sagen.

Die Erschütterung, die ihn selbst ergriffen, wollte sich auch andern mitteilen. Obgleich vor dem Doktorhaus immer mehr Klausener zusammen kamen, viele Frauen trugen brennende Kerzen in der Hand, wehrte es den Soldaten niemand, die Tote nach Säben hinaufzutragen. Es war, als ob dieses reinste Opfer des Krieges, die Herzen besänftigte, die Geister versöhnte. Niemand dachte mehr an Kampf und Vergeltung, tiefe Trauer umfing alle, auch die französischen Soldaten. Weinend und betend folgte das Volk dem Zug. Als sie in Säben angekommen waren, begann es zu dämmern. Die Chorfrauen umstanden mit brennenden Kerzen schluchzend ihre heimgekehrte Schwester. Vom Turm der Stiftskirche läutete die Sterbeglocke.

Da schrieen einige Leute entsetzt auf und wiesen nach der Gegend von Brixen hin. Der Himmel färbte sich dunkelrot, wo er nicht vom schwarzen Gewölk qualmenden Rauches verdeckt wurde.

„Brixen brennt!" schrieen einige.

„Nein, nicht die Stadt, in der Umgebung muß es sein!"

Die Leute von Klausen eilten heimzu, im Laufen verlöschten ihre Totenlichter. Der Leichnam Frau Benediktas wurde in den Kapitelsaal hinaufgetragen.

Die französische Besatzung auf Säben stand in Alarmbereitschaft. In Klausen verhielt sich alles still. Jetzt erst begriff man dort, an welch einem Unglück man knapp vorbei gekommen war. —

Severoli hatte trotz der Bitten des Generals Moreau, des Fürstbischofs von Brixen und aller Vorstellungen der Behörden, ein Exempel statuiert. Daß man in der Nähe von Krakofl, nach seinem Eintreffen noch ein französischen Pikett angegriffen, das verzieh er nicht. Neustift, Vahrn, Kranabit, Elvas, Miland und Pfeffersberg standen in Flammen. Rings um Brixen loderte ein Feuerkranz. An die 200 Bauernhöfe und 28 Edelsitze leuchteten als Riesenfackeln anklagend zum Himmel empor.

Kolbs Schützen waren in die Flucht geschlagen, trotteten heimzu. Selbst die Jungen unter ihnen waren gebeugte Männer. Sie flohen nicht mehr um ihr Leben, was war es noch wert? Verspielt, vertan! Kolb aber floh noch um sein Leben, floh, um neue Ehren zu erringen, in das Pustertal zu den Belagerern von Bruneck. Dort bestärkte er die Leute zum Ausharren, erfand neue Siegesmeldungen, noch waren nicht alle Menschen unglücklich geworden. —

Am späten Abend lag Frau Benedikta eingesargt auf einer Tumba im Chor der Stiftskirche aufgebahrt. Die Nonnen beteten zur Komplet, das Nachtgebet vor dem Schlafengehen. Sabina hätte sich nicht gedacht, daß sie noch einmal daran teilnehmen würde. In diesen Stunden leidvoller Trauer aber fühlte sie sich zugehörig, wie in jenen Tagen, als sie verwaist und verlassen bei ihnen Zuflucht genommen hatte. Nun war eingetroffen, was Frau Benedikta in der Stunde des Abschieds zu ihr gesagt hatte, sie werde sie nicht mehr sehen, sie müsse bald sterben. Sabina mußte an die Bärbel von Verdings denken, an jene, die zur Stunde händeringend vor ihrer vernichteten Heimstatt standen, an ihr eignes Leid und es kam ihr vor, als sei undenklich lange Zeit vergangen, seit sie Ludwig geliebt hatte und glücklich gewesen war.

Um die zehnte Stunde des 7. Dezember sollte die verunglückte Chorfrau beerdigt werden. Man hatte die übliche Begräbnisstunde am Morgen später angesetzt, um dem Landvolk der weiteren Umgebung die Teilnahme zu ermöglichen. Man fürchtete nicht mit Unrecht einen neuen Ausbruch der Kämpfe, trotz der furchtbaren Warnung am Himmel, der noch immer von Schwaden schwarzen Rauches verhangen war. Auch darum nahmen die Honoratioren vollzählig und alle Besonnenen an der Totenfeier teil. Die letzten der Begräbnisleute, die nach dem heiligen Berg hinaufwallten, wurden aber von einem so maßlosen Erstaunen erfaßt, daß ihnen für das Erschrecken kein Atem mehr übrig blieb.

Sie wichen scheu zur Seite, um dem Brigadier Severoli, seinem Adjutanten und einer Bedeckung von zehn Reitern Platz zu machen. Noch wußte niemand, was das zu bedeuten habe. Manche wollten umkehren, doch Neugier überwog die Furcht. Sie, als die Letzten, würden auch die Ersten sein den Berg herabzuflüchten, wenn es droben Späne abgeben sollte.

Als der Richter von Klebelsberg, Bürgermeister Anton Josef v. Perloth, mehrere Beamte und die Bürger von Klausen die Stiftskirche verließen, um sich im Trauerzug nach dem Klosterfriedhof zu begeben, glaubten auch sie, in einem Schrecktraum befangen zu sein.

Die zehn Reiter standen längs der Mauerfront. Severoli und sein Adjutant waren abgestiegen und ließen den Trauerzug salutierend an sich vorüberziehen. Sie waren in voller Paradeuniform und reihten sich, als wäre es das Selbstverständlichste der Welt, nach den Honoratioren ein. Von den Türmen der Heiligkreuz- und Stiftskirche, vom Liebfrauenmünster läuteten alle Glocken und im Schwall des vielstimmigen Getöses gingen auch die halblauten Ausrufe des Erstaunens, der Fassungslosigkeit und des Ingrimms unter. Als die vielen Menschen enggedrängt den Klosterfriedhof füllten, die Chorfrauen das offene Grab umstanden, unter denen sich gleich Leidtragenden die beiden französischen Offiziere befanden, nahm der Beichtvater des Stiftes die Einsegnung vor. Da begab sich zum andernmal ein Geschehnis, wie ein solches die ältesten Leute nie vorher und die Jüngsten nie mehr nachher erlebt hatten.

Der Brigadier Severoli und sein Adjutant stimmten laut und in sangesgeübter Weise den 56. Psalm an:

„Miserere mei, Deus, miserere mei,
Quoniam in te confidit anima mea.
Et in umbra alarum tuarum sperabo,
donec transeat iniquitas.
Erbarm dich meiner, Gott, erbarm dich,
denn ich vertrau auf dich.
Im Schatten deiner Flügel will ich harren,
bis ausgetobt der Unheilsturm."

Der lateinisch gesungene Psalm, eines jeden geistlichen Zelebranten würdig, war verklungen und für alle, die es erschüttert vernommen, zu einem unlösbaren Rätsel geworden.

„Echt Franzmann, große Geste", knurrte Dr. Hinteregger.

„Aber der Kerl traut sich was, in jeder Hinsicht", anerkannte Dr. Gasteiger flüsternd.

Im Klosterhof droben krachte eine Salve. Die soldatische Ehrenbezeigung für die tote Frau Benedikta.

Zwischen Ingrimm und Ergriffenheit sahen viele Teilnehmer an dieser seltsamen Totenfeier zum Himmel empor, an dem die von Brixen abgetriebenen Rauchschwaden zeitweilig die fahle Wintersonne verdeckten.

Sabina blieb als Letzte am Grabe Frau Benediktas zurück. Sie hörte den scharfen Trab der zwölf Reiter, die den heiligen Berg wieder verließen. Im Geiste fühlte sie sich versöhnt mit der Toten, der sie Ärgernis geben mußte. Sie redete in Gedanken mit der Heimgegangenen und mit noch einem: ‚Liebe Benedikta, uns trieb das gleiche, urtümliche des Weibseins verschiedenen Schicksalen zu — dich in den Tod, mich in das Leben hinaus. Ludwig, nun ist Larthia wirklich nach Säben gekommen und hat Säben verlassen, — wie einst. — Die kleine Heilige hat sich geopfert, denen auf Säben wird kein Ärgernis mehr gegeben werden.'

Von zwei verwundeten, französischen Offizieren die in Klausen lagen, erfuhr Dr. Hinteregger eine seltsame Geschichte. Der Brigadier Severoli sollte vor dem Ausbruch der französischen Revolution ein Erzbischof gewesen sein und der Adjutant ein ausgesprungener Mönch.

DER SÄBENER VATER

Der vergebliche Kampf um Bruneck hatte den Tirolern noch hundert Tote gekostet; nach hunderten zählten die Verwundeten und mußten in Notspitälern untergebracht werden. Zum Glück übte General Almeres an den Aufständischen keine Vergeltung und er ließ als einer der wenigen Gewalthaber in der verschonten Stadt ein dankbares Erinnern zurück. Kolbs letzte Lügenmeldung von der Kapitulation Brixens aber befeuerte die Oberpustertaler noch einmal, an der Lienzer Klause ein dreitägiges Gefecht durchzustehen, um dem von Kärnten herauf anrückenden General Broussier den Durchzug zu sperren.

Am 8. Dezember, dem hohen Frauentag, pfiffen um den Kirchturm von Ainet die letzten Stutzenkugeln der Tiroler Freiheitskämpfer von Anno Neun. Kolb war außer Landes geflüchtet.

Ein enttäuschtes, verzweifeltes, zu Tode gehetztes Volk hatte endlich die Waffen gestreckt. An der Etsch und am Eisack wurden überall die Proklamationen des Fürstbischofs von Brixen, Grafen Lodron und der französischen Generalität, Baraguays und Broussiers angeschlagen.

Lodron mahnte die Tiroler zur Ruhe und Ergebung in den Willen Gottes. Baraguay hielt dem Volk den Treubruch seiner Eidschwüre vor, versicherte die Tiroler aber ihres Eigentums, ihrer Person, Religion und Gebräuche, selbst alle „Vorurteile" sollten geschont werden.

Broussier schlug die großen Töne des siegreichen Feldherrn an: „Trotz des Schnees, auf den ihr gezählt habt, ist eure Verschwörung gescheitert. Die sizilianische Vesper, welche eure Glocken geläutet haben, schlug fehl und schon haben Tausende von euch dafür das Leben gelassen. Das ist nicht ein Krieg, wie ihn Augustus gegen die Kontabrer führte. Napoleon ist größer als Augustus und ihr seid keine Kontabrer. Es naht die Rache, wenn ihr nicht ruhig seid und eure Waffen abliefert!" Wie anderswo, zerbrachen sich auch die Bauern in Klausen über diese merkwürdige Proklamation vergeblich den Kopf. Als ihrer etliche auf dem Platz vor dem Rößlwirt standen und die überall angeschlagenen, großmächtigen Zettel, nach Inhalt und Deutung forschend recht mühsam herunterbuchstabierten, rief sich unter den Lesenden der Torglbauer den Wundarzt zu Hilfe, der eben vorüber ging.

„Du, Michldoktor, horch, — was meint denn der Broussier da mit der sizilianischen Vesper, was ist denn das für eine Vesper?"

„Das ist schon vor etlichen hundert Jahren passiert; da haben die Franzosen, in dem von ihnen eroberten Sizilien drunten, einmal, es war nach der Vesper, recht tüchtig Schläg kriegt." Mehr wollte der Doktor nicht anbringen, das war ihm zur Stunde ein zu gefährliches Thema.

„Ja, so ist das! Wir haben wohl auch gevespert, aber bei uns ist's fehlgegangen. — Noch was, Doktor, bitt schön, da", und der Torgler suchte mit fahndendem Finger die Stelle. „Der Augustus ist ein römischer Kaiser gewesen, das hat uns grad vorhin dem Lehrer sein Bub gesagt, aber, wer sind denn die Kontabrer gewesen? Das hat er nämlich nicht gewußt. Was waren denn das für Leut, der Broussier meint ja uns damit?"

„Ja, und das ist keine Schand. Die Kontabrer waren ein tapferer Volksstamm, wie die Tiroler. Der Broussier will es nur nicht gern zugeben, daß wir auch so viel wert sind."

„Und der Napoleon ist größer wie der Augustus, ist das wahr?" rief ein anderer.

„Das kann man nicht für gewiß behaupten, das muß man erst noch sehn", meinte der Doktor und hob ziemlich gleichgültig die Schultern. Nur zu gern hätt er ihnen gesagt, der Napoleon sei nicht größer, als es Augustus gewesen und sie wären mehr als die Kontabrer, aber das alles war zu gefährlich und könnte noch immer zum springenden Funken im Pulverfaß werden. Die Bauern machten sich übrigens schon selber ihren Reim darauf, schwiegen und gingen heimzu.

Das Klausener Stadtl wurde ihnen täglich verleideter, in allen zehn Wirtshäusern rumorte fremdsprachiges Soldatenvolk und spielte sich als die Herren auf. Wenn aber drei Bauern auf der Gasse, oder am Platz beieinander standen, wurden sie von den Patrouillen gleich auseinander getrieben.

Diesmal brauchte Frau Magdalena nicht erfinderisch zu sein, um sich zu Gunsten der Abtei bei der Besatzung unentbehrlich zu machen. Diesmal bekam sie ein Amt, das ihr nicht zusagte. Für die verhafteten Insurgenten, wie die Tiroler Freiheitskämpfer von den Franzosen nun einmal nicht anders genannt wurden, mußte sie von den Klosterknechten Kellergeschoße und versperrbare Gewölbe räumen lassen. Die Verpflegung, bei jammervoll schmal zugemessenen Rationen, wurde auch der Küchenmeisterin überantwortet. Der Gefangenen, die eingeliefert wurden, waren die Franzosen fast durchwegs beim Kampf um Klausen und dem Gefecht bei den Branzoller Schanzen habhaft geworden. Mit ihrer Einkerkerung auf Säben wurde die Abtei als Fort betrachtet und als solches in Anspruch genommen.

Im ganzen Großen blieb das bayrisch besetzte Inntal von Vergeltungsmaßregeln verschont. Die dort noch viel größeren Verwüstungen des Krieges, im an sich weit kargeren Teil des Landes brachte die Teilnahme am Novemberaufstand gleich anfangs zum erlahmen. Dies war für die Nordtiroler nun ein Glück im Unglück und die letzten Schrecknisse blieben dem Volk am Inn erspart. Umso unerbittlicher walteten die französischen Brigadiere ihres Rächeramtes.

Severoli hatte in Brixen seinen Standort aufgeschlagen, Baraguay in Bozen, Broussier im Pustertal und verbreitete dort im besonderen überall Schrecken.

Andreas Hofer hatte sich mit den Seinen und Sweth, von der Kellerlahn noch weiter hinauf, auf den Brantacher Hof, zurückgezogen. Er war weder zur Flucht, noch zur Unterwerfung zu bewegen.

„Jetzt ist er wieder der alte Hofer, steht für alles, was er recht und nicht recht gemacht hat. Turmhoch steht er wieder über alles erhaben, wie einst!"

Dies stellte Dr. Hinteregger, an einem dieser trostlosen Dezemberabende, seinen Freunden gegenüber mit herber Genugtuung fest. Man kam nur mehr in den eigenen vier Wänden zusammen, die Gasthöfe an der Etsch und am Eisack wurden überall gemieden. Wer fühlte sich noch wohl unter den fremden Machthabern und seines eigenen Wortes sicher?

Bürgermeister Dr. Perloth wußte zu berichten, daß der gewesene k. k. Platz-Kommandant, Johann Niederhauser seit Tagen abgängig sei und man wohl nicht fehl gehe, anzunehmen, daß er sich salviert habe.

„Umso besser, der wär das Futter aus der Säbener Klosterkuchl nicht wert und mir kann sein hochnotpeinliches Ermahnungspatent noch nutzbringend werden, ohne ihm schaden zu müssen", sagte Gasteiger.

Mit ihm war auch Kammerlander gekommen, der zur Zeit für Dr. Gasteiger Schreibarbeiten verrichtete.

Die Doktorin fragte ihn, bis wann er wieder in Innsbruck sein Studium fortsetzen werde, sie hätte ihn lieber bei den Bayern draußen in Sicherheit gewußt.

Gasteiger aber wendete gleich ein, daß er seinem Adlatus vergeblich predige, das letzte Studienjahr doch in Wien zu verbringen.

„Nein, nach Wien zuletzt!" wies Kammerlander das Ansinnen schroff zurück und fing gleich zu glossieren an: „Der Kaiser hat die Tiroler doch auf Umwegen genau wissen lassen, wie sie sich zu verhalten haben. ‚Wer bemüßigt werden sollte, Tirol zu verlassen, wird in seinen Staaten willkommen sein, nur sei jedes Aufsehen bei der Einwanderung vermieden.' Ich schleich mich nirgends ein!"

„Wirst es aber doch noch irgendwo tun müssen, wenn in Kolbs glorreicher Hinterlassenschaft sich deine Briefe befinden", wandte Gasteiger ein.

Der Doktor war voll Galle. „Das setzt den Taten Kolbs die Krone auf, daß er seine Korrespondenz herumgestreut hat wie eine mausernde Henne die Federn, statt alles zu verbrennen!"

„In Enneberg drinnen sollen die Franzosen einen ganzen Mantelsack voll Briefe gefunden und dem General Moreau überbracht haben. Das kann noch manchem Braven Freiheit und Leben kosten", ängstigte sich der Bürgermeister mit Recht.

Auch den sonst ruhigen Gasteiger packte der Zorn, wenn er an solche Dinge gemahnt war.

Aber nun ereiferte sich auch die Doktorin und meinte: „Briefe hin, Briefe her, nach dem Friedensschluß war der Kammerlander doch nirgends mehr beteiligt, im Gegenteil, wie wir doch alle wissen!"

„Frau Doktor, nicht nur was nachher, auch was vorher getan worden ist, wird zu einem schweren Delikt, wenn man den Krieg verliert. Um einen Prozeß zumindest, werde ich nicht herum kommen. Weil ich aber Tirol nicht verlassen will, wart ich's gleich lieber hier ab, als in irgend einem Versteck."

„Ja, aber Kammerlander, was wollen Sie ausgerechnet da bei uns herinnen abwarten, wenn es doch andere Möglichkeiten gibt?" stellte sich nun auch der Bürgermeister auf die Seite der Mahner. „Vor allem, ob ich als gebürtiger Brixner ein Franzos, als Schreiberlein in Klausen ein Italiener, oder als Student in Innsbruck ein Bayer werden muß."

„Oder als Festungshäftling ein Korsikaner, dann brauchst dich wenigstens nicht mehr zu bekümmern, wie unser Tiroler Land in drei Fetzen gerissen wird, der Bayer den Kürzesten zieht, wie man heut schon merkt, und wir nicht einmal mehr deutsch bleiben können. Ja, ja, unser Michl möcht sich das lieber von der Weite ansehn!"

Der Doktor hatte es recht erbost herausgesagt. Drauf waren Gasteiger, der Bürgermeister und die Doktorin eine Weile ganz still und wollten die Rede wirken lassen.

„Wo ist denn heute das Fräulein von Festi?" wandte sich Kammerlander an die Doktorin und tat, als versuche er abzulenken, in Wahrheit aber hätte er schon längst gerne nach dem Grund ihres Nichtzuhauseseins gefragt.

„In Säben droben, sie geht jetzt öfter hinauf."

„Sie wird doch nicht am Ende — wieder —?" Kammerlander verstummte, er fürchtete, schon zu viel gefragt zu haben.

„Nein, nein, das nicht, aber wir werden sie trotzdem bald verlieren, fürchte ich."

„Wieso, will sie von Klausen weg?" interessierte sich jetzt auch Gasteiger.

Dr. Hinteregger war auffallend schweigsam geworden und sah verdrossen aus. Umso mitteilsamer wurde seine Frau.

„Vor zwei Tagen ist ein Brief aus München gekommen, die Eltern Leutnant Steiningens haben ihr geschrieben. Sie möchten Sabina bei sich haben. Sie war die Braut ihres toten Sohnes, sie sei ihren Herzen aber nicht weniger nah, als wenn er noch lebte. Sabina wird sich in diesen Tagen entscheiden, vielleicht schon entschieden haben. Ich wage für uns nichts mehr zu hoffen und könnte verstehen, daß ihr die Eltern des verstorbenen Verlobten näher stehen. Wenn sie uns nun verläßt, ich werd's lang nicht verschmerzen können. Sie ist ein so lieber, feiner Mensch."

Kammerlander schwieg, umso lebhafter bedauerte es der Bürgermeister, wenn Sabina wirklich Klausen verlassen sollte. Den Kranken müsse es am meisten leid tun, alle hätten sie lieb gewonnen und hielten große Stücke auf sie.

„Und ich erst? Meine rechte Hand ist sie geworden und jetzt hab ich das Nachsehn", grollte der Doktor. „Aber", setzte er ergeben hinzu, „Steiningens sind noch wohlhabende Leute, dort kann sie ihr Glück machen, bei uns kommt niemand mehr auf einen grünen Zweig."

Kammerlander wußte noch immer nicht, was er dazu sagen sollte, und wurde nur noch verlegener, als Sabina im nächsten Augenblick in das Zimmer trat. Die drei Besucher standen gleich auf, sie zu begrüßen. Sie reichte jedem die Hand, zuletzt Kammerlander und schien sich zu bemühen, freundlich zu sein. Der Doktor beobachtete sie, erriet ihre Erregung, wenngleich sie sich beherrschte.

„Ist in Säben droben was los?" fragte er unvermittelt.

Sabina nickte bejahend, mußte sich aber setzen. Sie schien sehr eilig gegangen zu sein und dennoch fror sie, erschauerte. Dann begann sie zu erzählen.

„Den Blankbauer von Velthurns, den Josef Plaiz und den Gravitscher von Villanders haben sie heut in Säben droben eingeliefert, — die Hände auf den Rücken gebunden, an Stricken geführt, — dann in Ketten gelegt, wie wilde Tiere."

Alle schwiegen, bis Gasteiger erbittert ausrief: „Siehe Baraguay! ,Schonung von Eigentum und Person, Religion und Gebräuchen, selbst aller Vorurteile!'"

Sabina hatte noch nicht zu Ende berichtet. „Der Plaiz hat dem Klosterknecht einen Zettel zugesteckt, darauf war geschrieben, fast unleserlich, daß in Brixen die Gefängnisse schon voll wären, auch drei Neustifter Chorherren seien eingezogen worden. Man habe auch erfahren, daß in Bozen schon viele Gefangene nach der Insel Elba abtransportiert worden seien. Wer kann, soll fliehen, beschwört der Schreiber seine Freunde und Landsleute und keiner soll den schönen Versprechungen trauen, alles sei Lug und Trug, wer sich stellt ist verloren. — Wie ich von Säben heruntergehen wollte, haben sie keine hundert Schritte vor mir, vier Gefangene nach

Bozen eskortiert, auch wieder in Ketten und an Stricken geführt. Ich hab keinen erkannt, einer war in Hemdärmeln, jetzt, bei dieser Kälte, wie sie ihn bei der Arbeit weggeholt haben, und mit Kolbenstößen —"

„Das wird ja noch schrecklicher, wie es im Krieg gewesen ist", stöhnte der Bürgermeister. „Haben auch die Chorfrauen sehr zu leiden, unter der Besatzung?" wandte er sich an Sabina.

„Nicht eigentlich, seit der Durchsuchung des Klosters respektieren sie die Klausur, bis auf den Kapitelsaal und das Refektorium, das sie schon in Beschlag genommen haben. Sonst sind sie höflich, aber natürlich die Hausherren. Das Bitterste aber ist ihnen, wenn sie zusehen müssen, wie man die Gefangeneneskorten behandelt, das sei härter als alles andere."

„Und nicht helfen können, niemandem helfen können!" jammerte die Doktorin.

„Und das wird früher oder später auch dem Hofer sein Los sein", preßte Kammerlander zwischen den Lippen hervor.

Da wandte sich die Doktorin aufbegehrend an die Männer. „Ja warum flieht er nicht aus dem Land? Längst schon müßt er weg sein, warum nicht? Zwingt ihn doch, gebt nicht nach!"

„Den Hofer, so wie er jetzt ist, zwingt niemand mehr", sagte Gasteiger überzeugt.

„Wohin sollt er fliehen?" erklärte der Doktor seiner Frau, „zum Kaiser nach Wien? Das weiß der Hofer doch selber am besten, daß er dem Kaiser nur mehr Bitteres sagen könnt und das bleibt doch besser beiden erspart. Was jetzt noch über den Hofer kommt, gehört zu ihm, wie das Amen zum Gebet."

„Eine bittere Wahrheit, aber noch lange kein Trost."

„Mein lieber Gasteiger, Wahrheit hört sich selten wie ein Trost an."

Den Bürgermeister drückte die Sorge, was für eine Garnison Klausen etwa bekommen werde. Sicher eine französische, mutmaßte Gasteiger, denn der Franzmann sei emsig bemüht, den Bayern im Süden des Landes an die Wand zu drücken und dem Vizekönig von Italien dafür etwas mehr Luft zu lassen. Ihm aber, sagte Gasteiger, komme es hauptsächlich auf den Brigadier an, ob man mit diesem reden könne, davon hänge es ab, ob er für die eigenen Leute wenigstens etwas erwirken könne oder nicht. Bürgermeister Dr. Perloth hatte seit Sabinas Nachricht keine Ruhe mehr und beendete als erster den Abendbesuch im Doktorhaus.

Wenn es nun schon an dem sei, meinte er, daß man die Leute von der Arbeit wegholt und womöglich noch aus dem Schlaf reißt, möchte er seinen Posten nicht mehr verlassen und zu jeder Stunde bereit sein für jene, die seine Hilfe brauchen. Gasteiger und Kammerlander schlossen sich ihm an.

Als Kammerlander sich zuerst von der Doktorin und dann von Sabina verabschiedete, konnte er nicht anders, als sich mit einer Frage, wie er sehr befürchtete, das Herz noch schwerer zu machen.

„Fräulein von Festi, es kann sein, daß ich jetzt länger nicht mehr zu Doktors kommen kann und ich Sie später dann vielleicht nicht mehr antreffe. — Ich möchte Ihnen noch einmal alles Gute — ja wirklich, — alles Beste möchte ich Ihnen wünschen — und daß Sie uns nicht ganz vergessen, wenn Sie in München leben, — das wollte ich noch —"

Weiter kam er nicht mehr. Sabina sah fragend nach der Doktorin hin und der Doktor bestätigte ihr gleich, was sie dachte. „Ja, ja, mein Alterchen hat wieder einmal geschwatzt. Wem das Herz voll ist, geht der Mund gern über."

„Bist du seit zwei Tagen etwa nicht auch grantig wie ein alter Ofen, der nicht mehr brennen will?" wehrte sich die Doktorin.

Sabina mußte lächeln und wandte sich an Kammerlander. „Zu aller und auch zu Ihrer Beruhigung; ich habe mir das schon überlegt. Ich bleibe hier. Ich meine, jetzt, in dieser Not, soll man unser armes Land nicht verlassen. Niemand soll es verlassen, der noch eine Hand rühren kann, wenn er nicht muß — und ich muß ja nicht."

Alle, nicht nur Doktors, schienen sich über diese Eröffnung herzhaft zu freuen, nur Kammerlander blieb stumm, aber er hielt Sabinas Hand immer noch in der seinen.

Die Doktorin rief zwischen Freude und Vorwurf: „Und zwei Tage lassen Sie uns im Ungewissen?"

„Liebe Frau Doktor, ich sage es ehrlich, — ich war mir noch nicht ganz sicher, wie ich mich entscheiden werde, — es zog mich sehr zu Ludwigs Eltern hin. Aber heute abend, in Säben droben, wie ich das mit ansehen mußte, — da entschloß ich mich, zu bleiben, — in der Heimat zu bleiben, für immer."

Während die andern diesen Entschluß rühmten und lobten, hatte Kammerlander Sabinas beide Hände an sich genommen und sie mit einem solch ritterlich inbrünstigen Kuß bedacht, daß es Sabina teils gern geschehen ließ und dennoch ein wenig erschreckt, zugleich verhindern wollte.

Die andern, denen es nicht entgangen, waren fast ein wenig ergriffen darüber. Nur der Doktor konnte es nicht lassen, seine spezielle Bemerkung anzufügen.

„Mein lieber Freund Michl, ich hoffe, das hast du auch in unserm Namen getan und nicht nur für dich alleine!"

Damit gelang es ihm immerhin, Kammerlander so verlegen zu machen, daß dieser, um sein Erröten zu verbergen, als erster über die Schwelle des Zimmers auf den Gang hinaus stolperte.

Im Doktorhaus aber wurde dieser Abend noch nicht mit dem Schlafengehen beschlossen. Zum erstenmal seit dem Zusammenbruch der November-Erhebung, holte der Hausherr jene bauchige, geschliffene Flasche mit den drei Römern herbei. Wenn auch der Wein nicht mehr so rubinrot leuchtete und merklich herber und säuerlicher schmeckte, ließen sie die vollgeschenkten Gläser doch ganz feierlich aneinander klingen und gaben sich dann den Bruderschaftskuß. Er sollte auch ein verwaistes Kind mit verwaisten Eltern verbinden.

Sabina hatte in den Wochen, seit sie im Doktorhaus lebte, erfahren, daß der älteste Sohn im österreichischen

Heer, unter General Laudon gedient und 1797 im Süden des Landes gefallen war. Der jüngere Bruder aber hatte, im Jahre 1805, als Tirol unter bayrische Herrschaft kam, das Angebot eines Verwandten, der in Amerika ein großes Geschäftshaus führte, angenommen und Heimat und Vaterhaus verlassen.

Nun aber waren Doktors in ihren alten Tagen noch zu einer Tochter gekommen und das wollten sie, allem Kummer zum Trotz, der täglich und stündlich erlebt werden mußte, ein wenig feiern.

„Weißt du, Sabina, eigentlich hätten wir die andern auch mithalten lassen können, meinst du nicht?" schmunzelte der Doktor.

Das Alterchen überhob Sabina einer Antwort und wollte dem Hausherrn zeigen, daß auch sie anzüglich sein konnte. „Tu nicht so scheinheilig, in Wirklichkeit hast du ja doch nur den Kammerlander übertrumpfen wollen!"

Dann aber wurde gütlich hin und hergeredet, bescheidene Pläne geschmiedet und Sabina kam sich wieder einmal wunderlich überrumpelt vor. Wollte sie ihre Zukunft nicht ganz anders gestalten? Wollte sie nicht im Elternhaus des teuren Toten in steter Erinnerung an ihn gemahnt, ihm für immer verbunden bleiben?

Zwei Tage später zog Bertoletti mit seiner Brigade in Klausen ein.

Die kleine Stadt am Eisack hatte sich totenstill verhalten. Unter keiner Haustüre stand auch nur ein neugieriges Kind. Die Fenster waren verschlossen, oft auch verhängt, der Winter berechtigte zu solcher Abschließung, durch die lange Gasse fegte ein eisiger Wind. Nicht einmal die Hunde bellten, zogen nur den Schweif ein. Auf den Höhen von Villanders bis Latzfons starrten die Bauern finsteren Blickes auf das Rothosengewimmel in das Tal des Eisack hinab. Die Brigade wurde zu einem großen Teil im Säbener Kloster untergebracht. Die Nonnen waren wieder auf allerengsten Raum beschränkt.

Dr. Hinteregger vermutete richtig, wenn er sagte, daß sie Gasteiger nun lange nicht mehr sehen würden, denn Bertoletti war es, den Gasteiger vor wenigen Wochen, in jenen kritischen Novembertagen mit seinem Corps durch den Kuntersweg heil und sicher nach Bozen gebracht hatte.

„Das kann nun manch armem Teufel noch zur Rettung werden. Die verwundeten Offiziere haben uns die besten Zeugnisse ausgestellt, so helf, was helfen mag."

Der Kapuziner, Pater Franz, kam zum Wundarzt in die Ordination. Er war am Vortag erst aus Passeier zurückgekommen und erzählte, daß er mit Hofers Beichtvater, dem greisen Frühmesser, Leonhard Rempp und dem Kurat Magnus in Platt, bei Hofer auf dem Brantacher Hof droben gewesen sei, dabei habe er sich zwei Zehen erfroren. „Eine schöne Bescherung, das mußt dir anschauen, Michldoktor", jammerte er und begann einen recht ungeschickten Verband vom Fuß abzuwickeln.

Der Doktor nahm das gleich selber in die Hand, unterbrach das Lamentieren des Patienten und richtete eine Frage an ihn.

„Du, Pater Franz, sag mir einmal, weil du doch in Passeier gewesen bist, was war denn in Saltaus los, daß sich die Narren wieder mit dem Stutzen gezeigt haben?"

„O, nicht viel. — Wir drei haben den Hofer bereden wollen, endlich einmal das Unterwerfungsprotokoll zu unterschreiben, wir wollten es dann gleich nach Meran bringen. Es sollt doch zu seinem eignen, zu der Seinen und des ganzen Landes Nutzen geschehn. Da hat uns aber der Vater Hofer was anhören lassen, was fein nicht alles zu dem sonst so frommen Mann paßt. Ich für meinen Teil will's gern verzeihen und vergessen. Geschrien hat er wie ein Berserker und das Unterwerfungsprotokoll in viel Stücke gerissen. Zwei Burschen sind noch beim Hofer gewesen, die das hören und sehen, und auf und davon sein war eins." Pater Franz hielt inne und sah dem Doktor ein wenig ängstlich zu, wie der die schwarze Gefrierblase aufstach und die Zehen sorgfältig zu verbinden begann. Dann erzählte er halblaut weiter, denn auf dem Gang draußen warteten noch allerlei Leute und so mancher war nicht mehr auf Treu und Glauben geeicht.

„Und so werden die Mander in Saltaus erfahren haben, daß der Hofer das Unterwerfungsprotokoll zerrissen hatt, und das anders verstanden haben. Gleich sind sie wieder beim Losschlagen gewesen und mit ihren Stutzen zusammengelaufen. So ist das gekommen. Dafür haben sie jetzt in Passeier eine verstärkte Besatzung einliegen, rührt sich natürlich niemand mehr. Den Hofer aber hat der Baraguay daraufhin gleich geächtet und einen Kopfpreis von 1500 Gulden auf ihn aussetzen lassen."

„Also ist's doch wahr", murmelte der Doktor.

„Ja, und ich hab zwei erfrorne Zehen davon und der alte Rempp ist überhaupt steinkrank heimkommen, der macht es nimmer lang", beklagte sich der Pater Franz.

Dr. Hinteregger sah den Kapuziner mit seinen grauen Augen etwas scharf an und sagte: „Laßt doch den Hofer einmal in Ruh', schaut, das vertragt er nicht, das bald so und bald anders predigen. Respekt vor dem Haspinger, der geht ihm wenigstens jetzt nicht mehr zu, weil ihm das Andersreden nicht heraufgeht."

Da empfahl sich der Pater Franz mit einem Vergelts tausendmal so eilig, als müßten zehn Sterbende auf einmal versehen werden. Als Hinteregger seinen letzten Patienten versorgt hatte, kam noch Gasteiger daher.

„He, was fehlt denn dir? Du schaust ja miserabel aus!" begrüßte er den Freund ein wenig besorgt.

„Ich war beim Brigadier."

„Na und, kennt er dich am End nicht mehr?"

„Er kennt mich recht gut, — darum hat er mir das gegeben." Gasteiger nahm eine Liste aus der Rocktasche und reichte sie dem Doktor.

Dieser nahm sie, las und verfärbte sich zusehends immer mehr. Dann begann er zu zählen. „Ja Himmelherrgott! Das sind ja über fünfzig Leute nur da in Klausen und Umgebung allein!"

Gasteiger nickte. Der Doktor las eingehender, das Papier zitterte in seiner Hand. „Du, da ist auch der Kammerlander darunter, — unser Michl?" Weiter lesend, murmelte er: „Vorbereitung zum Aufstand, Spionage — zwanzig Jahre Festungshaft."

„Ja, Verona und Mantua, später Elba oder Korsika", sagte Gasteiger dumpf.

„Weg muß er, auf der Stelle auf und dahin!" rief der Doktor.

„Der Meinung bin ich auch und wenn ich ihn türmisch schlagen und selber über die Grenze tragen muß. Vielleicht kann ich auch noch einen und andern warnen, die meisten auf der Liste sind ja schon eingezogen. Für die bleibt nur mehr der Gnadenweg unter Geltendmachung der Amnestie. Dem Michl aber werd ich sagen, daß er zum Tod verurteilt ist, vielleicht wirkt das eher, daß er sich davon macht."

„Möglich", sagte der Doktor und starrte vor sich hin, überhörte den Gruß des wieder Davoneilenden. Es war nicht das Schicksal Kammerlanders allein, das den Doktor aus der Fassung gebracht hatte. Er las die Namen und kannte alle, hatte einem jeden von ihnen mehr und weniger schon Herz und Nieren durchforscht, nicht nur dem Leibe nach, auch nach den Worten der Schrift. Als wäre er geprügelt worden, so lendenlahm schleppte sich der Doktor in das Obergeschoß seines Hauses hinauf. Am liebsten wäre er seiner Frau um den Hals gefallen und hätte sich bei ihr ausgeweint wie ein kleiner Bub, aber er tat sehr gefaßt, als er ihr, was notwendig war, erzählte.

An diesem Abend saßen sie im Doktorhaus recht trübselig zu dritt beisammen. Am schweigsamsten war Sabina. Sie hatte einen langen Brief nach München geschrieben. Die Doktorin wußte es und dachte bei sich: Die Arme, sie wird es vielleicht schon bereuen. Was erwartet sie da bei uns? Ein arbeitsreiches, karges, freudloses Leben, das ihr nie helfen wird, ihr Herzleid zu überwinden.

Da klopfte es leise an die Haustür. Der Doktor ging hinunter und öffnete. Kammerlander trat rasch herein, ohne Wort und Gruß folgte er dem Doktor über die Stiege hinauf. Die Frauen erstarrten. Kammerlander entschuldigte sich und erklärte, er hätte dem Fräulein von Festi noch etwas mitzuteilen und er möchte sie um eine große Gefälligkeit bitten. Dann erzählte er mit etwas sich überstürzenden Worten, daß die Baronin Bormio schon seit Monaten keine Pension mehr erhalten hatte und nur mehr von ihrem Besitz an Schmuck und Mobilarien zehrte. Nun habe sie den Haushalt aufgelöst und sich in ein Altersheim eingekauft. Er hätte noch einige Sachen, hauptsächlich Bücher bei ihr zurückgelassen, und dies sei von der Baronin bei Bekannten deponiert worden. Nun möchte er das Fräulein von Festi bitten, diese Dinge an sich zu nehmen, falls sie einmal nach Innsbruck kommen sollte. Hier sei seine Vollmacht. Er wäre sehr dankbar, wenn sie alles in Verwahrung nehmen würde, bis er, — ja —. Da steckte er nun und wußte nicht mehr weiter.

„Bis du wieder zurückkommen kannst", wollte ihm der Doktor auf die Füße helfen.

„Von dort wird man kaum mehr zurückkommen, — und flüchten will ich nicht", gestand Kammerlander nun.

„So, also willst du es dem Hofer nachmachen, du größenwahnsinniger Narr du!" schrie der Doktor und seine Frau bat ihn, doch nicht so laut zu sein, das müßten die Leute ja auf die Straße hinaus hören. Kammerlander blieb merkwürdig gelassen und sagte: „Ich bleib in Klausen."

„Mensch, bist du aber ein Held! Ich könnte dich grad am besten gleich selber erschießen, wäre doch am einfachsten, meinst nicht?"

Die Doktorin wußte sich nicht mehr zu helfen. Sabina saß blaß und still, strickte emsig an etwas herum und das leise Geklirr der Nadeln hatte irgendwie etwas Beruhigendes. So empfand es wenigstens Kammerlander, diese Ruhe, dieses Gleichmaß der kleinen Bewegungen gab ihm immer mehr Fassung und Festigkeit. Ein neuerliches Klopfen an der Haustüre, zwang den Doktor wieder hinunter zu gehen.

Wutschnaubend hatte er das Zimmer verlassen. Zwischen den Frauen und Kammerlander fiel kein Wort, alle drei lauschten.

Es war Gasteiger, der bleich, erregt, wütend ins Zimmer stürzte und eine wahre Schimpfkanonade loließ. Kammerlander hörte geduldig zu bis dem Zornmütigen der Atem ausging. Dann verteidigte er sich: „Ich halte es in der Fremde nicht aus. Nach allem, was wir Tiroler an Enttäuschungen haben erfahren müssen, ist Wien für mich zur Fremde geworden. Wer hat einen Schaden, wenn ich eben für das jetzt einstehe, was ich in der besten Meinung getan habe? Ich habe keine Eltern mehr, denen ich Schmerz bereiten müßte, der Bruder ist dahin, ich hab kein Daheim, die etlichen, durch den Krieg nun gänzlich ins Elend geratenen Verwandten zählen nicht. Nein, wirklich, Michldoktor, närrisch mag es vielleicht sein, alles was wir bisher getan haben, erweist sich nun als närrisch auf unserer Seite, als Verbrechen auf der anderen Seite, aber größenwahnsinnig ist es nicht."

„Jetzt werd ich dir noch etwas sagen, Michl, weil du dich gar so auf das erschossen werden freust." Gasteigers Stimme bebte vor Wut. „Du bist gar nicht tot, du bist zu zwanzig Jahren Festungshaft verurteilt. Ich hab dich mit dem Sterben nur erschrecken wollen. Aber siehe da, du bist ein ganz besonderer Held, dir macht das gar nichts. Aber das weißt ja auch du, auf Elba oder Korsika werden unsre Tiroler langsam, aber sicher sterben, also genieße es!"

Nun gab es Kammerlander doch einen merklichen Ruck. Die Doktorin hielt mit Weinen und Schluchzen nicht mehr zurück. Sabina schwieg, hielt ihr Strickzeug nun müßig im Schoß und ließ Kammerlander nicht mehr aus den Augen. Sein Blick aber wich ihr aus.

„Zwanzig Jahre Festungshaft", sagte er leise vor sich hin, dann aber mit Festigkeit: „Da ist eben nichts mehr zu machen, was andere erleiden müssen, wird auch für mich ertragbar sein."

Da schien es, als ob die beiden Doktoren sich auf den Studenten stürzen wollten, um ihn zu verprügeln.

Sabina stand rasch auf, sie war totenblaß geworden und ihre Stimme klang allen fremd, als sie sagte: „Herr Kammerlander, Sie sind ja meinetwegen hierher gekommen, ich möchte, bitte, aber mit Ihnen noch etwas besprechen."

Er sah sie erstaunt an. „Ja, bitte, aber mit Ihnen allein. Verzeiht", wandte sie sich an Doktors, dann wieder an Kammerlander: „Bitte kommen Sie mit mir." Kammerlander war auf das äußerste betroffen und folgte ihrer Aufforderung.

Hinteregger und Gasteiger sahen sich fragend an.

„Ich verstehe das alles nicht mehr", sagte die Doktorin voll ratloser Verzagtheit. „Vielleicht nimmt sie ihn jetzt in die Kur", glomm im Doktor wieder ein Hoffnungsschimmer auf.

„Dann hätte sie doch schon lange etwas sagen müssen, wir haben kaum eine Stunde noch Zeit", murrte Gasteiger nur noch ärgerlicher.

„Laß uns abwarten, was die Wundertäterin mit dem Dickschädl anfängt", sagte der Doktor um einiges ruhiger geworden, er schien in seine Assistentin einiges Vertrauen zu setzen. Dann zündete er eine Pfeife an, reichte sie dem Doktor Gasteiger und versorgte sich mit einer zweiten und daraufhin pafften beide um die Wette. Die Doktorin hatte vor Spannung und Neugier ganz auf das Weinen vergessen.

Sabina hatte sich in ihrem Zimmer in einem Altvaterstuhl niedergelassen. Von dem mächtigen Ungetüm rings umgeben und überschattet, sah sie fast kindhaft klein und schmal aus. Kammerlander stand vor ihr, nur mit einer Hand sich auf den Stuhl stützend, den sie ihm angeboten hatte. Er schien soeben vor Überraschung und Bestürzung eine erwartete Antwort schuldig bleiben zu müssen. Sabina sprach leise, aber sehr eindringlich: „Kammerlander, wollen Sie sich durch Ihre Flucht für mich erhalten, oder nicht?"

„Fräulein von Festi", stammelte er und verstummte.

„Dann muß ich es Ihnen noch einmal sagen."

„Darum wollte ich bitten." Sabina mußte lächeln, das verlieh ihr einen besonderen Liebreiz, der Kammerlander trotz aller Benommenheit nicht entging. „Ich habe Sie sehr gern, Kammerlander. — Ich kann Sie aber nie so lieben, wie ich Ludwig geliebt habe, — aber ich bin Ihnen wirklich gut. Mein Leben würde aufs neue mit

Leid erfüllt sein, wenn ich immer an Sie denken müßte, an die versäumte Möglichkeit denken müßte, Sie vor einem furchtbaren Schicksal bewahrt zu haben. An einen geliebten Toten denken, das ist Leid, das immer stiller wird, abgeklärter. Kammerlander, wenn Sie sich für unsre Heimat nicht erhalten wollen, bitte, erhalten Sie sich für mich. Auch ich habe keine Eltern mehr, habe schon einmal auf eine große Liebe verzichten müssen. — Selbst wenn Sie mich nicht lieben können, —" hier unterbrach sie Kammerlander.

„Ich liebe Sie, Fräulein Sabina, ich liebte Sie schon damals, als ich das erstemal auf Säben droben vor Ihnen stand, und später, als ich Ihnen die Dukaten brachte. Ich schlug es mir nur aus dem Kopf, — nicht aus dem Herzen. — Ich liebte Sie immer mehr."

„Dann ist ja alles gut." Sabina nahm seine Hände und zog ihn mit sanfter Gewalt zu sich herab. Sie mußte mit des Verstandes ganzer Kraft gegen die Verwirrung ankämpfen, um nicht zu glauben, auf ihren Händen Ludwigs heiße Küsse zu fühlen, von seiner Nähe, von seiner Berührung durchschauert zu sein. Sie flehte zu Gott, daß sie nicht an sich selber und an einem guten Menschen zur Betrügerin werde. So war der Mann von seinem Glück, die Frau von ihrem Schicksal überrannt. Er hätte es noch nicht gewagt, Sabina bot ihm den Mund zum Kuß. Michel Kammerlander vergaß, daß er der geliebten Frau nichts bieten konnte, daß er arm war, daß es vielleicht Jahre dauern würde, bis er zurückkehren dürfte. Doch schienen diese Dinge jetzt keine Wichtigkeit zu haben.

Es klopfte leise an die Tür. „Das ist Gasteiger", sagte Kammerlander. Sie standen auf und gingen in das Wohnzimmer hinüber.

„Wir haben uns verlobt", sagte Sabina schlicht.

„Ja", und das einzige Wort aus Kammerlanders Mund, klang wie ein Treuschwur.

„Das zu begreifen hab ich jetzt einfach keine Zeit", brachte Gasteiger nach einer Weile heraus, besann sich und drängte: „Jetzt aber schnell, Michl! Zum Rößlwirt in die Oberstube, rückwärts auf dem schmalen Steig, dort alles Weitere!" Für Kammerlander blieb nur mehr Zeit, Doktors noch die Hand zu reichen, Sabina zu umarmen, — ein Laut aus Lust und Weh stieß aus seiner Brust, dann waren die drei Menschen im Doktorhaus wieder allein.

„Sabina?" Zweifel, Staunen, Freude und Erschrecken, alles klang aus dem zur Frage gewordenen Ausruf eines Namens. Eine Frau verstand die andere nicht mehr.

„Wenn man einen guten Menschen retten kann, kann man ihn dann nicht auch lieben?" Diese Frage hatte Sabina eigentlich sich selbst gestellt. So weit war noch der Weg.

Der Doktor aber begann schon Hindernisse wegzuräumen und hatte gleich einen Reisespruch zur Hand: „Sabina, du bist das prächtigste Mädl auf Gottes weiter Welt!" Als er aber in Sabinas Augen Tränen sah, wandte er sich gleich um und wollte die berühmte Weinflasche zu Hilfe rufen, aber sie war leer und er sagte traurig: „Frau, wir haben keinen Wein mehr."

„Ich bin kein Wundertäter, es wäre denn, du gäbst mir etwas Geld, dann kauf ich morgen wieder einen."

„Geld?" Der Doktor sah verlegen auf seine Frau und sagte dann nicht allzu zuversichtlich: „Vielleicht bringt mir ein brüchiges Bäuerle recht bald einen Plutzer voll Wein." Mit dieser und manch anderer Hoffnung begaben sich die Doktorsleute, zu denen auch Sabina gehörte, ohne Nachttrunk zur Ruhe. Michel Kammerlander hatte seine Wanderung in die Fremde schon angetreten. —

Das Land Tirol ging seiner bittersten Weihnacht entgegen.

Der Blankbauer aus Velthurns und Josef Plaiz wurden in der letzten Adventwoche auf der Ansheimer Wiese an der Frag erschossen. Die Kranken und Verwundeten im nahen Spital hörten entsetzt die Todessalven, trotzdem sie sich die Ohren zuhielten. Der Unheilslärm drang auch nach Säben hinauf, durch die Mauern der Stiftskirche. Mit von Tränen erstickten Stimmen sprachen die Chorfrauen für die Füsilierten die Sterbegebete:

„Rette o Herr die Seelen deiner Diener,
Wie du Job gerettet hast aus seinen Leiden."

Im Pustertal wütete Broussier.

Der kleine Markt Matrei mußte mit seinen achtzig Häusern 5000 Franzosen aufnehmen und verpflegen. Die Milchkuh im Stall und das Saatgut im Kornkasten blieb nicht mehr verschont, gleich einem abziehenden Heuschreckenschwarm ließen die Franzosen den tödlichen Hunger zurück. In Virgen, Prägraten, Kals, in Ainet, Lienz, Sillian und Innichen, in Toblach, Antholz und Taufers, überall wurden die Bewohner gezwungen, den Hinrichtungen beizuwohnen, wurden die Leichen der Erschossenen auf den Dorfplätzen an Bäumen hängend, tagelang zur Schau gestellt. Ohne Untersuchung und Richterspruch wurden die Opfer herausgegriffen, wie ein Marder in den Hühnerstall einbricht.

Peter Mayr, der Wirt an der Mahr, fror und hungerte auf einer verschneiten Alm. Haspinger war auf dem Weg nach Wien. Er trug keinen Bart mehr, aber nicht allein darum hätte den 33-Jährigen niemand mehr erkannt. Andreas Hofer und Sweth mußten in das hinterste Tal, auf die Pfandler Alm hinauf flüchten. Die Frierenden durften sich an keinem Feuer mehr wärmen, der Rauch hätte sie verraten. Die letzten Getreuen brachten Nahrungsmittel und Rapporte zum Flüchtling hinauf. Der Schweizer, Ruppert Markenstein, der an den Tiroler Freiheitskämpfen teilgenommen hatte, stand noch einmal beschwörend vor Hofer, er sollte doch mit ihm nach Wien flüchten. Hofer gab eine halbe Zusage, um den Freund zu beruhigen, versprach ihm, vielleicht nachzukommen. In seinem Herzen war es von Anfang an anders beschlossen. In der betlehemitischen Armutei, der vom Wintersturm umtobten Almhütte, stand Andreas Hofer mit der goldenen Ehrenkette geschmückt vor dem Schweizer Freund. „Grüß mir den Kaiser", war sein letztes Abschiedswort und er küßte die Medaille mit dem Bildnis Franz I. —

Sabina hatte die erste Nachricht des Michel Kammerlander erhalten. Er war mit den Papieren eines Gefallenen bis Oberkärnten gekommen. Dort gab er in einem armseligen Bergdorf vierzehn Kindern Unterricht. „Ich muß hier bleiben, ich kann nicht weiter. Vier Stunden nur brauche ich zurückwandern, dann seh ich die ersten Berge Tirols, dann bin ich der Heimat und Dir nahe, dem Glück, das ich noch immer nicht fassen kann."

Friedlos verging die Weihnacht, wenngleich im französisch und italienisch besetzten Gebiet das Abhalten der mitternächtlichen Christmette wieder erlaubt worden war.

Kummervoll begann das Jahr 1810. Der Hunger wütete im Land, das Volk litt überall Mangel am Nötigsten. In jammervollen Briefen klagten sich Freunde und Verwandte vor, wie sie vom einstigen Wohlstand zum jetzigen Wehstand gekommen waren. Beneidet wurden nur noch die Bauern, die konnten nach diesem schrecklichen Winter wieder auf eine Ernte hoffen, auf ein gutes Jahr.

Am 10. Jänner erhielt der Fürstbischof von Brixen, von der französischen Militärbehörde den Befehl, den Klosterfrauen von Säben andere Wohnungen anzuweisen, da die Abtei zu einer Festungskaserne umgewandelt werden sollte. Nun wurde Sabina von Doktors tagelang beurlaubt. Sie weilte auf Säben und half den Chorfrauen, besonders den älteren bei der Übersiedlung nach Pardell, Velthurns und Verdings. Dort war so manche Sohnes- und Knechts-Kammer leer geworden. Selbst die ehemalige Äbtissin, die greise Mutter Candida wanderte nach Pardell hinüber. Das Schälchen Milch, der Schluck kräftenden Weins, konnte ihr bei einem Bauern eher geboten werden, als im verarmten, ausgeraubten und übervölkerten Brixen und Klausen.

Sabina schlief nun wieder eine Woche lang in ihrer ehemaligen Zelle. In schlaflosen Stunden überdachte sie das Vergangene und konnte es oft nicht mehr begreifen, was in der Zeitspanne eines einzigen Jahres im Land Tirol und mit ihr selber alles geschehen war. Das Bildnis der schwebenden Glücksgöttin wagte sie nicht mehr anzusehen, war es für sie nicht eine versunkene Welt? Das Dürerbild lag geborgen und verborgen bei ihrer

Habe. Frau Magdalena hatte es zum andernmal durchgesetzt, daß sie mit zwei Laienschwestern auf Säben verbleiben durfte, bis mit den Umbauten begonnen werden sollte. Im tiefsten Herzen hoffte sie noch immer auf ein Wunder, wenn sie auch nicht müßig darauf warten wollte, denn sie lebte nach dem alten Volksspruch, der den Herrgott sagen läßt: „Mensch hilf dir, dann helf ich dir auch." Als Sabina von Säben zurückkehrte, feierte man im Doktorhaus, trotz trüber Zeit, zum andermal ein kleines Fest und es war Wein da und Speck und Brot. Die Raritäten stammten nicht von dankbaren, geldarmen Patienten, Dr. Gasteiger hatte sie mitgebracht. Ihm war es nach zähem Bemühen gelungen, für dreißig zu Festungshaft verurteilte Freiheitskämpfer aus dem Gericht Klausen, die Amnestie geltend machen. Dreißig Männer konnten zu Vater und Mutter, zu Weib und Kind heimkehren. Michel Kammerlander war nicht unter den Amnestierten, doch wußten sie ihn in Sicherheit. „Wenn er uns nur nicht am End vor der Zeit über die Tiroler Berge herüberwechselt", war Gasteigers heimliche Sorge. Kammerlanders denkwürdig — überraschendes Verlöbnis mit Sabina behielten die wenigen Eingeweihten nach stiller Vereinbarung für sich.

Dieser kleinen Feier im Doktorhaus, folgten aufs neue, Tage tiefster Erschütterung. Das befürchtete war eingetreten. Für Andreas Hofer hatte sich nun doch unter den Tirolern, unter den Nachbarn hatte sich ein Judas gefunden, weil wieder einmal der Auftrag des Opfers vollbracht werden mußte. Am 28. Jänner hatten die Franzosen Hofer, sein Weib und den jüngsten Sohn und den getreuen Sweth, auf der Pfandler Arm aufgestöbert und sie alle mitten in der Nacht zu Tal gebracht.

Die Sandwirtin und der Knabe waren barfuß, wie man sie schlafend aus dem Heu gerissen hatte, und gleich den Männern gefesselt über den vereisten Bergpfad hinunter gejagt worden. Hofers Gesicht, von Hieben und Beulen entstellt, wies von den Büscheln ausgerissenen Barthaars, blutende Stellen auf, aber er schritt aufrecht durch die Stadt Meran.

Nur wenn sein Blick auf Weib und Kind fiel, die schmerzgequält dahinwankten, trübte er sich vor Mitleid und der Qual des Nichthelfenkönnens. Die französische Regimentsmusik schritt dem Elendszug voran und spielte schmetternde Freudenmärsche. Kein Meraner, der diesen Tag erlebt hatte, vergaß ihn je wieder.

Am andern Tag wurde Hofer nach Bozen gebracht und dem ersten Verhör unterzogen. Die Sandwirtin und ihr Kind lagen im Meraner Spital mit erfrorenen Füßen. Sie erhielten die Erlaubnis, nach ihrer Heilung heimkehren zu dürfen. Das war alles, was erwirkt werden konnte.

Napoleons Stern stand wieder leuchtend am Himmel. Er hatte seine erste Gemahlin, Josefine verstoßen, den Papst gedemütigt und sich mit Maria Louise, der Tochter des Kaisers von Österreich verlobt. Die emigrierten Tiroler in Wien richteten ein Bittschreiben an die hohe Braut Kaiser Napoleons, sie möge bei ihrem zukünftigen kaiserlichen Gemahl die Befreiung des Landes Tirol und die Rettung Andreas Hofers erwirken. Sie versprachen Maria Louise zum Zeichen ewigen Dankes und zu ihrem Ruhme, vor der Hofburg in Innsbruck ein ehernes Denkmal mit ihrem Standbild zu errichten. Metternich wurde um Übermittlung der Bittschrift ersucht. Was bedeutete jetzt noch Tirol, was Hofer, was diese Bauern auf dem Brettspiel Metternichscher Haupt- und Staatsaktion das sinkende Reich zu retten? Erzherzog Johann war ein gebrochener Mann, vom kaiserlichen Bruder als lästiger Schwärmer vom Staatsrat ausgeschieden.

Im Schatten der großen Ereignisse, von ihnen beeinflußt, vollzogen sich die kleinen Schicksale der Menschen, des Volkes, das die Folgen verborgener Schachzüge im Machtkampf der Großen, ihre Irrtümer, ihre Schwächen bis zur Selbstvernichtung zu tragen hatte.

Auf einen neuerlichen, ausdrücklichen Befehl Baraguays, mußten auf Säben beide Kirchen und die Kapellen unverzüglich geräumt werden.

Dies war das Ende, glaubte nun auch Frau Magdalena.

Nun kämpfte sie nur noch um ihr Verbleiben, bis ihr die Pflege des Klostergartens und die Zubereitung der

Diätkost für jeweils schwer erkrankte Besatzungssoldaten überlassen wurde. Damit mußte sich die einst so wehrhafte Küchenmeisterin zufrieden geben. Nun half kein Beten, kein Schelten, keine List mehr, was sie auch in schlaflosen Nächten ersinnen mochte. Der Franzmann war unerbittlich, mit dem Bayer hatte man sich doch zusammenraufen können.

Am 5. Februar wurde das Kreuz mit dem überlebensgroßen Corpus Christi, das Wahrzeichen und Gnadenbildnis des ganzen Eisacktales, vom Hochaltar der alten Bischofsbasilika herabgenommen.

Nach dem feierlichen Gottesdienst, den die Patres Kapuziner von Klausen zelebrierten, sollte das Kreuz in einer Prozession nach Klausen hinunter gebracht werden. An die dreitausend Menschen waren herbeigeströmt. Unter scharfer Bewachung der ganzen, zwei Regimenter starken, alarmbereiten Brigade, vollzog sich der letzte Weiheakt auf Säben, dem heiligen Berg.

Frau Magdalena stand vor einem Gangfenster des Regelhauses, um von dort aus zu erleben und zu erleiden, was sich begab. Die heimlos gewordenen Töchter des heiligen Benediktus waren von ihren Zufluchten herabgekommen, um auch diese letzte bittere Neige getreulich miteinander zu teilen. Nur sie, die einst so kühne Küchenmeisterin von Säben hatte nicht mehr die Kraft, dem Kreuzbild mit den andern Wallfahren nach Klausen hinab das Geleit zu geben. Von den beiden Türmen begannen die Glocken zu schwingen, zu dröhnen und zu schallen, als drohe dem Land am Eisack Gefahr, ein Notschrei aus ehernen Mündern. Zwei Bürger und zwei Bauern von Klausen trugen das mächtige Kruzifix aus der Kirche, über die tausendjährige, steinerne Stiege herab. Sie wankten nicht, mit Sorgfalt und Kraft hoben sie den Leidenschrist über ihre Häupter empor.

Zum erstenmal in ihrem Leben verließ Frau Magdalena die Kraft des Ertragens, war es um ihre Fassung geschehen. Sie stürzte aus dem Haus, mitten in die Wallfahrer hinein, warf sich auf die Knie und umfaßte den Kreuzstamm. Laut, das Glockengeläut übertönend schrie sie in ihres Herzens Not: „Säbener Vater! Verlassest auch du uns?"

Kein Auge blieb mehr trocken und keines Franzosen Herz mehr ungerührt. Auch die Fremden ahnten, was hier vorging, daß man dem eroberten Land ein Stück Herz aus dem Leib riß. —

Betend, singend und weinend wallte das Volk nach Klausen hinunter. Weit offen stand das Tor der St. Andreas Pfarrkirche, die den Säbener Vater aufnahm. Nicht fassen aber konnten ihre Mauern die Menge betender und trauernder Menschen, die immer noch herbeiströmten.

Wenn sie auch ihr Heiligtum nun geborgen wußten, krampfte sich ihnen doch das Herz zusammen, wenn sie hinauf schauten zur verlassenen Klosterburg. Viele sagten: „Wie ist es doch gut, daß die Frau Benedikta den Tag hat nicht mehr erleben müssen. Wer drüben ist, wer das alles überstanden hat und Kommendes nicht mehr überstehen muß, den soll man nicht beweinen."

Frau Magdalena erlebte diesen Tag um so schmerzvoller.

Sabina, ihrer einzigen Vertrauten klagte sie: „Heut hab ich mein Bestes eingesargt und du mußt wissen, wie das tut, du hast es erlebt. Was ich in meiner Einfalt erstrebt hab, ist dahin. Dem Volk am Eisack hab ich den heiligen Berg erhalten wollen und jetzt soll es ein feuerspeiender, ein todbringender Berg werden, wenn sie vom Kriegen und Morden nicht mehr aufhören wollen. Aber mich soll von Säben nichts abbringen, ich halt dem heiligen Berg die Treue und wenn kein Stein auf dem andern bleibt, so will ich mich in die Steine verkrallen und vergraben und wenn kein Segensspruch mehr laut wird da heroben, so will ich ihn sagen mit meinem letzten Atemzug."

Sabina schwieg, sie fühlte sich von Frau Magdalenas Klage und Schwur hart getroffen. War es an dem, daß sie selber die Treue nicht kannte? Sie hatte Säben die Treue nicht gehalten und hielt Ludwig die Treue nicht länger, als kaum über das Grab hinaus.

Als sie heimwärts, an ihrem Hollerstrauch vorbei ging,

stand er im ersten Anhauch sprossenden Grüns. Etliche Zweige lagen am Boden verstreut, vom Querbalken des Kreuzes, das sie vorüber getragen, geknickt. Sabina hob sie auf und trug sie heim.

Am Abend dieses 5. Februar, wurde Andreas Hofer mit Sweth in die Kasematten Mantuas eingeliefert.

Von den Eltern Ludwigs erhielt Sabina ein verständnisvolles, wehmütig verzichtendes Schreiben. War es seit Ludwigs Tod nicht ihr sehnlichster Wunsch gewesen, diese edlen Menschen kennen zu lernen? War nicht zum andernmal alles anders gekommen als sie gedacht? Merkwürdiges Los, auch von diesem Mann getrennt zu werden im Augenblick ihres Entschlusses, seine Gefährtin werden zu wollen. Sie hatte sein Leben gerettet. Ob sie mehr vermochte, ob sie das vermochte, was sie ihm versprochen hatte?

Die Schrecknisse dieser Februartage wollten kein Ende nehmen.

Auf der Bozner Tuchbleiche fielen die drei Sandwirtsreiter unter den Kugeln der französischen Füsiliere. Unter ihnen war auch der Gravitscher von Villanders. Tag für Tag ließen dort Bauern, Priester und Studenten, die letzten Opfer der Tiroler Freiheitskämpfe ihr Leben.

Am 20. Februar stand Andreas Hofer auf der Bastei an der Porta Ceresa in Mantua. Er gab offenen Auges selber das Kommando und fiel unter zwölf schlecht gezielten Schüssen zu Boden. Ein dreizehnter Gnadenschuß erlöste ihn vom Leben zum Tode. Fast zur gleichen Stunde wurde Peter Mayr, der Wirt an der Mahr, auf der Bozner Tuchbleiche erschossen. Er war des Sandwirts würdigster Geleitmann in die Ewigkeit.

Kajetan Sweth blieb in Mantua gefangen und schrieb jenes Klagelied nieder, das er in gemeinsamer Kerkerhaft, mit Hofer aus dem Stegreif gedichtet und gesungen hatte.

Hilf Himmel, es ist zu spät,
Ich kann nicht lang mehr leben.
Der Tod steht vor der Tür,

Will mir den Abschied geben.
O liebe Frau i bitt,
Verlaß den Sandwirt nit.

Hier liegt Säbel und Gewehr
Und alle meine Kleider.
Ich bin kein Kriegsmann mehr,
Ach Himmel, ich bin ein Leider!
Ich bin verlassen ganz,
Vom römischen Kaiser Franz.

Drei Wochen nach dem schmachvollen Tod Andreas Hofers, am 11. März 1810 fand in der Augustiner Kirche in Wien die Trauung Maria Louises mit Napoleon, dem Kaiser der Franzosen in procura statt. Napoleon wurde durch Erzherzog Karl vertreten. Der Erzbischof erteilte den Segen, stimmte das Tedeum an und die Kanonen donnerten. Zwei Tage dauerten die Festlichkeiten.

AUSKLANG

Als sich Ludwig Steiningens Sterbetag zum erstenmal jährte, stand Sabina zur gleichen Stunde in der er in ihren Armen verschieden war, an seinem Grab. Sie war aber nicht allein gekommen. Auf ihren Arm gestützt, hielt sich Ludwigs Vater aufrecht. Alter und Hinfälligkeit hatten ihn nicht abhalten können, nach Tirol zu reisen und diesmal am Grabe seines Sohnes die Totenfeier zu halten.

Doch wollte er, wie er nachher gestand, endlich auch das Mädchen sehen, das Ludwig geliebt hatte und das seine Liebe trotz aller Schwierigkeiten, die in ihrer Lage für sie zu überwinden waren, so aufrichtig erwidert hatte. Die Bitte, für immer zu ihm und seiner leidenden Frau zu kommen, mußte ihm Sabina abschlagen. Sie erfand Einwände, die eigentlich auch zum Teil tatsächlich bestanden und die Steiningen in seiner verständnisvollen Güte, wenngleich mit schmerzlichem Bedauern gelten ließ. Den wahren Grund, warum sie Tirol nicht verlassen wollte, verschwieg Sabina, um den alten, leidgeprüften Herrn zu schonen.

Der Abschied bewegte sie tief, denn sie wußte, so wie Ludwig, würde sie auch seinen Vater nie mehr im Leben wiedersehen. Zudem quälte sie in diesen Tagen ein innerer Widerstreit, eine große Unsicherheit. Wäre es nicht eine rein menschliche Pflicht, Ludwigs Eltern in ihren letzten Erdentagen als Trösterin und Helferin zur Seite zu stehen? Gleichzeitig aber fragte sie sich mit Erschrekken, stand die Liebe zu Michl Kammerlander auf solch schwachen Füßen, daß sie die getroffene Entscheidung fast bereuen mußte?

Erst nach der Abreise Herrn Steiningens brachte ihr der Besuch bei der Baronin Bormio wieder das seelische Gleichgewicht, dessen sie so sehr bedurfte. Die patriotische Dame ließ keinen Zweifel aufkommen darüber, daß man sich zuerst und immer für die angestammte Heimat und ihre treuesten Söhne zu entscheiden habe, denn mehr als den Toten, sei man dem Leben verpflichtet. In der dürftigen Enge eines Altersheims, das der verarmten Baronin letzte Lebensstation geworden war, verabschiedete sich Sabina von der alten Dame und wußte, daß auch dieser Händedruck der letzte war. —

Indessen war das Würfelspiel um Kaiser Maxens warmen Rock, wie er einst sein geliebtes Land Tirol genannt hatte, beendet. Napoleons Plan, die Zerstückelung Tirols, war Tatsache geworden. Das kaiserliche Dekret vereinigte das südliche Tirol mit dem Königreich Italien. Bayern verlor den Etschkreis und die Hälfte des Eisackkreises und behielt nur das nördliche Inntal. Das östliche Tirol fiel an das französische Illyrien.

„Tirol hat abgehaust", stellte der Michldoktor grimmig fest. „Aber unser Michl bleibt bayrisch, ob er sich nun in Innsbruck, in Brixen oder Klausen einmal niederlassen wird. Wir da am oberen Eisack sind immer noch besser daran, wir kennen jetzt die Bayern und sie kennen uns, und sag was du willst, deutsch zu deutsch redet es sich allemal leichter", suchte Gasteiger für sich und die andern einen kleinen Trost zu finden.

„Jetzt müßte für den Michl doch eine Amnestie erreicht werden können, wenn die Franzosen bei uns da nichts mehr zu reden haben", mahnte die Doktorin und warf einen Blick auf Sabine, die aber von ihrer Arbeit gar nicht aufsah und seit ihrer Rückkehr von Innsbruck wieder viel verschlossener geworden war.

„Das wäre verfrüht, entschieden verfrüht", wehrte Gasteiger ab und setzte hinzu: „was die Franzosen an Verordnungen und Einschränkungen über uns verhängt haben, darin werden uns die Bayern nur allzugern noch weiter zappeln lassen, nein, die Zeit der Rückkehr ist für Michl noch nicht da."

„Ich glaub auch, daß man sich weiter gedulden muß", sagte Sabina ruhig, fast teilnahmslos zu der Doktorin geheimem Kummer, die den feuchten Glanz in ihren Augen übersah.

Der Doktor stand auf, streckte sich und machte dabei wie von ungefähr zwei Fäuste, die er über sich erhob. Dann meinte er:

„Im übrigen haben die Bayern nichts mehr zu reden, versuchen uns natürlich noch einmal bis aufs Blut auszumelken, ehvor sie früher oder später von der Tiroler Alm wieder abpacken müssen. Noch ist nicht aller Tage Abend!"

Zwischen dem Abzug der französischen und dem Einrücken der bayrischen Besatzung auf Säben hatte Frau Magdalena die Zeit gut genützt, gleich etliche Zellen in Stand gesetzt und die mutigsten der Chorfrauen bewegen können zurückzukehren. Frau Cäcilia war die erste, die zurück kam. Ihr Brotherr geleitete sie und brachte ihren Lohn, in Naturalien, reichlich zugemessen, in einer Trage aufgepackt gleich mit. Seine zehn Kinder, das älteste war erst zehn Jahre alt, hatten ihrer Behüterin recht herzhaft nachgeweint. Der Bauer selber sagte beim Abschied: „So was wie Euch, Frau Cäcilie, krieg ich meine Lebtag nimmer ins Haus." Dabei drückte er der kleinen Klosterfrau die Hand so fest, daß es ihr fast den Atem benahm. Als zweite kehrte Mutter Juliane, die Oberin zurück. Die Exkarmeliterin, Frau Columba und Frau Elisabeth hielten unter Freudentränen ihren Einzug, und zuletzt ließ sich etwas mühselig, die gewesene Äbtisisin, Mutter Candida nach Säben zurückbringen. So waren glücklich wieder ein halbes Dutzend Chorfrauen vereint, bis die bayrische Besatzung einzog. Auf inständiges Bitten der Oberin und Frau Magdalenas, wurde ihnen auch der Kapitelsaal wieder überlassen.

In der Klosterküche wurde gespeist und in der alten, wieder ausgeräumten Kassian-Kapelle, im Untergeschoß des Heiligkreuzturms, las ein Kapuziner aus Klausen den Säbener Frauen täglich die heilige Messe. Diesmal wurde über Frau Magdalena kein Gericht gehalten und niemand fragte, wie sie in der Zeit ihres Alleinseins die Ordensregel eingehalten habe. Alle aber wußten, wie sehr es nun von der Küchenmeisterin Geschick und Glück abhängen werde, für die Zurückgekehrten des Lebens Notdurft aufzubringen.

In Klausen drunten begannen sich Bürger und Bauern wieder langsam mit bayrischen Soldaten an einen Tisch zu setzen, denn man sagte sich, diese könnten für ihre behördlichen Blutegel eigentlich nichts dafür. Man hatte keine Lust mehr, sich gegenseitig weiter die Schädel einzuschlagen. Wozu? meinten die Bauern, der Kaiser hat uns aufgegeben, der Erzherzog Johann einen Maulkorb umgehängt bekommen, der Hofer ist tot, Haspinger und Speckbauer nach Wien geflüchtet, kurzum, die Besten, bis auf ganz wenige, tot oder flüchtig.

Das Land war männerarm geworden und man mußte zusehn, daß die alten Leute nicht verhungerten und die Wickelkinder auf die Füße kamen. Der Sommer ging ins Land und die Fünf- und Sechsjährigen werkten auf den Äckern und in den Weinbergen überall schon mit. Es gab keine Kinder mehr, denn man nannte sie lobend und anspornend schon Knecht und Dirn und sie hatten zu sechs harten Werktagen nur mehr einen Sonntag. Auf der Sonnseite hatte bereits das Wimmen begonnen.

Michl Kammerlanders Briefe wurden immer ungeduldiger.

Das Heimweh und die Unruhe seines Herzens, die Sehnsucht nach Sabina wollten auf die Warnungen seiner Freunde, selbst auf die Bitten der Geliebten, noch weiter in der Fremde zu verharren, nicht mehr hören. Sabinas Sorge um den ihr schicksalhaft verbundenen Mann wurde immer größer. Doch diese Sorge war es auch, die ihn ihrem Herzen täglich näher brachte.

In der großen Welt wurden auf blutgetränktem Boden der Schlachtfelder die Marksteine der Geschichte gesetzt. Napoleons Machtrausch hatte selbst den Papst zu seinem Vasallen erniedrigt, ihn des Kirchenstaates beraubt und zu seinem Gefangenen in Fontainebleau gemacht. Am 20. März 1811 wurde in Paris Napoleon und Maria Louisens Sohn, der König von Rom geboren. Die Pariser priesen Napoleon als den von allen Gnaden überschütteten Liebling der Vorsehung. Was bedeutete ihm ein zertretenes Land wie Tirol, selbst Spanien schien ihm nicht mehr wichtig, sein Sinn war auf Größeres gerichtet, ganz Europa wollte er vor die Schranken fordern.

In der kleinen Welt Tirols aber gab sich das Volk mit der Urkraft seines Daseins- und Freiheitswillens, selbst unter Hunger und Not sich windend, noch immer nicht geschlagen. Gott und der Scholle vertrauend, rang es dem Boden ab was es am Leben erhielt. Wenn auch in der Fremde viele Auswanderer am Heimweh dahinsiechten, den Gedanken an die Freiheit und Einheit des Landes gaben auch sie nicht auf. Überall wo Tiroler zusammentrafen, gewann die Zuversicht wieder an Boden. Im ganzen Eisacktal sprach niemand mehr von einer Festungskaserne auf Säben, nicht einmal die bayrische Besatzung war sich dieser Planung noch gewiß. Sechs Benediktinerinnen drückten der Klosterburg den Stempel ihrer wahren Bestimmung auf, sie allein waren die Hüterinnen des heiligen Berges. Beharrlich und gewissenhaft nach ihrer Klosterregel lebend, verrichteten sie im Frauenchor der mit Heeresgut vollgeräumten Stiftskirche vor dem beraubten Altar, zu jeder Tag- und Nachtzeit ihre

Stundengebete. In großer Armut lebten sie von dem, was der Garten abwarf, was Handarbeiten in geldarmer Zeit noch einbrachten und was ihnen die Klosterbauern trotz ihrer Verpflichtung an den Fiskus noch weiter an Naturalien zinsten.

Zu Beginn des Jahres 1812 rüstete Napoleon zum Feldzug gegen Rußland. Im illyrischen Teil Tirols wurden für die französische Armee Rekruten ausgehoben. Viel junge Leute versteckten sich aufs neue in den Bergen und auf entlegenen Hochalmen, allzuoft vergebens, überall fahndeten die französischen Häscher nach ihnen. Im Mai zog Napoleons große Armee über Smolensk, Borodino nach Moskau. Mit ihr marschierten 30.000 Österreicher im Solde des Welteroberers.

Oft saßen die Freunde im Doktorhaus beisammen.

Wie sehr vermißten sie in diesen Tagen Kammerlander, den immer wachen, am Lauf der Welt Teilnehmenden, wenn vom großen Heerzug nach Rußland gesprochen wurde. Die spärlich eintreffenden Nachrichten von Rußlandsoldaten meldeten nur mehr vom furchtbaren Elend des Vormarsches durch brennende Städte und Dörfer. Allmählich blieben auch diese Nachrichten aus. Als der Winter die Leute in den warmen Stuben festhielt, erzählten sie nur mehr vom Brande Moskaus. Schaudernd gedachten sie der Opfer, und verfluchten Napoleon. Doch schien gegen diese Geißel Gottes kein Gericht aufzustehen. Das Jahr 1812 ging zur Neige.

Die Folgen des Krieges im eigenen Lande und des Zusammenbruchs der Erhebung hatten sich immer nachdrücklicher ausgewirkt und es zu einem der bittersten Notjahre gemacht. Drei Besatzungsheere aßen das Land arm, ja, nicht nur arm, sie nahmen den Ärmsten das letzte Stück Brot vom Mund. Wer rechnen konnte, mußte feststellen, daß das bayrisch-französische Besatzungscorps seit 1810 das Vierzigfache an Steuern einhob. Ein großes Kinder- und Alteleutsterben überschattete die Familien aller Stände. Im Stiftsfriedhof auf Säben mußten dieses Zwölferjahr vier Gräber ausgeschaufelt werden.

Mutter Candida war den andern vorangegangen. Frau

Veremunda, die Grasin von Grasegg, mußte als Tote von Pardell herübergetragen werden. Frau Elisabeth starb in ihren besten Jahren, und selbst Frau Columba, die Exkarmeliterin, an das Fasten ihrer früheren, strengen Klosterregel gewöhnt, hatte das Hungerjahr nicht überstanden.

Wenn Sabina bei Schwerkranken die Nachtwachen hielt, brachte sie als Abgeld dafür öfter ein Bauernbrötl, ein Stümpflein Mehl, oder gar einen kleinen Butterknollen heim. Dann lebte man auch im Doktorhaus für einige Tage wieder herrlich.

Das neue Jahr 1813 begann mit den Hiobsbotschaften über das Ende der großen Armee Napoleons auf den Eisfeldern Rußlands. Die Leiden hunderttausender hingeopferter Menschen, ein Meer von Tränen, schrien anklagend zum Himmel. Frau Magdalena wußte zu erzählen, daß die Bayern droben bei ihnen oft recht kräftig über den Bonaparte schimpften, man höre nichts mehr vom großen Napoleon.

Im Februar wurde das Preußisch-russische Bündnis geschlossen. Kammerlanders Briefe waren voll Zuversicht, daß er nun endlich heimkehren könne. Aber im französischen Besatzungsgebiet Tirols wurden neuerlich die jungen, waffenfähigen Männer in die Armee Napoleons gepreßt. Diesen dadurch gefährdeten Weg aber konnte Kammerlander auf seiner Heimkehr nicht umgehen.

Da ließ sich Sabina von langen Überlegungen nicht mehr irre machen und faßte einen Entschluß. Sie wollte nach Kärnten reisen, sich zu Michl begeben, seine ihm angetraute Frau werden, und dann wieder nach Klausen zurückkehren. Im Doktorhaus war man damit einverstanden. Gasteiger atmete auf und besorgte die nötigen Papiere. Auch er war der Überzeugung, daß Kammerlander als Gatte Sabinas seine Ruhe und Überlegung wieder zurückgewinnen und den rechten Augenblick für seine Heimkehr nach Tirol abwarten würde.

Das Weitere leitete der Doktor in die Wege. Mit einem Bürger aus Klausen, einem Vertrauensmann der in Kärnten lebenden Tiroler Emigranten, trat Sabina die Reise an. Alles Erleben auf dieser oft recht beschwerlichen Ausfahrt aber verblaßte vor den neuesten Berichten, die jedermann aufhorchen ließen. Deutschland erhob sich.

Noch wirkte Österreich für den Frieden, nicht zuletzt durch die Blutsbande mit Napoleon ihm verpflichtet.

Wie im Traum vernahm Sabina in den Herbergen zu später Abendstunde die erregten Stimmen der Männer, wenn sie die großen Ereignisse besprachen.

Wie im Traum verlebte Sabina die folgenden drei Wochen. Michl Kammerlander war der glücklichste Mensch auf Erden. Sabina war sein eigen geworden und über den fernen Bergen Tirols sah er das Licht der Freiheit heraufdämmern.

Es war ein herrlicher Junitag, als Sabina vor der Post in Klausen aus dem Stellwagen kletterte und gleichsam von den ausgebreiteten Armen der Doktorin aufgefangen wurde.

„Gewußt hab ichs nicht, daß du kommst, liebe Sabina, aber geahnt, seit Tagen, und zu jeder Postzeit hab ich mir drüben beim Kramer etwas zu schaffen gemacht. Noch schmaler bist geworden, ja ja, — aber schön bist, glücklich siehst du aus, — liebe, liebe Sabina!"

Zu erzählen wußte die junge Frau nicht viel, hatte sie doch die vergangenen Wochen mit Michl in einem einsamen, weltverschlagenen Kärntner Bergdorf verbracht. Es war ein einfaches, fast karges Leben, und das Beglückende dieser Tage ließ sich nicht erzählen. Sabina aber erfuhr viele Neuigkeiten. Österreich rüstet zum Krieg. Im Doktorhaus las man die Freiheitsgesänge Theodor Körners, „Lützows wilde, verwegene Jagd" und „Frisch auf mein Volk, die Flammenzeichen rauchen!"

„Ja, sie rauchen wieder", sagte der Doktor und hatte einen bitteren Geschmack im Mund. Er verabscheute den Krieg nach wie vor. Das forschende Auge, die helfende Hand des Wundarztes zerteilte die Nebel beweihräuchernden Heldentums, sah nur die schuldlos gemarterte Kreatur vor sich.

Am 10. August unterschrieb Metternich die Kriegserklärung an Frankreich und den Beitritt zur Koalition.

„Arme Maria Louise, in so eine Lage kann sich unsereins gar nicht hineindenken", meinte die Doktorin.

„Jetzt müßte Michl doch bald heimkommen können?" richtete Sabina die Frage an Gasteiger.

„Ja, jetzt dürfen wir wieder hoffen, daß unsre Drangsale bald ein Ende haben werden!"

„Ob unsre Gefangenen auf Elba und Korsika dann auch heimkommen?" war des Bürgermeisters Sorge.

„Die es überstehen, viel werden es nicht mehr sein, fürcht ich", sagte der Doktor, denn man wußte schon von manchen, den Siechtum und Heimweh an fremden Gestaden unter die Erde gebracht hatte.

Die Schlachten von Kulm und Katzbach brachten Napoleons Stern zum Erblassen. Am 16. Oktober wurde Napoleon in der Schlacht bei Leipzig entscheidend geschlagen und sein Friedensangebot verworfen. Das Tiroler Volk lebte in ungeheurer Spannung, der letzte Bergbauer wußte Bescheid und war bis ins Innerste aufgewühlt. Jeder Tag brachte Neues, stärkte die Hoffnung, belebte die Zuversicht. Im Süden des Landes trieb der österreichische General Fenner von Fennerberg die französisch-italienischen Truppen vor sich her. Am 21. Oktober war das ganze Südtirol, von der Lienzer Klause bis zum Tonalepaß wieder frei.

Bayern schloß mit Tirol den Friedensvertrag.

Tirol hatte sich im Friedensvertrag die Rückkehr zu Österreich ausbedungen.

Nun konnte auch Michl Kammerlander heimkehren, keine Anklage, kein Urteil war mehr rechtskräftig.

Da ging es wie ein Lauffeuer durch Klausen. Die bayrische Regierung hatte die Aufhebung des Klosters zurückgezogen, die Besatzung der Abtei den Abzugsbefehl erhalten. Bei den Wirten leerten sich die Stuben, den Bayern schmeckte der Wein nicht mehr, den Tirolern umso besser, hätten sie nur mehr davon gehabt. Die Wirte aber waren ausverkauft und ausgeraubt zugleich. Das sei ein Glück, sagte Dr. Gasteiger, sonst hätte er wieder Tag und Nacht zu tun gehabt, die erregten Leute auf eine vernünftige Erwartung des zur Zeit möglichen hinzuweisen und sie zur Ruhe zu mahnen. Ihm lag viel daran, daß Bayern und Tiroler friedlich auseinander gingen.

Als an einem frühen Vormittag die bayrische Besatzung mit zwei Geschützmannschaften samt Bestückung und dem Troß, insgesamt vierhundert Mann, den heiligen Berg verließen, lief ganz Klausen zusammen und sah strahlenden Blicks die Heerschlange hinunterkriechen. Sabina war auf den Balkon des Doktorhauses hinausgetreten. Die ersten Bayern hatten schon Klausen erreicht. Der voranreitende Besatzungskommandant war noch jung. Sabina mußte die Augen schließen.

„Ludwig!" sagte sie leise, mit bebender Stimme.

Als der letzte Troßwagen die Eisackbrücke passierte und in die Heerstraße einbog, rief Sabina der Doktorin zu, sie müsse jetzt nach Säben hinaufeilen, zu Frau Magdalena. Wenn niemand daran dächte, dieser Braven zu danken, dann wolle sie es jetzt im Namen aller tun. Die Doktorin nickte, griff nach einem Tuch und legte es Sabina über die Schultern.

Die Säbener Frauen war außer sich vor Freude, konnten es noch nicht fassen, redeten erregt durcheinander. Nur Frau Magdalena blieb merkwürdig still, lächelte verstehend über den harmlosen Tumult ihrer Mitschwestern. Als diese endlich von Sabina abließen, wandte sich die junge Frau der Küchenmeisterin zu. Ein stummer Händedruck genügte den beiden. Dann aber stiegen sie wie im stillen Einverständnis zum alten Turm hinauf, betraten die höchste Stelle des Berges, wo am Fuße des Turms der Burgfels steil ins Tal hinabfiel.

Eine hatte der andern Wunsch wortlos erraten. Sie blickten über das Tal des Eisack, wo sich drüben die Fruchtfelder des Gufidaun und Layen im sanften Schwung erhoben, wo die Heimat des Vogelweiders ihrem großen Sohn nachträumte. Die beiden Frauen wandten sich zur Mitternachtsseite, wo sich das Tal des Tinnebach, tief hinabschluchtet und hoch droben, eingeklemmt wie ein Geiernest, das kühne Bergdorf Latzfons sich an den so heiß umkämpften Boden klammert, an die Scholle, karg und dennoch geheimnisvoll mit reicher Fruchtkraft gesegnet. Nadelfein ragte der weißschimmernde Kirchturm von St. Valentin in den graublauen Himmel hinein, das ihm im Rücken lagernde Verdings verratend und drüben Pardell und überall, im Tiefland und auf steilsten Hängen der Rebe Heimat, des Nußbaums und der Kastanie Wurzelgrund.

„O Heimat, wie bist du schön", flüsterte Sabina. Ihr Blick suchte Frau Magdalena, die sich abgewandt hatte, um ihre Tränen zu verbergen aber die bebenden Schultern verrieten sie. Sabina hatte die Küchenmeisterin noch nie weinen gesehen. Sie legte ihre Hand auf Frau Magdalenas Arm.

„Freudentränen brauchen keinen Trost, — aber danken möcht ich Euch im Namen aller. Euer Beharren hat Säben, den heiligen Berg vor dem Untergang gerettet, hat ihn dem befreiten Land Tirol erhalten."

„Und deine Liebe, Sabina", erwiderte Frau Magdalena schlicht. Sabina aber wollte es nicht bei dem allein bewenden lassen, sie deutete nach dem zerklüfteten Felsen hinunter und sagte:

„Vergessen wir nicht Frau Benedikta, ihr Opfer, und das Opfer des treuen Hofer und aller, die verblutet sind, — das Opfer ist das geheimnisvollste. —"

Als Sabina bergabwärts schritt, war ihr Herz voll Freude und Zuversicht, aber ihr beglückendstes Wissen sollte dem vorbehalten bleiben, dessen Heimkehr sie erwartete. Es war die Gewißheit, daß ihr und Michls Kind im befreiten Land Tirol das Licht der Welt erblicken würde.

INHALTSVERZEICHNIS

GERDA HAGENAU

JAN SOBIESKI

Der Retter Wiens

Efalin · 624 Seiten · Mit Karte, Stammbaum und zahlreichen Abbildungen

Eine ebenso authentische wie packende Biographie des polnischen Königs Jan Sobieski, der im Jahre 1683 mit seinen geflügelten Husaren zum Entsatze Wiens aus dem fernen Polen herbeieilte, um das Abendland gegen den Ansturm der Türken zu verteidigen. Die Christenheit mit dem Säbel in der Faust zu schützen, war das Hauptanliegen dieses von messianischem Sendungsbewußtsein durchdrungenen typischen Barockmenschen, der in sich eine ungeheure Liebes- und Leidensfähigkeit vereinigte.

Diese Biographie vermeidet bewußt jede Glorifizierung, sondern zeigt hinter der Fassade historischer Klischees den Menschen Jan Sobieski, der in seiner barocken Übersteigerung von Fehlern und Vorzügen viel faszinierender und sympathischer ist als in der Pose des lorbeergeschmückten edlen Helden.

Prof. Dr. Gerda Leber-Hagenau stammt aus Lodz in Polen. 1942 kam sie nach Wien, wo sie Slawistik und osteuropäische Geschichte studierte. Schon während des Krieges begann sie, polnische Literatur ins Deutsche zu übersetzen und herauszugeben. Für diese völkerverbindende Arbeit wurden ihr zahlreiche Anerkennungen zuteil, u. a. der Orden für Verdienste um die polnische Kultur und der polnische PEN-Club-Preis.

AMALTHEA

Fanny Wibmer Pedit

MEINHARD

Der Einiger Tyrols · Biographischer Roman

Efalin · 402 Seiten

Österreichische Geschichte des 13. Jahrhunderts als packender historischer Roman.

Fanny Wibmer Pedit schildert mit sparsamen Mitteln eine Zeit, in der die Habsburger in die Politik eintraten und Tirol ein politischer Faktor wurde. Meinhard II., Graf von Tirol-Görz und Herzog von Kärnten, gelang es, Nord- und Südtirol zu einem Tirol zusammenzuschließen. Als erster Landesfürst Tirols war er eine der interessantesten Gestalten jener Zeitepoche (13. Jh.), in der sich der Zerfall der herrschenden Strukturen bereits ankündigte.

Inmitten der politischen und kirchlichen Wirrnisse jener Zeit erwies sich Meinhard dank seiner Begabungen und seiner für die damalige Zeit vielseitigen Bildung als kluger Staatsmann und gerechter Herrscher. Ein Zeugnis seines Wirkens ist u. a. das Kloster Stams in Tirol, das er stiftete und in dem er seine letzte Ruhe fand.

Seine Gemahlin war Elisabeth, die erste Gattin Konrads von Hohenstaufen, die Mutter des unglücklichen Konradin, der als letzter Hohenstaufe in Neapel auf dem Schafott enden sollte. Ihre Tochter Elisabeth wurde die Gattin Albrechts I. von Habsburg, die Stammutter des über 600 Jahre in österreichischen Landen regierenden Hauses.